교육과정과 수업

김승호 · 김은정 · 박일수

창지사

머리말

동물의 세계는 보면 볼수록 신비한 면모를 많이 가지고 있다. 전형적인 한 예로, 뻐꾸기들은 '때까치', 흔히 뱁새라고 불리는 다른 새의 둥지에 몰래 알을 낳고 부화하면 때까치들이 속아서 새끼를 키워 주도록 한다. 때까치들은 영문도 모르고 자신들보다 더 덩치가 큰 뻐꾸기 새끼들을 마치 자기 새끼인 것처럼 정성껏 보호하고 양육한다고 한다. 장상호 교수는『학문과 교육(서울대학교출판부, 2005)』에서 교육학의 정체성 문제를 제기하면서 교육학을 '때까치' 학문 또는 '이류잡학'이라고 예리하게 적시한 바 있다. 어떤 학문이든지 발전을 거듭하다 보면 점점 전문성이 강조되기 마련이고, 보다 많은 학문적 내용을 다루려다 보면 다양한 분야와 영역으로 세분화될 수밖에 없을 것이다. 교육학 또한 불가피하게 이러한 세분화와 전문화 과정을 거치면서 이론적으로 보다 진보하고 다양해진 면도 없지 않지만, 지금 이 순간까지도 교육학의 정체성 문제는 선명해지기보다는, 후대로 오면서 오히려 장상호 교수가 걱정했던 때보다 더 심각할 수준에까지 악화되었다고 해도 과언이 아닐 것이다.

어떤 교육철학 논문들을 보면 교육이라는 간판만 내걸었을 뿐이지 일반 철학 논문보다 더 전문적이고 지엽적인 철학적 지식을 다루고 있고, 일부 교육사회학이나 교육행정학 연구들을 보면 최신 사회학이나 행정학, 심지어는 경영학 이론이 마치 교육학의 새로운 이론인 것처럼 교육현장에 마구잡이로 적용되고 있으며, 특정 교육심리학만 하더라도 교육내용이라든지 실제 교수·학습 과정과는 무관한 방대한 심리학 용어들이 난무하고 있다. 이밖에도 어떤 교육평가나 교육통계 분야에서는 실제 교육의 과정과는 유리된 채 복잡한 측정과 통계 이론이 독자적으로 실험되고 있는 경우가 있으며, 일부 교육공학 역시, 교육적 수업에서 아주 멀리 벗어나 학교뿐만 아니라 일반 기업체 연수에도 공통적으로 적용될 수 있는 탈맥락적인 교수의 절차와 방법을 개발하는 데 매진하고 있다.

형편이 이 정도쯤 되면 교육학 내부에서뿐만 아니라 외부 사람들조차도 교육학이라는 학문을 이상하게 여길 것이다. 자기만의 고유의 이론도 없으면서 더 덩치가 큰 남의 이론들을 가르치고, 족보도 체계도 없이 왈가불가하고 있으니까 말이다. 유·초·중등 교사 임용시험 출제만 들어가 봐도 교육학이 얼마나 방대한 학문적 내용을 체계도 없이 두서없이 다루고 있는지 쉽게 알 수 있다. 오죽했으면 '교육학은 얕은 수준에서의 잡동사니 학문이다.'라는 세간의 비판에도 딱 부러진 대응조차 못 하고 있겠는가. 사실, 이제 와서 반성해 보면 유·초·중등 교사 임용시험에서 교육학이 빠진 것은 있을 수 없고 있어서는 안 될 일이었지만, 그 책임은 교육학을 전혀 모르는 외부 인사들이나 교육학 주변의 비판적인 학자들뿐만이 아니라, 교육학을 직접 연구하고 가르치는 우리들의 몫도 분명히 있음을 부정하기 어렵다.

그렇다면 이제라도 교육학이 학문적 정체성을 확보할 수 있는 길은 없는 것일까? 교육학에서 덩치가 큰 '뻐꾸기' 학문들을 모두 배제시키고 순수한 교육학만 남기는 것이 거의 유일한 방안이라고 볼 수 있는가? 정말로 순수한 교육학 이론이 있기는 있는 것일까? 현재 교육학 동네에서 통용되고 있는 뻐꾸기 학문들의 용어들을 다 제외하고 나면, 과연 남게 되는 순수한 교육학 용어들은 무엇인가? 역사적으로 관례상 교육학의 범주 안에 들어 있던 모든 사상, 이론, 현상, 학자, 사례 등을 과감하게 밖으로 버리는 것이 정말 잘하는 일일까? 이홍우 교수는 '교육과정: 개관(교육학대백과사전, 1998)'에서 이 난제와 관련하여 의미 있는 시사를 던져 준 바 있다. 그것은 바로 '교육과정의 원심력과 구심력'이다. 교육과정에 있어서 오로지 '가르치고 배우는 활동'에 직접적으로 관계되는 것만이 순수한 교육과정 이론이 될 수 있다고 보는 관점, 곧 '구심력'이 있고, 다른 한편으로는 '가르치고 배우는 활동'과 간접적으로라도 폭넓게 관련된 모든 학문적 영역을 교육과정 범위에 포함시킬 수 있다는 관점, 곧 '원심력'이 있을 수 있다. 그리하여 교육과정의 학문적 범위는 다름 아닌 교육과정의 구심력과 원심력 간의 '균형'에 의해서 결정된다는 것이다.

저자들은 이 아이디어가 비단 교육학의 한 분과로서 교육과정에만 적용되지 않는다고 본다. 교육철학, 교육심리학, 교육사회학, 교육행정, 교육평가, 교육공학 등등 교육학 각 분과 학문들 또한 '가르치고 배우는 활동 또는 과정'이라는 기준을 구심점으로 하여 모(母)학문 또는 '뻐꾸기' 학문들이 지닐 수밖에 없는 원심력을 제어할 필요가 있다. 예를 들어, 아무리 화려한 철학도 가르치고 배우는 활동이나 과정에서 벗어난다면 교육학으로 보기 어려울 것이며, 아무리 전문적인 평가 및 측정이론도 처음부터 가르치고 배우는 활동이나 과정을 염두에 두지 않으면 교육학에 포함시킬 수 없을 것이다. 이와 같이 균형을 잡아 나가다 보면, 교육학은 위에서 비판한 것처럼 '이류잡학' 또는 '잡동사니' 학문이 아니라 '통합' 또는 '메타' 학문으로서의 정체성을 확보할 수 있게 될 것이다.

이상에서 이미 시사했듯이, 교육학의 분과학문들이 모 학문들의 원심력을 극복하고 교육학이라는 하나의 통합 학문으로 수렴되는 데 있어서, '교육과정 이론(curriculum theory)'이 그 핵심 역할을 수행할 수 있다. 우연인지는 모르겠으나 교육학 분과학문으로서 유독 '교육과정'에서만 뻐꾸기 학문이 존재하지 않는다. 긍정적으로 보자면, 바로 그 점에서 교육과정은 여타 학문에 대하여 배타적이지도 않고, 그 자체를 구심점으로 하여 여타 교육학의 분과학문들을 마치 흐르는 물처럼 허용하고 포섭할 수 있는 유리한 위치에 놓여 있다. 비유컨대, 교육과정은 여타 교육학 분과학문들을 녹이는 용광로이다. 파이너(W. F. Pinar, 2004)도 『교육과정 이론이란 무엇인가』에서 간파했듯이 교육과정 이론은 성격상 간학문적 또는 통합 교과적 성격을 가진다. 따라서 교육과정은 항상 여타 교육학 분과학문들의 연구 활동의 기준 또는 구심점이 되어야 할 뿐만 아니라, 여타 교육학 분과학문들의 탐구 내용이나 결과들을 가르치고 배우는 활동 또는 과정에 결부시켜 교육학 이론으로 해석하거나 전환시켜 주고 더 나아가서는 통합시켜 주는 역할을 다해야 한다.

이 책은 언뜻 보면 다른 교육과정 교재와 다를 바 없을지 모르겠지만, 저자들은 처음 이 책을 구상할 때부터 위의 같은 저술 취지를 공유하고 있었다. 그 결과물로서 이 책의 내용들 또한, 비록 부족하나마 위의 저술 취지를 충분히 반영하고자 노력한 산물로 보아줬으면 하는 바람이다. 저자들은 이 책의 제목을 요즘은 잘 안 쓰이는 『교육과정과 수업』으로 정하였다. 그 이유는 다음과 같다. 요즘 수업이론은 마치 교육공학 분야의 전유물인 것처럼 인식되고 있으며, 심지어 교육과정을 전공하는 학자들조차도 간혹 교육과정 분야에서 수업이론을 아예 배제하려는 시도를 하는 경우도 있다. 그러나 그것은 명백히 그릇된 생각이다. 왜냐하면 교육과정과 수업은 동전의 양면과도 같아서 따로 분리해 낼 수 없기 때문이다. 수업은 교육과정의 실존적 양상이다. 교육과정이 현실 속에 구체적으로 드러난 역동적 모습이 곧 수업이며, 교육과정은 수업을 통해서 비로소 완성된다. 교육과정이 전제되지 않은 수업 논의는 추상에 불과하며, 수업 논의가 결여된 교육과정 담론 또한 탈맥락적인 막연한 논의에 머물 수밖에 없다. 타일러(R. W. Tyler, 1949)의 책 이름이 『교육과정과 수업의 기본 원리』가 된 것이라든가, 브루너(J. S. Bruner, 1960)의 책 이름이 단순한 『교육과정』이 아니라 포괄적으로 『교육의 과정(*The Process of Education*)』이 된 것도 이를 잘 뒷받침해 준다.

이 책은 이 책의 취지에 맞게 가능한 한 교육과정에 대한 다양한 관점들을 다루어 보려고 애썼다. 그러다 보니 자연스럽게 다양한 이론들 간에 서로 상충되는 점들도 없지 않다. 저자들도 그 점을 충분히 인식했지만, 인위적인 첨삭이나 수정 없이 독자의 판단에 맡기고, 있는 그대로 내버려 두기로 했다. 교육과정과 수업 논의에는 절대적인 한 관점이나 일률적인 정답은 존재할 수 없기 때문이다. 다만, 이 책을 읽거나 공부하는 독자 입장에서 다양하고 풍부한 교육과정과 수업에 관한 아이디어를 획득했으면 하는 바람이 있다. 또한, 이 책이 워낙 다양한 관점들을 다루고 있기 때문에 대학 교재로서 분량이 좀 많다고 생각될 때에는 강사의 의중에 따라 얼마든지 취사선택하여 가르칠 수 있을 것이다. 저자들은 막상 이 책이 출간된다고 생각하니 처음의 포부와는 달리 많이 부족하지는 않을까 하는 약간의 위축 내지 두려움을 느낀다. 그러나 그 부족한 부분들 또한 독자들의 질정을 받아 앞으로 충실하게 고쳐 나가고자 한다. 마지막으로, 이 책이 세상의 빛을 보기까지 게으른 저자들을 자주 독려하고 흔쾌히 출간해 주신 창지사와 그밖에 도와주신 분들께도 심심한 감사의 말씀을 전하고 싶다.

2019년 1월

일락산 기슭에서 저자 일동

목차

제1장

교육과정 개관

오늘날 학문의 분과 현상에 따라 교육과정 논의도 각 교과교육론, 교수·학습 이론, 교육공학, 교육평가 및 측정 등으로 보다 전문화, 세분화됨으로써, 정작 가르치고 배우는 과정을 다양하고 깊이 있게 볼 수 있는 교육과정의 본질적인 관점을 놓치는 경향이 있다. 이를 해소하기 위해서 여기서는 교육과정의 이론적 기초를 확인하고, 이제까지 교육과정 분야에서 논의되어 왔던 다양한 관점들을 예비교사들의 수준에 맞게 소개하고 그 각각의 관점이나 이론들의 장·단점을 분석한 후에, 그 대안으로서 예비교사들이 반드시 가져야 할 보편타당한 교육과정 개념을 제안하고자 한다.[1)]

1 문제 의식

'교육과정(教育課程, curriculum)' 개념은 사람들이 별다른 고민 없이 많이 사용하면서도 정확하게 이해하려고 하면 할수록 오히려 난관에 부딪히게 되는 용어이다. '교육과정'이라는 용어가 들어간 구체적인 책자나 문서는 수없이 많지만 정작 교육과정 개념을 정확하게 이해하고 있는 사람은 의외로 매우 드물다. 물론 대학 수준에서 사범대학, 교육대학, 그리고 교직과정 등에서 교육과정과 관련된 강좌를 개설하여 교육과정을 가르치고 있지만, 실지 담당 교수조차도 강좌 실러버스(syllabus)에 어떤 내용이 포함되어야 하는지에 대하여 항상 고민할 정도로 교육과정 개념은 모호하다.

또 한편, 혹자는 교육과정을 '교육의 과정(教育의 過程)'으로, 심지어는 '교육과정(教育過程)'으로 바꾸어 쓰는 경우도 있다. 그러나 그것은 옳지 않다. 교육의 과정(教育의 過程)과 달리 교육과정(教育課程)은 학술적 전통이 있는 교육학의 전문 용어임을 명심할 필요가 있다(이홍우, 1998b: 531).

이 장에서는 예비교사들에게 교육과정 개념을 제대로 이해시키기 위하여 그

1) 이 장은 김승호(2016)의 "교육과정의 개념 모색", 교육논총, 53(1), 1-19의 내용을 수정 및 보완하였음.

들의 눈높이에 맞추어 교육과정 개념을 모색하고자 한다. 앞서 언급했듯이 오늘날 학문의 분과 현상에 따라 각 교과교육론, 교수·학습 이론, 교육공학, 교육평가 및 측정 등등으로 교육과정 논의도 전문화, 세분화됨으로써 정작 '가르치고 배우는 과정'을 다양하고 깊이 있게 볼 수 있는 교육과정의 본질적인 관점을 놓치는 경향이 있다.

사범대학의 경우 '교육과정과 평가'라는 강좌를 가르치면서 "나는 교육과정 전공이라서(또는 교육평가 전공자라서) 평가(또는 교육과정)는 생략하겠다."든지, 교육대학에서 '교육과정과 수업'을 담당하고 있으면서 "앞으로 교육과정 전공자는 국가고시 교육과정 해설과 분석에 집중하고 수업 부분은 교육방법이나 교육공학 전공자들에게 일임해야 한다."라는 식의 억지 주장을 펼치는 사람도 있다. 여기서 길게 반박하지는 않겠지만, '교육과정 영역에서 교육방법, 수업, 교육평가 부분을 제외하고 남는 것은 무엇이겠는가' 하는 근본적인 의문이 든다.

이를 해소하기 위해서 여기서는 교육과정 분야의 정체성을 확립시키고자 교육과정 개념을 모색해 보고자 한다. 가설적으로, 교육과정을 가르치고 배우는 과정에 결부된 교육적 문제라고 정의할 수 있다면, 그 '가르치고 배우는 과정'을 바라보는 시각은 정말로 다양할 수밖에 없을 것이다. 이제까지 많은 교육과정을 연구하는 학자들이 그래왔듯이, 예를 들어 가르치고 배우는 과정을, 요즘과 같이 미시적으로는 공학적인 관점에서 바라볼 수 있을 것이고, 인류의 공동문화유산으로서의 가치중립적인 지식을 다루는 일로 볼 수도 있을 것이며, 거시적으로는 정치적인 관점에서 바라볼 수도 있을 것이다. 또 한편, 가르치고 배우는 과정에서 학생들이 얻는 경험을 강조하는 교육과정이 있을 수 있을 것이며, 반대로 가르치고 배우는 과정에서 전통적인 내용으로서 학문을 강조하는 교육과정도 있을 수 있을 것이다. 또한, 어떤 이는 학교에서 가르쳐야 할 구체적인 공식 교육과정을 교육과정의 개념으로 받아들일 것이고, 다른 이는 공식적인 교육과정 이면의 잠재적인 교육과정의 사회적 측면을 보다 많이 고려할 것이다.

교육과정은 단순한 객관적인 교육내용 덩어리도 아니고, 잘 가르치는 데 요구되는 교육방법도 아니다. 가르치고 배우는 총체적 과정에는 복잡한 측면이 들어 있다. 여기서는 그 복잡한 측면을 모두는 아니더라도 가능한 한 많이 드러냄으로써 예비교사들의 교육과정에 대한 이해도를 한층 높이고자 한다. 앞으로 이상의 목적이 잘 달성되어 예비교사들이 미래의 교실 수업에서 본인들이 이해한 교육과정 개념들을 잘 적용하여 자신이 늘 하고 있는 교육활동을 보다 더 의미 있게 만들었으면 한다.

2 교육과정의 이론적 기초

이 장에서는 교육과정의 이론적 기반(基盤)을 고찰하고자 한다. 교육과정을 그 어원을 중심으로 살펴보고, 교육과정의 역사적 기초, 철학적 기초, 사회적 기초, 심리학적 기초를 탐색해 보고자 한다.

가. 교육과정의 어원

교육과정 개념을 모색하는 데 있어서 가장 중요한 시사는 교육과정의 어원에서 찾을 수 있을 것이다. 오늘날 우리나라에서 '교육과정(教育課程)'으로 번역되는 '커리큘럼(curriculum)'이라는 용어는 라틴어 '쿠레레(currere)'에서 그 어원을 찾을 수 있다. 명사로서의 '쿠레레'는 원래 경마장에서 '말이 뛰는 길(course of race)'을 의미하였다. 그것은 '말이 달려 나가야 하는 정해진 길이다.'라는 의미이다. 경마장에서 경주할 때 말이 뛰는 길은 정해져 있으며 그 노선을 일탈하게 되면 당연히 실격이 된다. 이와 같이 학교에서도 학생들이 배워야 할 내용은 따로 정해져 있으며, 그밖에 다른 내용을 배우는 것은 허용되지 않는다. 이러한 의미에서 교육과정은 '공부해 나가야 할 일련의 내용항목들' 또는 '교수요목(course of study)'과 동의어가 된다.

그러나 파이너(W. F. Pinar)는 교육과정의 어원으로서의 쿠레레를 새롭게 해석하여 교육과정을 재개념화하였다. 파이너는 쿠레레의 또 다른 의미로서 '달리는 과정' 또는 '경험이라는 행위'를 인식론적으로 해명함으로써 교육과정을 순수이론으로서 정립하고자 하였다. 그는 학생들이 교육과정을 습득하고 경험하는 과정에서의 주관성과 역동성을 강조하는 동사로서의 쿠레레를 강조하였다.

타일러(R. W. Tyler)와 그의 추종자들이 명사로서의 교육과정, 즉 교육과정을 기계적으로, 또는 절차적으로 개발하는 일에만 몰두한 나머지, 교육과정이 개인별로 실존적으로 구현되는 실제, 즉 동사로서의 교육과정에 대해서는 망각해 왔다. 그러나 오늘날과 같이 도식적인 사고방식이 통용될 수 없는 다원화된 포스트모더니즘 사회 속에서는 일반 개개인들이 교육을 받으면서 생각하고, 고민하고, 느끼고, 상상하고, 반응하면서 스스로를 바꾸어 나가는 점진적인 '과정', 즉 동사로서의 교육과정에 논의의 포커스를 맞출 필요가 있다는 것이다.

나. 교육과정의 역사적 기초

교육과정 분야에 대한 학문적 관심은 최근의 일이지만 인류가 그 중요성을 인식하고 시도한 것은 매우 오랜 역사를 가진다. 유사 이래로 선진들은 항상 그들의 후세대들을 올바른 방향으로 성장시키고 발달시키기 위하여 꾸준히 고민하고 노력해 왔다. 그중 핵심적인 관심사는 후세대들에게 그들 문화유산 중에 어떤 내용을 선정하여 어떻게 가르칠 것인가에 관한 것이었다.

고대 동양에서는 노자(老子)와 공자(孔子)의 교육을 대표적인 예로 들 수 있는데, 공자는 인간의 기본 도리로서 '인(仁)'을 강조하였으며, 교육의 범주를 개인의 품성 함양의 차원만이 아닌 사회·제도적 차원의 규범에까지 확장시켰다. 이에 반발하여 노자는 '자연(自然)'과 '도(道)'를 강조하면서 공자가 말하는 인위적인 지식과 규범을 초월해야 진정한 지혜가 생겨난다는 점을 부각시켰다.

고대 서양에서는 소크라테스(Socrates), 플라톤(Platon), 아리스토텔레스(Aristotle)를 대표적인 교육사상가로 생각해 볼 수 있는데, 그들이 후세에 남긴 저서들, 곧 「대화편」, 「국가론」, 「윤리학」에 그들의 교육과정에 대한 생각의 편린들을 찾아볼 수 있다. 특히 플라톤은 교육적 이상으로서 '철학자 · 군주'를 표방하고 철학자 · 군주를 양성할 수 있는 교육과정을 늘 염두에 두었다.

제정 로마 시대의 대표적인 교육자로는 키케로(Cicero), 제논(Zenon), 아우구스티누스(Augustinus) 등을 꼽을 수 있다. 이 시대에는 희랍의 교육을 계승하면서도 다른 한편으로 웅변을 강조한다든지 하여 실제 생활에 유용한 것들을 강조하였다. 중세의 교육과정은 당연히 기독교 신앙을 중심으로 한 것이었으며, 따라서 교회가 그동안 국가가 맡았던 교육을 대신하였으며, 교육의 목적은 현세가 아닌 내세에 있었다.

르네상스 시대와 종교개혁 시기에는 에라스뮈스(Erasmus) 등 인문주의자들이 형식주의적인 문장론에서 탈피하여 순수한 희랍의 고전으로 되돌아갈 것을 부르짖었으며, 루터(Luther) 등 종교 개혁가들은 교회의 개혁을 통한 가정교육의 중요성을 역설하였다. 이어서 17~18세기에는 교육과정에서 실제 감각과 경험을 강조하는 실학주의가 융성하게 된다. 코페르니쿠스(Copernicus), 갈릴레오(Galileo), 그리고 뉴턴(Newton) 등의 과학적 발견은 교육과정에서 과학의 중요성을 일깨워 주었으며, 코메니우스(Comenius)는 그의 대표작 「대교수학」에서 '일체지(一切智)'를 주장하였을 뿐만 아니라, 아동의 흥미에 교육과정이 맞춰져야 한다는 당시로는 획기적인 주장을 내세운 바 있다. 철학의 분야에서 각각 경험론과 합리론을 대변하는 홉스(Hobbs)와 데카르트(Descartes)는 교육과정에서 귀납적 접근과 연역적 접근이라는 두 가지 차별된, 일정한 근거들에서 결론, 곧 교육목표에 이르는 교육방법을 제안해 주었다.

18세기 전반기의 루소(J. Rousseau)는 자연법 사상에 기초하여 아동을 교육의 중심에 놓음으로써 오늘날 현대 교육에서 중시되는 아동중심 교육과정의 시초가 되었다. 19세기 초반에 페스탈로치(Pestalozzi)는 실물교육에 입각하여 아동의 '직관(直觀)'을 교육과정에서 강조하였다. 19세기 초에 오늘날 '교육과학의 아버지'로 불리는 헤르바르트(Herbart)는 교육학 이론을 교육목적(교육철학)에서 교육방법(교육심리학)에 이르기까지 일관되게 체계화하였을 뿐만 아니라, 오늘날 현대 수업이론에 기초가 된 '교수 4단계(명료, 연합, 체계, 방법)'를 정립한 바 있다.

20세기에 들어오면서 듀이(J. Dewey)는 그의 대표적인 저서 『민주주의와 교육(1916)』에서 아동의 경험과 성장을 강조한 교육이론을 펼치면서 미국의 진보주의 교육운동에 지대한 영향력을 행사했다. 한편, 손다이크(Thorndike)는 여러 가지 혁신적인 심리학적 실험을 통하여 교육과정에 있어서 가시적인 행동의 변화를 중시하는 행동주의 교육학에 큰 영향을 미쳤다. '교육과정'이라는 용어를 최초로 학문적으로 사용한 것으로 알려져 있는 저서는 보비트(Bobbitt)의 『교육과정(1918)』이다. 보비트는 과학적 경영원리를 내세우면서 '성인으로서 해야 할 활동'을 분석하여 세분화된 교육목표를 세운 다음, 그것들을 기르는 데 적절한 교육과정을 설계해야 한다고 주장했을 뿐만 아니라, 교육과정에서 '놀이'의 중요성을 부각시켰다.

보비트 이후에 등장한 가장 체계적인 교육과정 이론서는 타일러(Tyler)의 『교육과정과 수업의 기본원리(1949)』이다. 이 책은 교육과정 설계자가 가져야 할 가장 핵심적인 질문 네 가지(교육목표의 설정, 학습경험의 선정, 학습경험의 조직, 학습성과의 평가)를 제시함으로써 오늘날에도 널리 통용되는 교육과정과 수업의 기본 매뉴얼이 되고 있다. 한편, 브루너(Bruner)는 이상에서 언급한 경험중심 교육과정에 반하여 학문중심 교육과정의 모태가 된 『교육의 과정(1960)』을 출간한 바 있다. 교과의 배경이 되는 각 학문의 '지식의 구조'를 가르치는 것이 더 기억하기 쉽고 경제적이며 전이 효과도 크다는 주장을 폈다. 이후 현대 포스트모더니즘 사회로 오면서 여러 다양한 교육과정 이론이 나왔지만 그중 위에서도 언급한 바 있는 파이너(W. F. Pinar)로 대변되는 교육과정 재개념주의자들의 등장이 주목할 만하다.

앞에서도 지적한 바와 같이 비록 교육과정이라는 용어의 역사는 일천하지만 그 용어에 해당하는 관심을 가지고 후세대를 교육한 인류의 역사는 매우 유구하다. 이상에서 고찰한 바와 같이 유사 이래로 지금까지 선진 세대들이 후세대들을 올바른 방향으로 성장시키자 교육내용을 선정해서 가르쳐 온 역사 그 자체가 교육과정의 역사라고 해도 과언이 아닐 것이다. 또 이러한 교육과정의 역사를 '교육과정사'라고 감히 명명할 수 있다면, 그것이 바로 지금 현재의 교육과정 행위를 정당화해 줄 수 있는 하나의 강력한 힘이 되어 줄 수 있을 것이다.

다. 교육과정의 철학적 기초

교육과정을 실제적인 조치나 처방으로 여기는 사람들 입장에서 보면 교육과정의 철학적 기초를 살펴보는 일이 허무맹랑한 일일지도 모른다. 그러나 교육과정은 가치 판단의 문제이며 조치나 처방의 이면에는 기본 철학이 존재하지 않을 수 없다. 지금 이 시대가 아무리 탈이념적인 포스트모더니즘 사회로 치닫고 있다고 할지라도 후세대를 제대로 잘 가르치려고 하는 교육적 맥락에 맞닥뜨리게 되면 누구나 조금은 조심스럽고 보수적인 경향을 띨 수밖에 없게 된다.

인류가 보편적으로 생각하는 가장 이상적인 인간은 무엇인가, 교육의 맥락에서 전수할 만한, 시대를 초월하여 바람직한 지식 또는 교육내용에는 어떤 것들이 있는가, 아동 또는 학생을 가르치고 대면할 때 부모로서, 또는 교사로서 취해야 할 가장 바람직한 방법이나 태도는 무엇인가, 구체적인 교육내용 또는 교육받은 인간을 평가할 때 가장 적합한 도구는 무엇인가 등의 질문의 배경에는 이미 철학적으로 심각한 문제들이 전제되어 있으며, 또한 그러한 질문이나 고민을 해결하는 데 있어서도 철학의 도움이 절대적으로 요청된다.

플라톤(Platon)은 교육과정을 통해서 길러내야 할 가장 이상적인 인간상으로 '철학자 · 군주'를 제안하였고, 공자는 안으로는 '인(仁)'을 갖추고 밖에 나가서는 '예(禮)'를 실행할 수 있는 군자의 모습을 이상적인 인간상으로 여겼을 것이며, 아리스토텔레스는 교육의 목적을 '여가(leisure)'에 두었을 뿐만 아니라, '여가인(man of leisure)'을 이상적인 인간의 모습으로 추천한 바 있다. 이는 스콜라주의 철학에 이르기까지 하나의 전통으로 이어졌다. 아마도 키에르케고르(Kierkegaard)는 교육과정의 마지막 단계로 종교적인 자아를 꼽았을 것이며, 우리나라 실학자들은 유교 경전에만 능통한 사람이 아닌 다방면에 관심을 겸비한 선비를 교육적 이상으로 생각했을 것이다. 이러한 전인(全人)을 숭상하는 전통은 프뢰벨(Froebel)의 「인간의 교육(1826)」에도 잘 드러나 있다.

교육과정의 핵심 과제 중의 하나인 지식의 전수나 교육내용의 통달 문제에 있어서도 수많은 철학적 논의들이 개입될 수 있다. 동양에서는 지식을 이리저리 조합하는 수준의 '안배포치(按排布置)'와 대별시켜 완전한 앎의 경지로서 '자득(自得)'을 중시하였다. 또 완전한 앎에 대한 인식론적 고찰은 서양에서도 중요하게 다루어졌다. '지식이 어떻게 학습자의 마음에 자리 잡게 되는가'라는 질문에 대해서 칸트(Kant)의 인식론에 나오는 '카테고리(kategori)' 개념이 많은 도움을 줄 수 있을 것이며, 이를 계승한 헤르바르트와 피아제 또한, 칸트의 설명을 여러 측면에서 보완해 줄 수 있을 것이다. 또한 키에르케고르는 진정한 지식은 인식주체가 해당 지식을 완전히 내면화한 상태로서의 '주관적 진리'라고 보았으며, 이러한 전통은 현대로 오면서 지식 추구에 있어서 당사자적(當事者的) 참여를 강조한 폴라니의 인식론, '자득지(自得知, personal knowledge)'에도 잘 반영되어 있다.

동양의 성리학은 결국 올바른 삶이란 무엇인가에 대한 치열한 논의와 대답을 추구한 것으로 볼 수 있다. 교육과정도 궁극적으로 학생들에게 그 부분에 대한 성찰을 제시해야 한다는 점에서 동양의 성리학은 잘 연구된다면 앞으로 교육과정 이론으로서 손색이 없을 것이다. 피터스(Peters)의 「윤리학과 교육(2003)」도 교육과정에 있어서 윤리의 문제를 분석적으로 잘 다루어 주고 있지만, 성리학만큼 존재론(存在論), 심성론(心性論), 그리고 함양론(涵養論)에 이르기까지 교육론을 연속적으로 제시하면서 윤리를 논하고 있지는 않다.

이상에서 간략하게나마 예를 든 바와 같이, 교육과정의 핵심 질문에 대답하는 데 있어서 철학은 필수불가결한 의의를 지니고 있다. 이러한 맥락에서 우리는 교육과정의 철학적 기초를 인정하지 않을 수 없을 것이며, 교육과정에서 철학적 기초를 본격적으로 다루는 세부 학문 영역을 '교육과정철학'이라고 줄여서 이름 붙일 수 있을 것이다.

라. 교육과정의 사회적 기초

뒤르켐(Durkheim)에 의하면, 인간은 사회를 떠나 생각할 수 없는 사회적 존재이며, 따라서 교육은 그 어떤 양상을 띠든지 간에 일련의 사회화 과정으로 볼 수 있다. 학습자는 자신이 소속되어 있는 사회의 가치, 행동방식, 관례 등을 공식적으로, 또는 비공식적으로 학습하며, 한편 사회는 교육을 통하여 후진들을 그 사회의 여러 문화와 생활양식에 입문시킴으로써 그 사회의 대가 끊이지 않고 존속되기를 도모한다. 이 점에서 개인과 사회는 교육을 매개로 하여 서로 돕는 관계에 있다고 볼 수 있다.

교육과정과 결부시켜 볼 때, 사회와 그 사회의 문화는 두 가지 측면을 가진다. 한편으로 사회·문화는 한 사회가 이제까지 사멸하지 않고 지탱해 오는 데 큰 구실을 해 왔다는 측면에서 고려해야 한다. 어떤 사회든지 국방력이나 경제력만이 아니라 공유된 문화의 힘에 의존하여 정체성을 유지한다. 문화유산이 한 사회를 떠받치고 있다는 점을 고려하면, 한 사회와 그 문화는 당연히 교육과정의 내용이 되어야 하며, 그 사회에 속한 학생들은 그러한 교육과정을 배움으로써 그 사회의 구성원으로서의 정체성을 점차 확립해 나갈 수 있을 뿐만 아니라 그 사회가 요구하는 직업도 구할 수 있게 된다.

그러나 다른 한편으로, 한 사회의 문화 내용은 고정되어 있지 않고 항상 변화를 거듭한다. 따라서 교육과정 또한 그러한 변화하는 측면을 고려하지 않을 수 없다. 학생들은 사회의 문화를 전수받음으로써 그 사회의 구성원이 되는 것도 중요하지만, 한편으로 시시각각 급변하는 미래 사회에 대처할 수 있는 능력도 길러야 하기 때문이다. 이와 같이 교육과정의 기초를 이루는 사회를 고려해 볼 때, 교육과정에는 한편으로 사회·문화를 전수받아야 하고, 다른 한편으로 바꾸어 나가야 하는 딜레마가 있다.

교육과정의 사회적 기초로서 또 다른 과제는 교육과정에 개입되는 정치적 이데올로기의 문제이다. 일상에서 교육과정을 전개한다든지 수업을 운영하다가 보면, 사실상 교육과정이나 수업 내용에 정치적 이데올로기나 사회계층의 은밀한

'코드(code)'가 개입되어 있음을 의식하기는 매우 어렵다. 그러나 다른 측면에서 보면, 어떤 국가나 사회에서든지 정말 순수하게 가치중립적인 교육내용은 존재하지 않는다. 우리나라의 경우에는 이 문제가 비교적 두드러지지 않지만 사회적 계층 차이가 확연하게 나는 국가일수록 교육과정에서 이 문제는 심각하다.

특히, 프레이리(Freire), 지루(Giroux) 등의 학자들은 불평등한 남미 사회의 교육 모순을 지적하면서 진정한 자유민을 양성하는 해방 교육을 이상으로 내세운다. 이밖에도 교육과정을 이와 같은 갈등론적인 입장 또는 정치적 시각에서 바라보는 학자들로, 영국의 영(Young), 번스타인(Bernstein), 미국의 애플(Apple) 등이 있다. 이들은 학교의 교육과정이 안 그런 것 같으면서도 은밀하게 사회계층 구조를 재생산하는 데 크게 일조한다는 주장을 펴기도 한다. 우리는 교육과정에 숨겨져 있는 음모나 계층 코드를 백일하에 드러냄으로써 투명하고 평등한 교육을 추구해 온 교육과정의 세부 학문영역을 전통적으로 '교육과정사회학'이라고 불러왔다.

마. 교육과정의 심리학적 기초

교육과정의 개념을 생각할 때 빠뜨려서는 안 될 요소 중의 하나는 '학생'이라는 변인이다. 교육과정이 펼쳐질 수업상황에서 학생의 위치는 수업대상 못지않게 중요하다. 물론 당연한 말이겠지만, 분명히 말하여 수업은 학생이 없는 상태에서는 불가능하다. 또 한편, 교육과정의 최종결과는 학생이라는 도화지에 나타나야 한다는 점에서 학생은 매우 중요하다. 아무리 창의적이고 잘 짜인 교육과정이라고 하더라도 학생에 의하여 수용되지 않는다면 무슨 의미가 있겠는가.

적을 알면 백전백승이라는 말도 있듯이 교육내용을 전수할 때 받아들일 사람으로서의 학생과 그의 마음 상태는 매우 중요하다. 한 가지 방향의 교육과정도 학생에 의하여 다양하게 굴절된다. 따라서 교육과정은 학생의 성격과 성장에 대한 면밀한 이해를 담고 있어야 할 뿐만 아니라, 학생 개개인의 개성, 흥미, 자질, 능력 등을 제대로 파악하여 그것들을 교육과정에 반영할 수 있는 자세와 준비를 항상 해야 한다.

특히, 교육과정을 전개할 때 학생의 흥미는 매우 중요한 고려 요소이다. 학생의 흥미는 교육과정의 시작이자 끝이라고 말할 수 있다. 학생의 흥미는 교육과정의 출발점이고, 교육과정을 펼칠 때 그 추진력이 될 뿐만 아니라, 교육과정이 실현되었을 때 최종 종착지이기도 하기 때문이다. 역사적으로 루소(J. Rousseau)에 의하여 크게 반향을 일으킨 '아동중심 교육' 또한 이전의 사고방식과 달리 아동은 어른과 본질적으로 다른 존재라는 점을 강조하고, 교육과정의 중심에 아동의 흥미를 위치시킨 점, 그리고 듀이(J. Dewey) 그의 책 『민주주의와 교육(1916)』에서 교과 우선이 아니라 학생의 흥미를 교육과정의 핵심으로 취급한 점도 이 점을 잘 뒷받침한다.

아동은 다른 동물에 비하면 정말로 취약한 상태로 세상에 태어난다. 인류학자나 심리학자들은 인간은 태생적으로 미숙하게 태어난다는 것을 '조산성(早産性)'이라고 부른다. 그러한 존재가 궁극적으로 다른 동물보다 더 강해질 수 있는 것은 간단히 말하여 교육의 힘이다. 어른은 아동을, 그가 미숙하기 때문에 상당한 기간 동안 맡아 기르며, 어른이 어른인 것은 아동이 자립할 수 없는 상당한 기간 동안 그 어려운 일을 기꺼이 떠맡았다는 점에서 찾아질 수 있다. 그러나 한편, 무엇보다도 아동을 다른 동물과 다르게 만들어 주는 것은 전통적으로 아동을 가르치는 데 쓰인 교육과정일 것이다.

교육과정에서 취급되어야 할 전형적인 심리학 질문은 다음과 같은 것들이 있을 수 있다. '이 교육과정은 학생들의 발달 수준에 적합한 것인가', '학생들이 이 교과에 흥미를 갖지 못하는 이유는 무엇인가', '이 교육과정을 이수한 후에 학생들이 가져야 할 최종 경험으로서의 흥미는 무엇인가' 등이 그것이다. 예비교사들은 교육학 과목, 또는 교직과목으로서 교육심리학을 배운다. 교육내용의 관점에서 바라보면, 엄밀한 의미에서 교육심리학은 '교육과정심리학' 또는 '교육과정의 심리학'이 되어야 한다. 심리학적으로 아무리 숭고한 전문적 지식이 존재한다고 하더라도 그것이 교육심리학이 될 수 있는 근거는 이상의 질문에 나타난 것처럼 교육내용 또는 교육과정과의 연관성일 것이다.

3 교육과정을 보는 다양한 관점들

교육과정을 어느 한 측면에서 편협하게 해석하는 것은 바람직하지 않다. 하나의 사물이 보는 각도에 따라 달리 보이듯이, 교육과정도 보는 관점에 따라서 매우 다르게 정의될 수 있다. 극단적으로 말하면, 교육과정은 지금 현재 목도하고 있는 아주 구체적인 '국가 교육과정 문서'에서부터, 교사들이 따라가는 교육적 이상으로서의 '별자리'를 의미하는 것과 같이 매우 추상적인 의미로도 정의될 수 있다.

가. 공식적 교육과정과 잠재적 교육과정, 그리고 영교육과정

'공식적 교육과정'은 공적인 문서 속에 담긴 교육 계획을 의미한다. 학생들에게 가르칠 내용들을 계획해 놓은 일종의 문서라고 할 수 있다. 예를 들면, 국가수준의 교육과정, 시·도 교육청의 교육과정 편성·운영 지침, 지역 교육지원청의 장학자료, 일선 학교의 학교 교육과정 등이 공식적 교육과정에 해당된다.

이에 극명하게 대비되는 교육과정이 바로 '잠재적 교육과정'이다. 잠재적 교육과정은 학교와 같은 교육기관의 공식적인 교육과정에서 의도하거나 계획하지 않았지만, 학교 안에서 또는 수업 중에 학생들이 은연중에 관행으로 배우게 되는 지식, 가치, 태도, 행동양식 등을 가리킨다. 잠재적 교육과정은 공식적인 교육과정이 시행되는 과정에서 동시에 이루어지는 경우가 많다. 학교에서 강조하는 상·벌 체계, 문화와 관행, 인격적 대우 등은 잠재적 교육과정을 형성하는 주된 원인이 되기도 한다. 학생들은 한편으로 법과 질서를 지켜야 좋은 사람이 된다는 것도 배우지만, 다른 한편으로는 법과 질서는 '갑'이 '을'에게 강조하는 이데올로기에 불과하다는 부정적인 것도 부수적으로 학습할 수도 있다.

'영(零)교육과정(null-curriculum)'은 학교에서 소홀히 하거나 공식적으로 가르치지 않은 지식, 사고방식, 가치, 태도, 행동양식 등을 의미하며, 그 결과로서 학생들이 아직 경험하지 못한 것을 말한다. 교육과정은 선택과 배제의 연속적 산물이라고 본다면, 영교육과정은 그 뒤안길에 남은 것으로서 공식적 교육과정의 어쩔 수 없는 선택의 산물이다. 달리 말하면, 영교육과정은 공식적 교육과정을 배우는 동안 학생들이 배우지 못하는 다른 한편의 교육내용이라고 할 수 있다. 예를 들어, 요즘 '동북아시아 역사 논쟁', 그리고 '역사 국정교과서 채택 문제'에서도 분명하게 알 수 있듯이 완전하다고 여겨지는 그 어떤 교과서라도 모든 역사의 내용을 담고 있는 것이 아니며, 그 많은 내용 중에서 인위적으로 선택된 내용만을 수록할 수밖에 없다. 바로 그러한 역사 내용 선택의 과정에서 제외된 역사가 영교육과정에 해당한다.

잠재적 교육과정이 의도하지 않은 가운데 형성된 것이라면 영교육과정은 배제된다는 것을 알면서도 배제된 교육과정을 의미한다. 예비교사들은 교육활동을 하면서 학생들의 입장에서 비단 공식적 교육과정뿐만 아니라 잠재적 교육과정도 고려해야 하며, 더불어 지금 가르치고 있는 공식적 교육과정의 이면에서 소외된 교육과정이 있다는 점도 늘 의식하면서 교육과정을 해석하고 재구성하며 운영할 필요가 있다.

나. 교과중심 교육과정과 경험중심 교육과정, 그리고 학문중심 교육과정

교육과정을 고려하다가 보면 '어떤 기준이나 원칙에 의하여 교육내용을 구성해야 하는가'라는 심각한 문제에 봉착하게 된다. 그 기준이나 원칙이, 다시 말하여 조직의 중심이 전통적인 교과인가, 또는 학생들의 경험인가, 아니면 학문인가에 따라 교육과정을 보는 관점이 달라진다. 여기서는 교육과정의 발전 역사에 맞추어 교과중심 교육과정, 경험중심 교육과정, 학문중심 교육과정이라는 세 가지 관점을 비교·분석해 보고자 한다.

먼저, 교과중심 교육과정은 학교에서 학생들이 배우는 교과를 중시하는 것이다. 이때, 교과는 후세대가 계승해야 할 인류 문화유산을 학생들이 배우기 용이하게 체계적으로 조직한 것을 의미한다. 일반적으로 교과는 학교에서 국어, 수학, 사회, 과학 등으로 구분되어 있으며, 교사의 입장에서 보면 학생들에게 가르쳐야 할 교육내용의 체계를 의미한다. 이와 같이 교과를 강조하는 교육과정에서는 교사가 중심이 되어 수업이 진행되며, 수업은 주로 설명과 설득, 강의 등의 교육방법에 의존하여 이루어지는 경우가 많다. 교과중심 교육과정에서처럼 교육과정을 간단히 주어진 교육내용 또는 교과라고 보는 것은 우리나라 사람들이 가지고 있는 교육과정에 대한 가장 일반적인 견해이기도 하다. 교과서를 교육과정이라고 도식적으로 이해하는 것도 바로 이러한 교육과정에 대한 관점에서 비롯되었다고 볼 수 있다.

반면에 경험중심 교육과정은 학생들의 입장에서 그들의 경험을 교육과정의 중심에 놓는다. 경험중심 교육과정은 학교와 교사의 지도하에 학생들이 접하게 되는 경험의 총체를 의미한다. 교과중심 교육과정이 급변하는 사회 변화와 요구에 학생들이 적응하는 데 필요한 것과 거리가 먼 교육내용으로 구성되어 있다는 비판이 일어났다. 미국의 진보주의 교육운동에서는 학생의 필요와 사회의 요구에 부응할 수 있는 경험중심의 교육내용을 도입하자는 주장을 폈다.

여기에 이론적 기반을 제공한 대표적인 학자로는 존 듀이(J. Dewey)를 들 수 있다. 이러한 전통에 입각하여 경험중심 교육과정에서는 실생활과 관련된 내용을 학생들이 직접 경험하는 것을 강조한다. 그에 따르면, 교육과정은 아동이 학교 안에서의 활동에 능동적으로 참여함으로써 자아실현을 성취할 수 있도록 도와주는 특별한 환경을 만들어 주는 것이다. 따라서 경험중심 교육과정의 구성은 학생의 필요와 흥미가 바탕이 되며, 교재는 실생활의 문제들을 잘 해결할 수 있는가에 주안점을 두고 구성된다.

학문중심 교육과정은 경험중심 교육과정에 대비시켜 보다 잘 설명될 수 있다. 학문중심 교육과정에서는 교육과정의 중심이 학문에 있다고 본다. 따라서 학문중심 교육과정에서 교과는 각 학문의 고유한 지식의 구조를 반영한 것이어야 한다. 이러한 주장에 불을 지핀 인물은 브루너(J. S. Bruner)이다. 그의 저명한 책 『교육의 과정(1960)』에서 브루너는 학교에서는 교과가 속한 학문의 '지식의 구조'를 가르쳐야 한다고 주장한다. 브루너에 의하면, 지식의 구조는 각 학문의 가장 핵심적인 지식 내지는 원리들로서 전이가(轉移價)가 매우 높다. 이것들을 가르치기 위해서는 학자들의 학문 탐구의 결과나 찌꺼기로서의 '중간언어(middle language)'를 앵무새처럼 달달 외워서는 안 되며, 학자들이 그랬듯이 학생 스스로가 직접 호기심을 가지고 탐구하고 발견의 과정을 거쳐야 한다.

다. 보수적 교육과정과 진보적 교육과정, 그리고 급진적 교육과정

사회 구조 속에서 교육의 역할을 어떻게 보는가에 따라 보수적 교육과정, 진보적 교육과정, 그리고 급진적 교육과정 세 가지로 나누어 볼 수 있다. 먼저, 보수적 교육과정은 교육을 통해 사회의 지배적인 규범이나 문화를 후세대에 전달하여 줌으로써 사회를 안정적으로 유지해 나가야 한다는 입장을 대변한다(김재춘, 2012: 39-43). 이 관점에 의하면 현재의 사회와 전통은 바람직한 것이다. 따라서 교육과정은 전통적으로 내려오는 교과를 잘 전수하여 현 사회 제도와 체제를 유지하고 발전시키는 데 기능적으로 기여하기만 하면 된다.

보수적 교육과정에서는 교육에서 지식의 기능적·효율적 전달에 보다 주안점을 두게 된다. 따라서 교사들은 일방적인 전달방식을 교육방법으로 선호하며, 학생들의 비판적인 사고나 질문은 별로 권장되지 않는다. 앞에서 예로 든 바 있는 교과중심 교육과정과 학문중심 교육과정의 시각과 관련이 깊다고 볼 수 있다.

진보적 교육과정에서는 보수적 교육과정과 달리 학습의 주체가 되는 학생의 경험과 성장을 강조한다. 미국의 진보주의 교육의 유명한 슬로건에도 있듯이 교육은 '교과가 아니라 아동, 즉 학생을 가르치는 것'이다. 따라서 진보적 교육과정에서는 학생들의 다양한 특성을 파악하는 것이 무엇보다도 중요하다. 학생들의 관심, 흥미, 이전의 경험, 개인의 성장과정, 인지 양식, 학습 스타일 등에 적합한 교육의 내용과 방법을 제공하고자 한다. 흔히 아동의 경험을 중시하는 교육 활동이나 학습자 중심 교육은 이러한 진보적 교육과정의 관점을 요청한다(김재춘, 2012: 42).

진보적 교육과정에서 교사는 학생에게 기존의 지식 체계를 일방적으로 전수하는 보수적 교육과정의 교사와는 달리, 학생들과의 상호작용 또는 소통에 심혈을 기울인다. 수업 시간에는 문제사태 해결을 위한 학생들의 탐구 활동이나 협동 및 모둠이 강조되기도 한다. 여기서 수업은 학생들에게 지식을 강요해서는 안 되며, 학생들 스스로가 자발적으로 사고할 수 있도록 돕고 학생의 수준과 개인차를 고려해야 한다.

급진적 교육과정에서는 보수적 교육과정이나 진보적 교육과정과는 달리, 교육의 정치적 성격을 부각시킨다. 급진적 교육과정에서는 사회를 보는 관점이 보수적 교육과정이나 진보적 교육과정과는 상반된 입장에 서 있다. 보수적 교육과정에서는 사회화를 통한 사회 구조의 재생산을 적극적으로 추진한다는 점에서 현상의 유지를 추구하고, 진보주의 교육과정은 아동의 관심과 흥미에 기초한 개인 아동의 경험의 성장만을 논하는 가운데, 거시적으로 사회 문제들을 등한시한 반면에, 급진적 교육과정에서는 아동의 교육활동을 둘러싸고 있는 정치, 경제, 사회, 문화적 권력 관계 등의 분석을 보다 중요시한다(김재춘, 2013: 42-43).

영국의 교육사회학자들이 지적하고 있듯이 학교교육은 정치적인 성격을 띨 수밖에 없다. 학교에서 다루는 교육내용조차도 언뜻 보면 가치중립적인 것처럼 보여도 사실 따지고 보면 어느 지배집단의 가치와 문화를 암암리에 반영하고 있기 마련이다. 급진적인 교육과정에서는 사회적 약자 입장에 서서 교육의 내용과 방법 속에 가정되어 있는 정치적 편향을 드러내어 이를 비판하고 개혁해 나가려는 입장을 취한다. 사회를 기능적으로 파악하기보다는 갈등론적으로 직시한다. 이 입장에 의하면, 교육은 불평등한 사회 구조를 재생산하고 유지하는 데 기여하지 않아야 하며 기존의 불평등한 사회를 해체하여 보다 정의롭고 평등한 인간적인 새로운 사회를 건설하는 데 이바지할 수 있어야 한다. 이 맥락에서 일리치(I.

Illich)의 '탈학교 사회' 주장도 이해될 수 있을 것이다.

역사적으로 남미의 불평등 국가 사회에서 많이 불거진 것처럼 급진적 교육과정은 교육을 재건 또는 개혁활동으로 본다(김재춘, 2013: 43). 여기서 개혁활동은 기본적으로 불평등한 사회 구조가 보다 평등한 사회 구조로 바뀌는 것을 의미한다. 이 점에서 급진적 교육과정은, 사회 구조의 재생산을 위한 지식의 오롯한 전수를 강조하는 보수적 교육과정과, 사회 구조의 재생산을 전제로 한 교사와 학생 간의 상호작용만을 미시적으로 강조하는 낭만적인 진보적 교육과정과 차별성을 가진다.

라. 의도된 교육과정과 전개된 교육과정, 그리고 실현된 교육과정

김호권(1977)은 교육과정 개념을 세 가지로 정리하고 있다. 이 구분은 교육과정이 점차 구현되는 단계에 초점을 둔 생각이다.

첫째, 의도된 교육과정은 공약된 목표로서의 교육과정을 의미한다. 교육부 고시로서의 교육과정이 이 수준에 속한다.

둘째, 전개된 교육과정은 수업 시간에 반영된 교육과정을 가리킨다. 의도된 교육과정은 어차피 교사에 의하여 재해석되고 교사의 손에 의하여 그의 수업 행위 속에서 전개될 수밖에 없을 것이다. 요컨대 전개된 교육과정은 교사 수준에서의 교육과정에 가깝다.

셋째, 마지막으로 실현된 교육과정은 수업을 통하여 실지로 학생들에게 구현된 교육과정을 말한다. 실현된 교육과정은 일종의 학습 성과로서의 교육과정을 의미한다. 학생들의 학습능력이나 경험배경이나 교육적 필요에 커다란 개인차가 있을 수 있다는 점을 고려할 때, 동일한 교육과정에 의하여 전개된 동일한 수업 조건 속에서도 우리는 천차만별의 셋째 수준의 교육과정을 기대해야 한다. 앞에서 다룬 바 있는 잠재적 교육과정의 입장도 바로 이러한 실현된 교육과정의 중요성을 다른 각도에서 시사하고 있는 것이다(김호권, 1977: 110-112).

4 대안적 교육과정 개념의 모색

일반적으로 사람들은 교육과정을 교과서나 교사용 지도서, 또는 학교에서 만드는 수업과 관련된 업무 분장, 또는 학교에서 다루는 프로그램의 묶음과 같은 '계획' 정도로 오해하는 경우가 많다. 그러나 교육과정은 어떤 구체적인 교육내용이나 교과서나 교육계획서에 한정될 수 없다. 그것은 고정된 것에 불과하며 실현되기까지 아직 갈 길이 먼 교육과정이다. 앞에서 살펴본 바와 같이 그러한 것들은 아직 전개도 안 되었을 뿐만 아니라 교실 수업에서 실현되기 이전의 문서에 불과한 것이다. 이것은 초기 단계의 교육과정의 의미로서 단순한 계획에 해당한다.

이러한 계획된 교육과정의 의미에 영향을 미친 대표적인 학자는 타일러(R. W. Tyler)이다. 타일러는 교육과정을 하나의 시스템으로 보고 그 시스템을 잘 관리하고 돌리기 위한 절차를 계획하는 일로 보았다. 어떤 목적을 세우고 그 목적을 달성하기 위하여 학습경험을 선정하고 조직하고 평가하여 피드백시키는 연속 구조를 연상하였다. 이것은 듀이가 말한 '수단과 목적의 연결'의 전형적인 사고인 셈이다. 그러나 타일러 논의에는 애석하게도 교육과정이 구체적으로 전개되는 수업에 대한 논의가 지나치게 생략되어 있다.

타일러 교육과정에는 학생들의 관심, 흥미, 반응 등과 같은 구체적인 변인들, 그리고 그것들과 계획된 교육과정의 조화 및 상충 등이 생략되어 있다. 타일러의 교육과정 모형은 교사에 의한 교육과정의 재구성이나 재해석 여부도 고려되어 있지 않은 미완성의 교육과정이다. 그의 주장대로 계획된 교육과정만이 교육과정의 전부는 결코 아니다. 오히려 학생들이 학교의 지도하에 얻게 되는 소중한 경험들이 교육과정의 의미에 적합하다. 타일러 이론은 계획된 교육과정에서는 의도하지 않았지만 학생들이 얻게 되는 잠재적 교육과정에 대한 설명을 하지 못한다.

또 한편, 교육과정을 계획된 것만으로 생각할 때, 앞서 '실현된 교육과정' 논의에서 고찰한 바와 같이 학생들이 수업을 통해서 얻게 되는 뜻밖의 학습 성과에 대한 배려가 전혀 없다. 실현된 교육과정의 관점에서 보면 교육과정에서 가장 중요한 의미는 학습 성과이다. 학습 성과는 교육의 종착점이다. 아무리 계획된 교육과정이 좋아도, 또 아무리 학생들이 경험하는 것이 훌륭하다고 해도, 학생들이 수업을 통해서 아무것도 얻은 것이 없다면 그것을 교육과정이라고 부를 수는 없을 것이다.

그래도 원만한 의미를 가진 교육과정 개념을 얻으려면 이상에서 고려해 본 바와 같이 계획된 교육과정, 전개된 교육과정, 그리고 실현된 교육과정 세 가지 의미층이 모두 고려되어야 할 것이다. 비록 어떤 교육과정이 옳고 어떤 것이 틀리다고 말할 수는 없을지라도, 교육과정을 새로 배우는 사람들은 여러 다양한 교육과정 개념을, 투명한 색지들을 하얀 백지 위에 겹쳐 놓듯이 복합적으로 고려하는 것이 바람직하다.

또한 교육과정을 고정적인 문서가 아닌 역동적인 과정으로 보아야 한다. 앞서 파이너의 교육과정 재개념화에서 살펴본 바와 같이, 교육과정은 정해진 것이 아니라 만들어 가는 것이며, 얼마든지 역동적으로 변화할 수 있는 실존적 과정으로 바라보아야 한다. 교육과정은 여러 변인이 도사리고 있는 상황과 맥락에 따라서 얼마든지 변화할 수 있는 가능성을 내포하고 있는 현상으로 보아야 한다. 이 점은, 교육과정이 의도하든 의도하지 않든지 간에 변화무쌍하고 다양하게 전개되는 수업만 보더라도 얼마든지 이해될 수 있을 것이다.

어떤 학자는 교육과정 개념을 오로지 '교육내용'에 관한 논의에만 한정시켜야 한다고 주장한다. 또 다른 한편으로 교육과정 개념을 비단 교육내용에만 한정시키지 않고 '가르치고 배우는 총체적 과정'을 모두 포괄하는 것으로 보아야 한다는 주장도 있다. 이 장에서 고찰한 교육과정의 여러 기초들과 다양한 관점들을 고려해 볼 때, 전자의 주장은 너무 편협한 것이 아닌가 하는 의구심이 든다. 이홍우(1998b)는 이 문제에 대해서 다음과 같은 시사를 던져 준다. 전자를 '구심적 관심', 그리고 후자를 '원심적 관심'으로 부를 수 있다면, 교육과정 연구는 이 두 가지 관심 사이의 미묘한 균형을 유지해야 한다는 어려운 과제를 안고 있다(이홍우, 1998b: 531). 오늘날 비단 교육과정 분야뿐만 아니라 교육학 전체가 이러한 균형을 잃어버리면서 심각한 정체성 혼란을 겪고 있는 것은 안타까운 일이 아닐 수 없다.

가르치고 배우는 인간 영위에 대하여 다양하고도 다층적인 관심을 가지되 그 원천이라고 할 수 있는 '교육내용'이라는 초점을 놓치지 않아야 하는 어려운 과제가 교사들에게 주어진다. 아마도 이상에서 살펴본 바와 같이 교사가 교육과정을 어떻게 개념화하는가에 따라 학교나 수업에서 자신의 위치와 역할에 대하여 다르게 생각하게 될 것이다. 따라서 예비교사들은 이상에서 살펴본 다양한 교육과정의 개념을 잘 살핀 뒤에 교육과정에 대한 편견을 없애고 자기만의 보편적인 교육과정 개념을 확보할 필요가 있다.

교육과정은 단순한 교육방법이 아니라 가르치고 배우는 과정에 초점을 맞춘 학문적 논의의 총체이다. 서구의 교수법을 대변하는 유럽의 교수학 전통인 '디댁틱(*Didaktik*)'에 따르면, 교육과정은 개별 전공 교과와 상관없이 '인격도야'라는 일반적인 교육목적을 가진다. 따라서 학문으로서의 교육과정은 각과의 전공별 지식 전수나 교수법 수준을 넘어서 보다 포괄적이고 일반적인 교육내용이나 수업에 대한 논의를 요청한다(김승호, 2014: 18).

예비교사들은 가르치고 배우는 과정에 결부된 다양한 논의들을 미시적으로, 또 거시적으로도 바라볼 필요가 있다. 또 한 관점이나 측면이 아닌, 다양한 관점과 측면에서, 그리고 교육적 상상력을 가지고 정체적인 것이 아닌 역동적인 교육과정을 파악할 수 있어야 한다. 앞으로 예비교사들도 교육과정에 대한 이해도를 한층 더 높이고 성숙시켜서 그 개념들을 구체적인 교실 수업에 잘 적용하여 자신이 늘 하고 있는 교육활동을 보다 더 깊이 있게 성찰해 보았으면 한다.

참고문헌

곽병선(1998) 교육과정 이론. 교육학대백과사전 1(504-512). 서울: 하우동설.

김승호(2014). Didaktik의 교육과정적 함의. 교육과정연구, 32(2), 1-19, 한국교육과정학회.

김재춘(2012). 교육과정. 서울: 교육과학사.

김호권·이돈희·이홍우(1977). 현대교육과정론. 서울: 교육출판사.

박승배(2015). '커리큘럼 전문가'의 의미 탐색, 교육과정연구, 33(4), 1-17. 한국교육과정학회.

서명석, 김외솔, 박상현(2012). 교육과정·수업·거대담론·해체. 경기: 아카데미프레스.

윤팔중(1980). 인간중심 교육과정이론. 서울: 교육과학사.

이홍우(1998a). 증보 교육과정탐구. 서울: 박영사.

이홍우(1998b). 교육과정: 개관. 교육학대백과사전 1(530-543). 서울: 하우동설.

정영근(2011). 학교교육의 핵심개념. 서울: 문음사.

Boyd, W.(1952). *The history of western education*. 이홍우·박재문·유한구 역(1994). 서양교육사. 서울: 교육과학사.

Bruner, J.(1960). *The Process of Education*. Massachusetts: Harvard University Press.

Dewey, J.(1916). *Democracy and Education*. NewYork: Macmillan. 이홍우 역(1987). 민주주의와 교육. 서울: 교육과학사.

Durkheim, E.(1956). *Education and Socialogy*. Glencoe: Free Press.

Fröbel, F.(1887). *The Education of Man*. New York: D. Appleton & Company. 서석남 역(1995). 인간교육. 서울: 이서원.

Oakeshott, M.(1975). A Place of Learning. In T. Fuller(ed.), *The Voice of Liberal Learning*. Yale University Press. 차미란 역(1992). 학습의 장. 상·하, 교육진흥 가을-겨울, 162-181, 156-171. 중앙교육연구소.

Tyler, R. W.(1949). *Basic Principles of Curriculum and Instruction*. Chicago and London: The University of Chicago Press.

제2장

타일러 교육과정 모형

교육과정 개발에서 있어 우리에게 가장 친숙하면서도 기본이 되는 모형은 타일러 모형일 것이다. 교육과정 개발이나 시행에 적용되고 있는 교육과정 모형들은 타일러 모형의 약간 변형된 형태가 많다. 현재 우리나라에서 연구된 바 있는 교육과정 모형 및 교육과정 평가 모형의 상당은 타일러 모형에 근거하고 있다(김승호, 1998; 이성호, 2004). 따라서 타일러 모형을 이해하는 것은 교육과정 이해의 기본이 된다. 본 장에서는 타일러의 모형에 대해 자세히 알아보기로 하겠다.[1)]

1 개관

타일러(R. W. Tyler)는 1949년 『교육과정과 수업의 기본 원리(*Basic Principles of Curriculum and Instruction*)』를 출간하였다. 이 책에서 그는 교육과정과 수업의 기본 원리에 포함되어야 할 요소로 교육목표의 선정, 학습경험 선정, 학습경험 조직, 학습결과 평가의 네 가지를 제시하였다. 학습결과의 평가는 다음 교육목표 설정에 반영되므로, 타일러 모형은 순환적인 특징을 갖는다. 타일러는 각 요소들 간의 밀접한 관련성 즉 순환성이 무엇보다 중요함을 강조하였다(김승호, 1998). 타일러는 이 네 가지 요소를 교육과정 또는 수업의 운영의 단계로 절차화하였다. 이 네 가지 요소는 이후 교육과정 이론의 기본을 형성하게 된다.

『교육과정과 수업의 기본 원리』는 듀이(John Dewey)의 『민주주의 교육』과 함께 미국의 교육과정 교수들을 대상으로 20세기 교육과정 분야에서 가장 큰 영향을 미친 저서로 선정되었다(Shane, 1981). 『교육과정과 수업의 기본 원리』는 교육과정 개발과정에 있어 기본 요소, 자료원 및 결정요인을 체계적으로 밝혔다는 점에서 매우 중요한 의미를 갖고 있다(이성호, 2004).

타일러 모형은 목표중심 모형이라고 불릴 정도로 목표가 중시되는 모형이다.

---

1) 이 장은 김은정(2018)의 "타일러 모형의 학습자 중심 관점에 대한 고찰", 학습전략중재연구, 9(2), 13-32의 글을 수정 및 보완하였음.

따라서 타일러의 이론을 살펴봄에 있어 수업목표에 주목할 필요가 있다. 타일러의 수업목표에는 그의 중요한 사상이 담겨 있다. 학습목표는 학생이 수업 후 얻게 되는 결과 즉 행동의 변화를 말한다. 학습목표는 구체적이고 세부적인 행동이기도 하면서 학습 결과로서 갖게 되는 것을 의미한다. 교육목표는 '내용'과 '행동'을 두 가지 차원으로 하여 진술되어야 하며, 학생이 학습 후 그 목표에 도달했는지 여부를 판단할 수 있는 준거가 될 수 있어야 한다. 또한 그 목표는 명시적이고 세부적이며 구체적인 목표로서(김승호, 1998), 일반적이고 모호한 교육목적이 아니라 학생이 교육을 받은 후 나타내게 될 세부적인 행동으로 구체적으로 제시되어야 한다.

그러나 타일러식의 세부적인 행동으로 수업목표를 짜는 경우에는 다음과 같은 문제가 발생할 수 있다. 즉 수업행동을 모두 예상하거나 계획할 수 있는 것이 아니기 때문에, 수업을 하다 보면 미처 생각지 못하거나 예상치 못한 부분이 흔히 발생하게 된다. 이 모두를 수업목표에 세부적인 행동으로 포함시키기는 불가능하다. 또한 수업목표로 설정하지 않았으나 수업 중 교사와 학생 혹은 학생 간의 상호작용 과정에서 학생이 특정 가치나 태도를 습득하게 될 수도 있다. 이를 우리는 잠재적 교육과정이라고 부르기도 한다. 이러한 점을 고려하지 못한 채 수업목표를 설정하였기 때문에 타일러 모형은 외현적 행동에만 초점을 두었다는 비난을 받기도 한다.

또 다른 중요한 포인트는 학습목표에 근거한 학습경험을 선정함에 있어서, 타일러는 수업시간에 교사가 해야 할 일을 계획하는 것에 중점을 두었다기보다는 학습자와 그를 둘러싸고 있는 환경 속에서 얻는 학습자의 경험에 중점을 두었다는 점이다. 따라서 그가 제시하고 있는 학습경험 선정의 원리는 모두 학습목표 달성을 위해 학습자가 어떤 학습경험을 하게 할 것인가에 대한 고민을 담고 있다. 학습자가 스스로 경험해 볼 기회를 주고(기회의 원리), 학습자가 학습경험을 하면서 만족감을 느끼게 해야 하며(만족의 원리), 학습자의 능력, 발달, 성취수준에 적절한 경험을 제공해 주고(가능성의 원리), 학습경험을 다양하게 제공해야 하고

(다양한 경험의 원리), 하나의 학습경험으로 다양한 학습성과를 가져오게 하며 (다성과의 원리), 학생들이 함께 활동할 수 있는 기회를 주도록 해야 한다(협동의 원리). 이렇게 선정된 학습경험은 타일러가 제시한 계열성, 계속성, 통합성의 원리에 의해 조직되게 된다. 그가 학습경험의 조직을 위해 제시한 이 세 가지 개념은 이후의 교육과정 및 학습의 조직에서 주요 핵심 개념이 되었다. 따라서 타일러의 이론을 고찰함에 있어 그가 가진 학습자 중심의 관점에 대해 깊이 살펴볼 필요가 있다.

마지막으로 타일러는 평가의 개념을 애초에 의도한 교육목표가 교육과정과 수업 시행을 통해 어느 정도 실현되었는지 측정하는 것으로 본다. 따라서 평가에서는 결국 교육목표의 실현 정도가 중요해진다. 이 실현 정도는 학생의 행동을 통해 알 수 있다. 그러므로 타일러 모형에서는 교육목표와 교육평가의 개념을 연결지어 보아야 할 것이다.

2 타일러의 학문적 배경과 이론적 토대

가. 타일러의 학문적 배경

타일러(1902~1994)는 애초에 의대에 진학하고자 하였으나, 고등학교 과학교사로 재직하는 동안 다양한 계층의 가정환경을 가진 학생을 가르치면서 그들의 개인차에 따른 교육과정에 관심을 갖게 되었다. 이후 그는 교육학으로 진로를 바꾸어 시카고 대학교에서 박사학위를 받게 된다. 시카고 대학교에서 당시 유명했던 카운츠(G. S. Counts), 차터스(W. W. Charters), 보비트(J. F. Bobbitt) 등의 교수들에게 교육을 받았다. 그는 특히 진보주의자 대열에서 사회 재건주의 사상을 이끌던 카운츠에게서 영향을 많이 받았으며, 『교육과정과 수업의 기본 원리』의 골격도 그의 영향을 많이 받았다고 회고하였다(박승배, 2007: 78-80). 카운츠는 존 듀이의 영향을 많이 받았으므로, 타일러의 학습자 중심 사상의 뿌리는 이때 형성되었다고 볼 수 있다.

이후 타일러는 오하이오 주립대학교에서 재직하게 되었는데, 이곳에서 그는 학력검사 제작 및 이용에 대해 연구하면서 교육평가에 대한 이론을 체계화하였다. 그 무렵까지 학력고사는 학생의 성적을 매기고 선발하며 분류하기 위해 사용되었으나, 타일러는 이를 교육목표의 달성도를 확인하고 교수학습을 개선하는 데 활용하는 것이 중요하다고 주장하였다. 이는 학력검사가 측정의 관점에서만이 아니라 평가의 관점에서도 사용될 수 있다는 것을 의미한다.

그는 이곳에서 '8년 연구(the Eight Year Study)'의 평가업무 총괄 책임자가 되었다. 8년 연구는 30개의 고등학교와 300개 대학이 공동으로 참여하여, 진보주의 교육과정이 학생에게 어떤 영향을 미치는지 연구한 대규모 프로젝트이다. 이 연구에서는 30개의 고등학교에서 진보주의 교육과정을 통해 교육받은 학생들이 대학에 진학하여 어떻게 공부하는지 추적 연구를 실시하였다(이성호, 2004). 그 결과 이 학생들이 전통적인 교육을 받은 학생들과 마찬가지로 좋은 성적을 낼 뿐 아니라, 일부 영역에서는 더 성공적인 대학교육을 받을 가능성이 있음을 알게 되었다. 이 연구를 통해 미국 고등학교 교육과정은 종래의 교과중심교육에서 벗어나, 폭넓은 교양과 생활적응 교육을 포괄하는 방향으로 바뀌게 되었다. 타일러의 8년 연구에 합류한 인물들로 교육목표 분류학으로 유명한 블룸(B. Bloom), 측정 및 교육통계 분야의 대가가 된 크론바흐(L. Cronbach) 등을 꼽을 수 있다(박승배, 2007: 80-83).

타일러의 학문적 배경을 살펴볼 때, 교육과정의 토대를 마련한 타일러가 교육과정 분야에서뿐 아니라 교육평가에서도 전국적인 영향을 미친 학자였음을 알 수 있다. 그의 이론에서 교육목적의 달성도를 교육평가 단계에서 파악하도록 한 것도 학력검사 계획 및 실행의 경험을 통해 교육평가 이론을 체계화하면서 이루어진 결과임을 추정할 수 있다. 또한 타일러의 이론에 진보주의적 성향이 반영되었음도 그의 삶을 통해 알 수 있다. 이러한 특성이 그의 이론에 어떻게 나타나는지 다음 절에서 살펴보기로 한다.

나. 타일러의 이론의 토대

타일러는『교육과정과 수업의 기본 원리』의 서문에서 교육과정을 개발하고 수업을 구상할 때 해야 하는 네 가지 질문을 제시하였다. 이 질문은 다음과 같다.

① 학교는 어떤 교육목적을 달성하기 위해 노력해야 하는가?
② 이런 교육목적을 달성하기 위해서 어떤 교육 경험을 제공할 수 있는가?
③ 이런 교육 경험들을 어떻게 효과적으로 조직할 수 있는가?
④ 이런 교육목적이 달성되었는지 어떻게 판단할 수 있는가?

이 네 가지 질문은 교육과정 및 수업에서 ① 교육목적, ② 교육 경험 선정, ③ 교육 경험 조직, ④ 교육결과 평가의 네 요소에 대한 질문으로 볼 수 있다. 이는 현재까지도 교육과정의 전통적인 기본 틀을 제공해 주고 있다.

타일러는 네 가지 요소의 첫 단계인 교육목적 수립 과정에서 교육목적은 세 가지 원천(sources)을 통해 수립된다고 하였다. 이 세 가지 원천은 학습자에 대한 사실, 사회에 대한 사실, 그리고 교과 전문가의 견해라고 생각하였다. 또한 이러한 세 가지 원천으로부터 목적을 도출할 때, 교육철학과 학습심리의 두 여과(screens)를 거쳐서 불필요하거나 중요하지 않은 그리고 서로 불일치되는 목적들은 걸러내야 한다고 하였다(Tyler, 1949: 34; 이성호, 2004: 220-221; 이홍우, 1992: 45).

교육목표를 설정하기 위해서는 학습자의 현재 흥미와 필요는 물론, 사회에서 살아가는 성인의 활동이나 가치관, 교과전문가들이 염두에 두고 있는 여러 내용이나 가치를 실지로 조사하고 분석해야 한다. 이러한 조사와 분석이 이루어진다고 해도, 이를 그대로 교육목표로 설정하게 되는 것은 아니다.

타일러에 의하면 이 과정에서 반드시 철학적 해석과 학습심리의 검증이 요구된다. 과학적 조사와 분석을 통해 확인되는 사실로부터 어떤 교육목표를 이끌어 내는가 하는 것은 철학적 해석에 달려 있다. 철학적 해석에 의해 걸러진 교육목표는 다시 학습심리학적 관점에 의해 그 적합성과 달성 가능성을 검토받게 된다(Tyler, 1949: 34-38; 박채형, 2005: 28에서 재인용). 즉 교육목표를 설정하기 위해서는 먼저 학습자의 흥미와 필요는 물론이고 사회에서 살아가는 성인들의 활동이나 가치관을 비롯하여 교과 전문가들이 염두에 두고 있는 여러 가지 내용이나 가치 등을 조사 분석하여 잠정적인 교육목표를 설정한 이후, 교육철학과 학습심리에 근거하여 그 타당성을 검토하는 과정을 거쳐서 최종적으로 목표를 설정해야 한다는 것이 타일러의 견해이다.

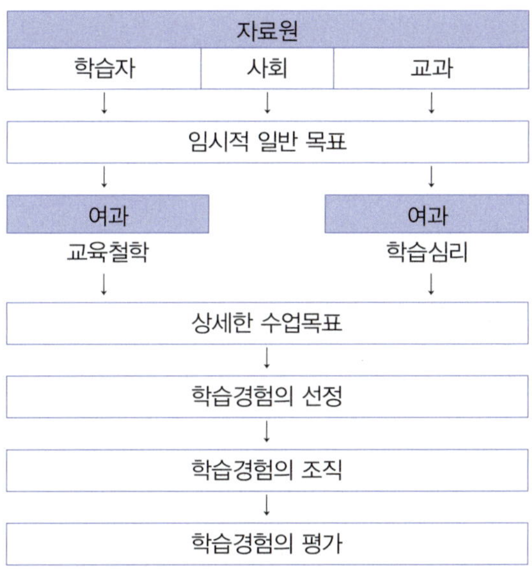

[그림 2-1] **타일러의 교육과정 개발 모형(이성호, 2004)**

그는 이러한 네 가지 질문은 시카고 대학교의 박사과정 시절 그의 스승 중 한 분이었던 카운츠에게서 힌트를 얻었다고 고백하였다. 카운츠는 일찍이 『미국교육학회 제26차 연감』의 "교육과정의 기초에 대한 소고(Some notes on the foundation of curriculum)"에서 교육과정 편성에서 고려할 네 가지에 대해 다음과 같이 제시하였다.

① 교육과정 편성과 사회의 본질

② 교육과정 편성과 지식의 조직

③ 교육과정 편성과 학습자의 본질

④ 교육과정 편성과 과학적 방법

카운츠가 제시한 네 가지는 교육과정 개발에서 사회, 지식, 학습자, 과학적 방법을 고려해야 함을 보여 준다. 이는 듀이가 일찍이 제시하였던 학습자, 사회, 교과(지식)의 세 가지에 과학적 방법을 추가한 것임을 알 수 있다. 이와 같이 카운츠의 이론은 진보주의의 뿌리를 두고 있다.

이 시점에서 타일러는 듀이의 진보주의에 기초한 카운츠의 영향을 받았음을 그 스스로 고백하였음을 돌이켜 볼 필요가 있다. 더욱이 타일러는 네 가지 질문을 도출하기 위해 학습자, 사회, 교과라는 세 가지 원천을 고려해야 한다고 하였다 ([그림 2-1] 참고). 이 세 가지도 듀이가 말한 3요소와 동일함을 알 수 있다. 따라서 세 가지 원천이 듀이의 이론과 동일한 점, 네 가지 질문 또한 카운츠의 영향을 받았음을 상고한다면, 타일러가 진보주의의 영향을 받았을 뿐 아니라, 학습자 중심 교육적 사고를 갖게 되었음을 추론하는 데 무리가 없음을 알 수 있다. 다음에서는 그의 이론적 토대가 교육과정 요소별로 어떻게 체계화되었는지 고찰하기로 한다.

3 타일러의 교육과정 요소별 특징

가. 교육목적과 교육목표 설정

타일러는 목적을 진술할 때는 종국에 학생에게서 개발되고 나타나야 할 행동의 종류로 정밀하게 진술해야 한다고 주장하였다. 그는 『교육과정과 수업의 기본 원리』의 제1장에서 교육목표의 진술방식을 마지막 절에 제시하였다. 그는 교육목표를 진술하는 잘못된 방식에 대해 세 가지를 비판적으로 지적하였다(Tyler, 1949: 44-46; 박채형, 2005: 29).

첫째, 교사가 수업시간에 수행해야 할 활동을 제시하는 것이 곧 교육목표를 진술하는 것이라고 생각하는 것이다. 예를 들어, 진화론에 대한 설명, 낭만주의 시인들에 대한 설명과 같은 진술이다. 이러한 진술은 '○○에 대한 설명'이라고 되고 있는데, 이는 교사 입장에서의 진술이다. 즉 교사가 무엇을 '설명'할 것인지에 중점이 있는 것이다. 타일러는 교육목표가 교사의 행동 관점에서 기술되는 것에 대하여 반대하였다. 그는 학습자의 행동에 특정한 변화를 유발하는 방향으로 교육목표가 진술되어야 한다고 주장하였다.

둘째, 수업시간에 다룰 제목이나 개념 혹은 이론을 제시하는 것으로 교육목표를 진술하는 것이다. '일제강점기', '에너지 변화'와 같은 진술을 예로 들 수 있다. 그러나 교육목표는 학습자가 그것을 배운 후에 얻게 되는 결과 즉 행동의 변화를 의미하므로 앞의 진술방식은 그러한 행동의 변화를 분명하게 보여 주지 못하였기 때문에 교육목표를 진술한 것이라고 할 수 없다고 비판하였다.

셋째, 학습자가 나타낼 행동의 변화를 일반적 수준에서 진술하는 경우이다. 예컨대, '비판적 사고력의 함양', '정서의 함양'과 같은 진술을 들 수 있다. 이러한 진술은 구체성이 결여되어 있는 막연하고 모호한 진술이며, 그러한 행동을 유발하기 위한 내용이 언급되어 있지 않으므로 교육목표의 진술로 충분하지 못하다.

앞서도 잠깐 언급하였지만, 그가 생각하는 타당한 진술방식은 학습자가 결과로서 갖게 되어야 할 구체적인 행동과 내용이 모두 진술되는 것이다. 그는 '내용'과 '행동'을 두 가지 차원으로 하여 진술되어야 한다고 주장한다. 예컨대, '현대 소설의 감상 능력을 길러 준다'와 같이 무엇(내용)을 어떻게 하는지(행동) 드러나야 한다. 그렇게 함으로써 목표 달성을 위해 무엇을 배워야 하는지도 분명해지고, 나중에 정확한 평가도 가능해진다. 교육목표는 학생이 학습을 마친 후에 그 목표에 도달했는지의 여부를 판단할 수 있는 준거가 될 수 있어야 한다. 그러려면 학생이 보여야 할 행동 변화를 명시해야 한다는 것이다.

이러한 타일러의 생각은 보비트의 생각에 기초한 것이다. 이는 행동목표(behavioral objectives)라고 할 수 있다. 구체적인 행동목표를 만드는 방법은 대표적인 학자들로 블룸(B. Bloom)과 그의 동료들, 그리고 메이거(Roger Mager)를 들 수 있다. 블룸과 그의 동료들은 1956년에 인지적 영역의 교육목표 분류 방법, 1964년에는 정의적 영역의 교육목표 분류 방법을 제시하였다. 그 후 메이거는 학습목표에 대해 '안다', '이해한다'와 같은 다양한 해석이 가능한 용어보다 '쓴다', '비교한다'와 같은 보다 명확하게 의미가 드러나는 용어로 진술해야 한다고 주장하였다.

나. 학습경험의 선정

교육목표를 설정한 후에는 그 목표에 도달할 수 있도록 어떤 학습경험을 제공할 것인지 결정해야 한다. 타일러가 말하는 학습경험은 학습내용에 대한 계획이나 교사가 수업시간에 할 일을 계획하는 일을 의미하는 것이 아니다. 그는 "어느 한 과목에서 취급하는 교과내용이나 교사가 하게 되는 지도 활동이 아니라, 학습자와 그를 둘러싸고 있는 환경 속에서 벌어지는 상호작용"이라고 하였다. 이는 교사에 방점이 있는 것이 아니라, 학습자가 하게 되는 상호작용 즉 학습자의 경험에 중점이 있는 것이라고 봐야 한다.

타일러는 학습경험을 선정할 때 활용할 일반적인 기준으로 다섯 가지를 제시하고 있다.

(1) 기회의 원리

기회의 원리는 어느 교육목표를 달성하기 위해서는 학습경험으로 그 목표가 의도하는 행동을 학습자 스스로 경험해 볼 수 있는 기회를 주어야 함을 의미한다. 예를 들어, '눈금 실린더로 액체의 부피를 측정하여 적절한 단위로 나타낼 수 있다.'가 교육목표라면, 실린더를 사용하여 액체의 부피를 측정할 수 있는 기회가 제공되어야 한다. 또한 '짧은 시나 노래를 암송하거나 이야기를 구연한다.'라는 교육목표를 성취하기 위하여 짧은 시를 암송하는 기회를 갖도록 하여야 함을 의미한다.

(2) 만족의 원리

만족의 원리는 교육목표를 달성하기 위한 학습경험을 수행하면서 학습자가 만족감을 느끼도록 해야 한다는 것을 의미한다. 예를 들어, '겨울철 계절 놀이를 할 수 있다.'가 교육목표라면, 교사는 학생들에게 학습경험으로 연날리기, 썰매, 눈싸움 등을 제공할 수 있다. 이 중에서 학생들이 썰매에 대한 만족도가 높다면, 썰매를 학습경험으로 제공하는 것이 적절하다.

(3) 가능성의 원리

가능성의 원리는 학습경험이 학습자의 능력 수준이나 발달 수준 및 성취수준에 적절하여 학습자가 수행할 수 있어야 한다는 것이다. 예컨대, 초등학교 국어 교과에서 '중요하거나 인상 깊은 내용을 메모하며 듣기'라는 교육목표는 1학년 학생의 수준에서는 달성하기 어렵다. 글자를 배워 가는 단계에 있는 1학년 학생들이 수업이나 강연 등 중요한 정보가 담긴 내용을 요약하고 메모하며 기록하기 어렵기 때문이다. 이렇게 가능성의 원리는 교사들이 학생의 능력, 선행 지식 정도, 발달 수준 등에 대해 파악하고 있어야 함을 시사한다.

(4) 다양한 경험의 원리

다양한 경험의 원리는 동일한 학습목표의 달성을 위해 학습경험을 여러 가지로 다양하게 제공할 수 있다는 원리이다. 예컨대, '높임법을 알고 언어 예절에 맞게 사용한다.'라는 교육목표를 달성하기 위해, 교사는 높임법에 대한 대화를 예시로 비문을 만들고 학생들에게 고쳐 보도록 하는 활동을 할 수도 있으나, 역할극을 활용할 수도 있다. 혹은 높임말을 사용한 드라마를 활용하거나 만화와 말풍선 만들기 활동을 할 수도 있다. 다양한 경험의 원리는 학습목표의 달성을 위해 이렇게 다양한 경험을 활용할 수 있음을 의미한다.

(5) 다성과의 원리

다성과의 원리는 하나의 학습경험으로 다양한 학습 성과를 가져올 수 있다. 긍정적 학습성과를 가져올 수도 있고 부정적 학습성과를 유발할 수도 있다. 혹은 인지적 측면에서 이해력이나 비판적 사고를 고양할 수도 있으며, 정의적으로 학습자의 동기나 감정에 영향을 미칠 수도 있다. 그러므로 어떤 활동을 선택할 때는 여러 가지 교육목표를 동시에 달성하는 데 도움이 되는 것으로 선택하는 것이 바람직하다.

예컨대, 수업시간에 윤동주의 시를 감상하는 활동을 한다면, 시의 특성에 대해서도 다루게 되지만 윤동주가 살았던 시대적 배경과 그의 삶에 대해서도 다루게 된다. 이를 통해 학생들은 시에 대한 이해를 높이게 되면서 동시에 일제강점기의 선조들의 삶과 윤동주 시인이 시를 쓰며 느꼈던 감정을 느끼게 될 것이다. 또한 개구리의 일생에 대한 글을 읽는 것과 올챙이를 잡아서 개구리가 될 때까지 키워 보는 활동을 하는 것은 다른 성과를 가져올 것이다.

따라서 같은 조건이라면 학습경험을 선정하는 데 있어 여러 교육목표의 달성에 도움이 되면서 전이 효과도 높은 학습경험을 선정하라는 것이다.

(6) 협동의 원리

협동의 원리는 학생들에게 함께 활동할 수 있는 기회를 주는 것이 좋다는 것이다. 협동은 학생들에게 흥미를 북돋우며 서로 간의 장점을 관찰하고 부족한 점은 서로 보완하는 효과를 갖는다. 예를 들어, '지역사회에서 발생하는 문제를 해결할 수 있다.'가 교육목표라면, 학생들이 개별적으로 이 목표와 관련된 과제를 해결하기보다는, 협동학습, 프로젝트학습 등과 같이 협동 또는 협력을 통하여 과제를 해결할 때, 협동의 원리가 달성될 수 있다.

다. 학습경험의 조직

교육과정을 조직할 때는 수직적 측면과 수평적 측면을 고려하여 조직해야 한다. 수직적 조직은 학습내용들을 시간적 순서에 따라 순차적으로 배열하여 조직하는 것이다. 수평적 조직은 학습내용의 영역들 간의 횡적 관계를 고려하여 배열·조직하는 것이다. 예컨대, 수직적 조직의 예로, 과학 과목에서 '파동'이라는 핵심 개념을 다룰 때, 3~4학년 군에서 '평면거울'과 '빛의 반사'를 다룬 후, 5~6학년 군에서 '프리즘', '빛의 굴절', '볼록렌즈'를 연계하여 다루도록 한다. 이의 후속 학습으로 중학교 1~3학년에서 '빛의 합성', '빛의 삼원색', '평면거울의 상'으로 연계되도록 내용을 배열하는 것도 수직적 조직이다.

한편 초등학교 5~6학년 시간에 '유교 문화가 발달한 조선'에 대한 내용을 다루고 미술시간에 조선시대 안견이나 김홍도의 그림을 감상하도록 한다면 횡적 조직이 될 것이다.

타일러는 학습경험의 조직을 위하여 반드시 고려하여야 할 준거로 세 가지를 제시하고 있다. 계열성(sequence), 계속성(continuity), 통합성(integration)이다.

(1) 계열성

계열성이란 수직적 조직과 관련된 개념으로서, 교육과정의 내용이 제시되는 시간적 순서를 말한다. 어느 내용을 먼저 배우고, 어느 내용을 나중에 배워야 할까? 이는 오래전부터 많은 학자들에 의해 논의되어 왔다. 예컨대, 17세기에 코메니우스(J. A. Comenius)는 학교에서의 모든 활동을 단순한 것에서 복잡한 것으로 조직해 나가도록 주장하였다. 지금까지 교육의 실제에서 사용하여 왔던 원칙은 다음과 같은 것들이 있다.

① 단순한 내용에서 복잡한 내용으로
② 친숙한 내용에서 미친숙한 내용으로
③ 부분에서 전체로(혹은 전체에서 부분으로)
④ 선수학습에 기초해서 그 다음 학습으로
⑤ 사건이나 물건의 역사적 발생 순서대로
⑥ 과거에서 현재로(혹은 현재에서 과거로)
⑦ 구체적인 개념에서 추상적인 개념으로

즉, 계열성의 원리는 간단하고 쉬운 것에서 복잡하고 어려운 것으로 나아가는 것으로서 점차적으로 경험의 수준을 높여서 더욱 깊이 있고 폭넓은 학습이 가능하도록 조직하는 것이다. 간단하고 쉬운 것에서 이는 2015 개정 교육과정 초등학교 과학 3~4학년군에서 '물체와 물질'을 편성하고 5~6학년군에서는 '용해', '용액', '용질의 녹는 양', '용질의 성질'을 다룬 후, 중학교 1~3학년군에서 '밀도', '용해도', '녹는 점'과 '어는 점' 등의 내용을 다룸으로써 연관된 일련의 내용을 쉬운 것에서 어려운 것으로, 친숙한 것에서 미친숙한 것으로 그리고 선수학습에 기초하여 그 다음 학습으로 나아가게 편성하는 것을 들 수 있다. 다음 표에서는 '생명의 연속성'의 영역이 초등학교 3~4학년군과 5~6학년군, 중학교 1~3학년 군의 교육과정에서 어떻게 계열성을 갖고 다루어져 가는지를 살펴볼 수 있다.

〈표 2-1〉 2015 개정 과학과 교육과정 '생명의 연속성'의 내용 체계

영역	핵심 개념	일반화된 지식	초등학교 3~4학년군	초등학교 5~6학년군	중학교 1~3학년
생명의 연속성	생식	생물은 유성 생식 또는 무성 생식을 통해 종족을 유지한다.	· 동물의 한 살이 · 완전·불완전 탈바꿈 · 식물의 한 살이 · 씨가 싹트는 조건	· 씨가 퍼지는 방법	· 생식 · 염색체 · 체세포 분열 · 생식 세포 형성 과정
		다세포 생물은 배우자를 생성하고 수정과 발생 과정을 거쳐 개체를 만든다.	· 동물의 암·수 · 동물의 암·수 역할		· 동물의 발생과정
	유전	생물의 형질은 유전 원리에 의해 자손에게 전달된다.			· 멘델 유전 실험의 의의 · 멘델 유전 원리
		생물의 형질은 유전자에 저장된 정보가 발현되어 나타난다.			· 사람의 유전 형질 · 가계도 조사 방법
	진화와 다양성	생물은 환경 변화에 적응하여 진화한다.	· 다양한 환경에 사는 동물과 식물 · 동물과 식물의 생김새	· 균류, 원생생물, 세균의 특징과 사는 곳	· 생물 다양성의 중요성
		진화를 통해 다양한 생물이 출현한다.			· 변이
		다양한 생물은 분류 체계에 따라 분류한다.	· 특징에 따른 동물 분류 · 특징에 따른 식물 분류		· 생물 분류 목적과 방법 · 종의 개념과 분류 체계

(2) 계속성

계속성은 수직적 조직과 관련된 개념이다. 이는 중요한 학습경험 요소가 반복되도록 조직하는 것을 말한다. 계속성의 문제는 계열성과 밀접히 연계된다. 학습내용을 일정한 순서로 계열화하였을 때, 어떤 내용을 얼마나 계속할 것인가 하는 문제에 관심을 갖게 된다.

다음 〈표 2-2〉는 2015 개정 교육과정 국어과 '듣기 · 말하기'의 일부분이다. 예컨대, '듣기 · 말하기의 구성요소'에 대해 초등학교 1~2학년에는 '집중하며 듣기', 3~4학년에는 '요약하며 듣기', 5~6학년에는 '추론하며 듣기', 중학교 1~3학년에서는 '비판하며 듣기'로 듣기의 난이도를 심화시켜 나가면서 '듣기'에 대해 계속적으로 다루는 것을 예로 들 수 있다.

〈표 2-2〉 2015 개정 국어과 교육과정 '듣기·말하기'의 내용 체계

핵심 개념	일반화된 지식	학년(군)별 내용 요소				기능
		초등학교			중학교	
		1~2학년	3~4학년	5~6학년	1~3학년	
▶ 듣기·말하기의 구성 요소 · 화자·청자·맥락 ▶ 듣기·말하기의 과정 ▶ 듣기·말하기의 전략 · 표현 전략 · 상위 인지 전략	화자와 청자는 의사소통의 목적과 상황, 매체에 따라 적절한 전략과 방법을 사용하여 듣기·말하기 과정에서의 문제를 해결하며 소통한다.	· 일의 순서 · 자신 있게 말하기 · 집중하며 듣기	· 인과 관계 · 표정, 몸짓, 말투 · 요약하며 듣기	· 체계적 내용 구성 · 추론하며 듣기	· 청중 고려 · 말하기 불안에의 대처 · 설득 전략 분석 · 비판하며 듣기	· 맥락 이해·활용하기 · 청자 분석하기 · 내용 생성하기 · 내용 조직하기 · 자료·매체 활용하기 · 표현·전달하기 · 내용 확인하기 · 추론하기 · 평가·감상하기 · 경청·공감하기 · 상호 교섭하기 · 점검·조정하기
▶ 듣기·말하기의 태도 · 듣기·말하기의 윤리 · 공감적 소통의 생활화	듣기·말하기의 가치를 인식하고 공감·협력하며 소통할 때 듣기·말하기를 효과적으로 수행할 수 있다.	· 바르고 고운 말 사용	· 예의를 지켜 듣고 말하기	· 공감하며 듣기	· 배려하며 말하기	

(3) 통합성

통합성은 학습경험의 수평적 조직과 관련된다. 이는 학습자에게 통합조정된 경험을 어떻게 제공할 것인가 하는 문제를 다루는 것이다. 예컨대, 생물교과에서 배우고 있는 내용들이 사회교과에서 다루는 공해 문제와 연계되어 다시 새로운 각도로 배울 수 있도록 하는 것이 그 예이다(이성호, 2004: 382). 수학에서 다루는 기본 개념을 바탕으로 과학교과나 일상 생활의 문제에 연계되어 활용할 수 있도록 학습경험의 배열 조직을 횡적으로 잘 연결시키는 것(박승배, 2007: 92)을 통합성이라고 할 수 있겠다. 이는 타일러의 표현에 의하면 경험의 조직은 이미 가르친 다른 요소와 유기적으로 통합되도록 이루어져야 하며, 교과는 따로따로 떨어진 것으로 즉 다른 교과와 분리된 것으로 가르쳐서는 안 된다는 것이다(장인실 외, 2007: 184).

라. 학습결과의 평가

타일러는 평가를 본래 의도한 교육목표가 교육과정이나 수업 시행을 통해 어느 정도 실현되었는지 판단하기 위한 측정 과정으로 보았다. 그는 평가의 개념에 대해 다음과 같이 말한 바 있다.

> 평가의 과정이란 교육과정이나 수업 프로그램에 의해 교육목표가 어느 정도 실현되었는지 결정하는 과정이다. 교육목표는 기본적으로 학습자의 행동 양식을 바람직한 방향으로 변화시키려는 것이므로, 평가란 결국 이러한 행동의 변화가 실제 어느 정도 이루어졌는지를 결정하기 위한 과정이다(Tyler, 1949: 105-106).

즉 평가란 학생 행동이 목표에 맞게 어느 정도 변화되었는지를 판단하기 위한 과정이다. 타일러의 평가관에서 알 수 있는 것은, 평가의 기준이 되는 것은 결국 교육목표라는 점이며, 평가를 통해 교육목표의 달성도를 잴 수 있다는 점이다. 다시 말해, 궁극적으로 교육에서 추구하는 것은 교육목표라는 점, 이 교육목표가 실현되었는지는 학생의 행동변화로 나타날 것이기 때문에 학생의 행동을 평가대상으로 삼게 된다(박승배, 2007: 94-95). 또한 한 번의 평가로만 학생의 행동변화를 확인할 수 없으므로 일정 기간 내에 적어도 두 번 이상의 평가작업이 필요하다. 프로그램이 시작되는 초기와 어느 정도 시간이 경과된 후기에 각각 평가를 실시해서 그 결과를 비교해 보아야 한다(박승배, 2007: 95).

타일러는 평가의 방법으로 작품 평가, 질문지, 관찰 기록, 면접 등을 사용할 것을 권하고 있다. 물론 이러한 도구는 다른 사람이 사용하더라도 같은 결과가 나올 수 있도록 객관적으로 마련된 것이어야 한다. 또한 이러한 평가의 결과로 얻어진 정보는 학교 프로그램의 특징과 문제점을 파악하고 더 나은 개선안을 만드는 일에 적극 활용되어야 한다(박승배, 2007: 95).

4 교육과정 이론에서 타일러 모형의 위치와 재개념화론자의 비판

가. 교육과정 이론에서 타일러 모형의 위치

맥도널드(1975)에 의하면, 타일러의 이론은 통제이론으로 분류된다. 한편 파이너(1975)나 지루(1981)에 의하면, 타일러는 전통주의자로 분류된다.

맥도널드는 교육과정 이론을 통제이론, 해석적이론, 비판이론의 세 이론으로 나누었다. 맥도널드가 말한 통제이론은 실제(practice)에 초점을 두며 교육의 과정(process)에서 효율성을 강조하고 기술공학적인 합리성에 기초하는 이론이다. 이는 교육과정 설계에서 실천적 절차에 초점을 두고 있다. 통제이론의 기원은 보통 보비트로 시작되며 대표적 인물로는 타일러를 거론하고 있다.

이에 반하여 해석적 이론은 철학, 역사, 도덕 등 인문과학의 개념 틀을 적용하여 인간조건, 휴머니즘의 의미에 대해 새로운 해석을 내리면서 교육과정을 탐구하는 이론이다. 통제이론이 통제에 초점을 둔다면, 해석적 이론은 의미 해석에 초점을 둔다. 이들은 학교 교육현장에서 부딪히는 일상적이고 실제적인 문제를 해결하는 것보다는 교육에 대한 새로운 시각과 전망에 초점을 두고 있다. 이들은 그린(M. Green)을 대표적 학자로 제시하고 있다.

마지막 비판이론은 통제와 의미의 양면을 모두 중시한다. 교육과정 구성 이론과 현장에서의 실천 간의 변증법적 관계를 중시한다. 이들은 인간해방이라는 가치를 지향하면서, 인간을 자유롭게 하는 교육과정을 생각한다. 프레이리(P. Freire)가 대표적인 학자이다(이성호, 2004).

한편 지루는 「교육과정과 수업」이라는 책에서 교육과정 이론을 전통주의자, 개념적 경험론자, 재개념화론자의 세 유형으로 나누었다(이성호, 2004; 김대현, 2011). 그의 분류에서 타일러는 전통주의자로 분류된다. 전통주의자로는 타일러(R. W. Tyler), 보비트(J. F. Bobbitt), 태너(D. Tanner), 태너(I. N. Tanner), 슈왑(J. J. Schwab), 자이스(R. S. Zais), 타바(H. Taba), 맥닐(J. D. McNeil) 등이 있다.

지루의 분류 중 개념적 경험주의자(conceptual empiricalists)들은 교육과정 현상을 논리적이고 실증적인 방법으로 연구하여 교육과정에 대한 과학적 이론을 구축하고자 한 자들로서 교육과정 분야도 현상을 설명, 통제, 예측이 가능한 실증적 탐구 분야로 볼 것을 주장하였다(곽병선, 1983). 또한 사실과 가치를 명백히 구분하여야 하며, 가설 설정, 자료 수집, 검증, 해석의 단계를 통해 사실을 구명하여야 한다고 하였다(이성호, 2004). 교육은 하나의 독립적인 학문이 아니며 여러 학문에 의해 탐구되어야 할 영역이므로, 교육학자들은 사회과학자들이 전형적으로 쓰는 개념적이고 경험적인 용어들을 사용하여 사회과학의 방법론적 특징인 가설의 개발과 그 가설의 검증을 통한 과학적 이론 형성에 목적을 둔다(김대현, 2011). 대표적인 학자로는 워커(D. F. Walker, 1971), 뷰챔프(G. A. Beauchamp, 1981), 존슨(M. Johnson, Jr., 1977) 등의 학자를 들 수 있다. 이렇게 경험·과학적 접근에 기초하여 교육과정 개발 모형을 시도한 사람들은 대부분 타일러를 비롯한 전통주의자의 견해를 크게 변화시키지는 못하였다. 실증적인 과학적 연구에 기초하여 개념을 체계적으로 정립시키려 한 점, 그리고 교육과정 개발에서 체제(system) 개념을 도입하였다는 점에서 전통주의자의 견해를 한 단계 발전시켰다고 할 수 있다(이성호, 2004).

한편 지루가 말한 재개념주의는 1973년 파이너, 휴브너, 맥도널드를 중심으로 100여 명의 학자들이 미국 뉴욕 로체스터 대학교에서 학술대회를 열고, 교육과정학이 나아가야 할 방향을 논의한 데서 비롯되었다. 1975년 파이너는 자신과 비슷한 생각을 가진 여러 학자들의 논문을 엮어 『교육과정 이론화: 재개념주의자(*Curriculum Theorizing: The Reconceptualists*)』라는 책을 출판하였다. 이때부터 재개념주의라는 용어가 널리 사용되게 되었다(김대현, 2017). 이는 타일러의 '교육과정 개발'이라는 패러다임에서 '교육과정 이해'라는 새로운 패러다임으로의 전환의 계기가 된다(박승배, 2007; 김대현, 2017).

재개념주의자들은 인문학과 비실증주의적 사회과학의 이념, 논리, 방법론, 성과를 바탕으로 교육과정 현상을 이해하는 데 목적을 두고 있다. 그들은 교육과정을 현상학, 해석학, 정신분석학, 포스트모더니즘, 미학, 신학 등의 다양한 이론적 관점에서 해석하며, 자서전, 생애사, 쿠레레(currere), 감식안과 비평 등의 다양한 방법들을 적용하고, 인종주의, 성차별주의, 정치적 억압과 저항 등의 다양한 주제를 다룬다(김대현, 2017). 그들 중 교육과정에서 학습자 개인의 발달이나 개인의 고유한 의미 창출을 강조하는 사람들은 교육과정의 인격화(persoalization)를 주장한다. 이는 학습자가 교육과정을 통해 학습할 때, 각자 자신의 의미를 성취할 수 있게 되는 내용(경험)으로 교육과정을 구성하는 것을 의미한다. 교육과정은 학습자의 내부로부터 도출되는 것이지 밖의 권위에 의해 부과되는 것이 아니다. 따라서 교육과정은 교수자와 학습자 간의 협동적인 계획과정을 통해 만들어져야 한다고 본다. 이러한 관점들은 인본주의 심리학, 실존주의적 철학에 바탕을 두고 있다. 그들이 주장하는 이상적인 교육과정은 언어와 의사소통 기능, 개인의 자서전, 예술, 시, 무용, 드라마, 문학, 심리학, 윤리학, 종교 등 그 외 여러 가지 심미적, 인본적, 정신적 교과목을 강조하는 내용과 경험으로 짜인 교육과정이다(이성호, 2004: 240-241). 그 밖에 포스트모더니즘적 관점, 휴브너를 중심으로 한 심미적 관점 등도 재개념화론에 속한다고 볼 수 있다.

타일러류의 이론들이 첫째의 경험적 연구방법을 사용한다면, 재개념주의자들은 현상학적, 사회비판적 연구방법을 사용한다(이성호, 2004). 이들은 타일러와 같은 전통주의자들의 경험적 연구방법을 비판한다. 이들의 입장은 맥도널드의 해석적 이론과 상당히 겹치는 부분이 많다. 최근의 연구들은 점차 해석적 내지 재개념화론자들의 입장으로 바뀌어 가고 있다.

나. 재개념화론자들의 비판

1957년 소련이 스푸트닉을 발사한 후, 미국이 과학기술 경쟁에서 뒤처진 책임을 교육학자들에게 묻게 되면서, 교육과정학을 전공한 사람들이 주도하던 교육과정 개발의 주도권도 실제 각 교과를 전공한 학자들에게로 넘어가게 되었다. 이후 교육과정학은 쇠락의 길로 접어들게 되고, 교육과정학자들의 학문적 활동이 타일러의 논리를 수정·보완하는 수준을 넘어서지 못하고 있었다. 이에 슈왑(J. Schwab)은 1969년 시카고 대학교 출판부에서 발행하는 『*School Review*』라는 학술지에 실은 '실제: 교육과정학 용어(*The Practical: A Language for Curriculum*)' 라는 논문에서 "교육과정학 분야는 죽어가고 있다."고 신랄한 비판을 가하였으며, 이는 교육과정학의 재개념화를 일으키는 기폭제의 역할을 하였다(박승배, 2007: 146-147).

잭슨(P. W. Jackson, 1980)도 타일러의 이론은 구시대의 이론에 지나지 않음에도 이를 대체할 수 있는 이론을 개발하지 못하고 있다고 지적하면서 다음과 같은 점들을 지적하였다(이성호, 2004: 234).

- 우리가 학교와 교육에 대해 생각하는 것들은 인간 조건의 복잡성과 존엄성을 정당화하지 못하고 있을 뿐 아니라, 학교와 교육은 인본적 가치와 목표를 상실하고 있다.
- 교육과정에 대한 통계가 기술공학자들, 시험제작자들, 교과서 출판사들, 학교 행정가들 손에서 이루어지고 있다.

- 교육과정 개발자들은 학교 교사에게 직접적으로 도움이 되는 것을 주지 못하고 있다.
- 교육 경험의 신체적, 윤리적, 정신적 측면을 무시하고 있다.
- 오늘날 학교는 가난하고 압박받는 소수 집단 학생들에게 해로움을 많이 끼치고 있다.

여기에서 나아가 파이너(W. F. Pinar, 1988) 등의 재개념화론자들은 타일러 계통의 이론을 '사라지는 별'이라고까지 표현하면서 전통주의자에 대해 비판을 가하였다. 이를 세 가지로 요약하면 다음과 같다(이성호, 2004: 234-235).

첫째, 타일러 부류의 전통주의자들의 교육과정 이론은 기술적이고 관련적인 학교 모형에 기초하고 있어, 교육과정에서 반드시 고려해야 할 인간의 내면적인 느낌이나 경험을 무시하였다는 비판을 받고 있다.

둘째, 타일러 류의 이론들은 교육과정 개발에서 여러 가지 맥락 간의 상호작용에 관심을 기울이지 않았다. 교육과정 구성에 있어 문화적 맥락, 남녀 성별 특징에 따른 맥락, 사회적, 역사적, 정치적 맥락이 중요하게 고려되어야 하는데, 전통주의자들의 이론에서는 이러한 것들이 무시되었다. 교육과정은 결코 중립적이거나 탈가치적일 수 없다. 애플(Apple)은 학교의 기능을 문화적 재생산(1979)이라고 표현한 바 있다. 어떤 사회가 자본주의 혹은 사회주의 이념을 따르는 사회라고 할 때, 그 사회의 지배집단은 그 사회의 생산과 소비 및 분배를 주도하며 그 사회의 헤게모니(hegemony: 주도권)를 쥐고 있다. 그들은 그것을 유지하기 위해 학교라는 교육제도를 통해 대다수의 대중 혹은 민중이 그러한 사회 구조를 받아들이도록 가르쳐 왔다는 것이다. 이러한 의미에서 학교의 교육과정은 중립적 혹은 탈가치적일 수 없는 것이다.

셋째, 타일러 부류의 이론은 결국 교수학습 과정을 하나의 생산과정으로 보고 일종의 생산모델을 정형화함으로써 교육과정 또는 교수학습 과정에서 의미 있는 문제들, 예컨대 문화적 헤게모니, 사회적 재생산, 저항, 잠재적 교육과정, 주변화

(marginalization)와 같은 가치 있는 문제들에 대한 분석과 고려가 이루어지지 않았다는 비판이 제기되었다(이성호, 2004). 이러한 비판은 주로 1970년대 이후 교육과정 이론 분야에 일어난 새로운 움직임, 즉 '재개념화론자' 혹은 '재개념주의자'에 의해 이루어졌다. 이들은 주로 지식사회학이나 실존주의, 현상학, 그리고 심리분석과 같은 지적 전통에 바탕을 두고, 20세기 초부터 50여 년간 발전되어온 기술공학적, 행정관료적, 양적 분석에 기초하는 과학적 접근에 대한 비판을 가하기 시작하였다. 즉 교육과정 이론에 대한 재개념화의 필요성을 주장하였다(이성호, 2004). 이러한 맥락에서 예술, 현상학, 심리분석, 문학, 비판이론들에 기초한 재개념화를 주장하기도 하였다(이성호, 2004: 239).

5 논의

타일러 모형은 그것이 제시된 이후 반세기 동안 교육과정의 성서라고 불릴 만큼 교육학에 지배적인 영향을 미치면서 모든 교육과정 개발 작업에서 모범적 전형이 되어 왔다. 그렇게 된 가장 근본적인 이유는 타일러 모형의 기술적 합리성(technical rationality)이라는 점(Habermas, 1971; 이성호, 2004에서 재인용) 때문이다. 그러나 이상에서 고찰한 바와 같이, 타일러의 이론이 학습자 중심 교육의 관점에서 이루어졌음을 상고할 필요가 있다.

첫째, 타일러는 교육목적 수립을 위해 학습자, 사회, 교과의 세 가지 원천을 고려해야 한다고 하였다. 이는 듀이의 세 가지 요소와 동일하다. 뿐만 아니라, 타일러 모형의 네 가지 질문 또한 진보주의의 영향을 받은 카운츠의 영향을 받은 것이다. 이는 학습자 중심의 관점을 취하고 있음을 보여 주는 근거가 된다.

둘째, 타일러의 학습경험 선정의 원리는 모두 학습목표 달성을 위해 학습자가 어떤 학습경험을 하게 할 것인가에 대한 고민을 담고 있다. 기회의 원리, 만족의 원리, 가능성의 원리, 다양한 경험의 원리, 다성과의 원리, 협동의 원리가 모두 학습목표를 위해 학습자가 하게 될 행동에 중점을 둔다. 이들에 근거할 때, 타일러의 이론은 학습자 중심의 관점을 택하고 있음을 알 수 있다.

셋째, 타일러는 교육평가를 교육목표 달성을 측정하기 위한 것으로 보았다. 교육목표는 학습경험을 선정하는 데 기준이 되고, 수업을 진행한 후 수업이 잘 진행되었는지, 학생들이 수업을 통해 잘 배웠는지를 평가하는 기준이 된다. 교육과정 논의에서 교육목표가 특별히 강조되는 특징 때문에 타일러의 모형은 '목표 모형' 또는 '목표중심 모형'이라고 불리기도 한다(이홍우, 2006). 반면 그의 모형은 결국 교육목표 설정에서부터 학습경험 조직에 이르기까지 모든 교육과정 구성요소를 교육을 한 뒤 평가하기에 적합하도록 조정하는 일에 초점이 맞추어져 있으므로, 교육평가의 논리가 교육과정 전체를 지배하고 있다고 보아야 한다는 관점도 있다(김승호, 1998: 143).

이 모두를 통틀어 볼 때, 타일러가 학습자 중심의 관점에서 이론을 형성한 것과 교육과정 개발에 있어 합리적인 틀을 세워 준 것은 의심할 여지가 없다. 목표 → 학습경험 선정 → 학습경험 조직 → 평가로 이어지는 요소들의 체계적 절차는 이후 교육과정 개발의 기본이 되었다. 타일러는 이 네 가지 요소를 명시적으로 드러내어 '절차화'하였을 뿐만 아니라(이성호, 2004), 각 요소들 간의 긴밀한 관련성과 '순환성'을 강조하였다(김승호, 1998). 타일러는 사람들이 암묵적으로 행하여 온 교육과정 개발의 행위와 형태를 단계로 나타내어 줌으로써 요소와 절차의 개념을 부여해 주었다.

그러나 일련의 교육과정을 몇 개의 절차로 체계화하고 이들 간의 순환을 효율적으로 표현하고 있지만, 교육과정 개발에서 이루어지는 복잡다단한 상호작용과 정치적 논의들을 다 나타내지 못하였다. 특히 그가 기술한 목표는 명백히 학습자 중심의 관점에서 본 목표였다. 단지 결과로서 얻게 될 학습자 행동을 구체적인 목표로 제시하려다 보니, 효율적이고 기술적인 관점으로 이 문제에 접근했다는 점, 따라서 수업에서의 풍성하고 질적이며 정서적인 상호작용 및 문화적, 인격적으로 형성되는 것이기에, 말로 표현하거나 계획하기 어려운 목표를 포함하지 못했다는 점에 유념하여야 할 것이다.

참고문헌

곽병선(1983). 학습과 일의 세계. 서울: 한국교육개발원.

김경자(2000). 학교교육과정론. 서울: 교육과학사.

김대현(2006). Schwab의 교육과정의 실제성 탐구원리와 그에 대한 비판의 타당성 검토. 중등교육연구, 54(2), 307-330.

김대현(2011). 교육과정의 이해. 서울: 학지사.

김승호(1998). 교육과정평가 모형 탐색. 교육학연구, 36(4), 139-172.

박승배(2007). 교육과정학의 이해. 서울: 학지사.

박채형(2005). 타일러의 교육과정 개발·운영 모형에 대한 비판적 고찰: 학력평가의 성격과 근본적인 한계. 초등교육연구, 18(2), 23-42.

박천환·박채형·노철현(2017). 교육과정 담론. 서울: 학지사.

이성호(2004). 교육과정 개발의 원리. 서울: 학지사.

이홍우(2006). 교육과정 탐구. 서울: 박영사.

이홍우(1992). 지식의 구조. 서울: 교육과학사.

장인실·한혜정·김인식·강현석·손민호·최호성·김평국·이광우·정영근·이흔정·정미경·허창수 공역(2007). 교육과정: 기초, 원리, 쟁점. A. C. Ornstein, F. P. Hunkins. Curriculum: Foundations, Principles and Issues(4th ed). 서울: 학지사.

조상연(2015). 교육과정 문제에 대한 Bobbitt의 패러독스적 해법이 지금 우리에게 주는 의미. 교육과정 연구, 33(2), 231-258.

Beauchamp, G. A.(1981). *Curriculum Theory*(4th 4d.). Illinois: The Kagg Press.

Giroux, H. A.(1981). *Curriculum and Instruction: Alternatives in Education*. California: McCutchan.

Jackson, P. W.(1980). Curriculum and its discontents. *Curriculum Inquiry*, *10*, 159-172.

Johnson, M. Jr.(1967). Definitions and models in curriculum theory. *Educational Theory*, *17*(2), 127-140.

Macdonald, J. B.(1971). Curriculum theory. *Journal of Educational Research*, *64*(5), 196-200.

Piner, W. F.(1988). *Contemporary Curricular Discourses*. Arizona: Gorsuch Scarisbrick.

Piner, W. F.(1975). Sanity, madness, and the school. In W. F. Pinar. *Curriculum Theorizing*. California: McCutchan, 364-381.

Shane, H. G.(1981). Significant writings that have influenced the curriculum: 1906-1981. *Phi Delta Kappan*, *62*, 311-314.

Tyler, R.(1949). Basic Principles of Curriculum and Instruction. Illinois: University of Chicago Press.

Walker, D. F.(1971). A naturalistic model for curriculum development. *School Review*, *80*(1), 51-69.

제3장

브루너 교육과정 모형

교육과정은 '무엇을, 어떻게, 왜 가르칠 것인가'라는 문제를 탐구한다. '무엇을 가르칠 것인가'는 지식의 본질 혹은 교육내용에 관한 문제이고, '어떻게 가르칠 것인가'는 교수학습에 대한 방법론적인 문제이다(진영은, 2003). 지식의 본질 및 교수학습 방법론과 관련하여 브루너는 인지심리학과 문화심리학의 관점에서 교육과정 분야에 지대한 공헌을 하였다. 브루너의 초기 아이디어인 지식의 구조, 발견학습, 나선형 교육과정 등은 피아제의 인지심리학 이론과 연결되며, 핵심개념과 원리중심의 학문중심 교육과정, 발견학습 및 탐구학습과 같은 교수학습에 영향을 주었다. 한편 브루너의 후기 아이디어인 내러티브, 내러티브 사고, 일상 교수학 등은 문화심리학과 연결되며, 교육과정에서의 의미구성을 중시하는 내러티브 교육과정과 수업의 실제에서 교사의 사고 체계에 대한 반성의 중요성을 제시하였다.

1 지식의 구조

브루너는『교육의 과정(*The process of education*, 1960)』에서 '학생들에게 무엇을 가르칠 것인가'라는 물음에 대하여, 학문의 기본 성격에 부합하는 방향으로 교육과정이 구성되어야 한다고 제안하였다. 왜냐하면 교육과정이 지식의 구조로 이루어질 때, 학문의 기본 성격을 가르칠 수 있기 때문이다(Bruner, 1960).

구조는 성격상 현상의 이면에 숨겨져 있다. 구조는 겉으로 볼 수 있는 것을 뛰어넘는 것으로서, 내부에 숨겨져 있는 무언가라고 할 수 있다. 따라서 구조는 내적인 특성을 파악할 때 습득이 가능하다. 구조의 측면에서 볼 때, 교육내용은 어떤 사물이나 현상에 들어 있는 근본적인 원리를 파악하여, 보다 광범위한 내용에 적용할 수 있도록 구성되어야 한다(Bruner, 1960). 예를 들어, 우산의 구조를 생각해 보자. 우산의 용도가 비를 막는 것이라면, 구조는 우산 그 자체가 갖고 있는 어떤 특성을 의미한다. 구조는 기능 및 용도와 의미가 다르다. 기능 및 용도는 그 물건의 쓰임새를 알고 그것을 실제에 바로 활용하는 것이지만, 구조는 그 사물 자체가 가지는 특성을 의미한다. 따라서 우산의 구조는 '우산은 가운데에 대가 있고 여러 개의 살이 천으로 덮여 있으며, 손잡이가 달려 있다.'라는 식으로 표현해야 한다. 기능 및 용도가 사물과 다른 것과의 관계에서 그 의미가 파악되는 외부적인 특성이라고 한다면, 구조는 사물 그 자체의 특성을 파악하는 내부적인 특성이다. 즉 구조는 사물의 '안'을 가리키는 것이며, '구조적으로' 이해한다는 것은 사물의 '안'에서 그 의미를 파악하는 것을 의미한다. 사물을 안에서 파악하는 것은 그 사물이 아닌 다른 것과의 관련을 개입시키지 않고 그것이 하나의 온전한 실체를 가진 것으로 보고, 그 자체로서 파악하는 것을 의미한다(이홍우, 1998: 11-13).

구조의 측면에서 지식의 구조는 지식의 내적인 특성을 파악하여, 어떤 사물과 현상이 내재적으로 어떤 관계를 가지는지를 이해할 수 있도록 한다. 따라서 한 가지 현상의 구조를 정확히 이해한다면, 다른 여러 가지 현상도 자연스럽게 이해할 수 있게 된다. 예를 들어, '나는 사과를 먹는다'와 '엄마는 설거지를 한다'의 두 문장을 살펴보자. 이 두 문장에 사용된 단어와 의미는 서로 다르지만, 문장의 구조는 영어의 3형식으로 동일하다. 학생들이 이러한 문장의 구조를 습득하고 이와 유사한 문장을 생성할 수 있다면, 3형식 문장의 틀을 이해하여 이와 유사한 다른 문장을 만들 수 있음을 의미한다. 즉 이것은 학생들이 3형식 문장의 내적 구조를 이해한 것으로 볼 수 있다(Bruner, 1960: 54-56).

이와 같이 구조는 사실이나 현상을 연결하는 핵심 개념과 원리가 된다. 따라서 지식의 구조는 각 학문의 기저를 이루고 있는 핵심 개념과 원리를 의미한다. 지식의 구조란 단순 사실이나 현상에 대한 정보가 아니라, 이들 사실이나 현상을 서로 관련짓고 체계화하는 핵심 아이디어 또는 원리에 해당된다(소경희, 2017: 103-104).

지식의 구조에서 지식은 모든 일상생활의 지식을 총칭하는 것이 아니라, 학문 및 교과의 지식을 의미한다(Bruner, 1962). 이것은 학교에서 다루는 교육내용이 실제 생활에 활용하는 실용성에 기반한 지식보다는 각 학문의 기본적인 원리에 기반해야 함을 의미한다. 브루너는 이러한 학문의 원리를 학교 교육내용, 즉 교과에서 다루어야 한다고 주장한다. 그러므로 지식의 구조에서 지식은 '학문과 교과'의 범주에서 논의된다. 교과의 '기본 개념과 원리'는 학자들이 각각 관련된 분야를 탐구할 때 활용되는 것과 마찬가지로 학생들에게도 각각 관련된 현상을 이해하는 데 활용되어야 한다. 따라서 지식의 구조는 어떤 현상을 이해할 때, 외부적인 현상을 단순히 관찰하는 것을 넘어서, 그 현상의 원리와 개념을 파악하여 다른 학문을 이해하는 것에도 활용해야 한다. 브루너는 이러한 지식의 구조를 물리학, 화학, 생물학, 수학과 같은 학문 분야에서 주로 활용한다. 지식의 구조는 일반적인 구조가 아니라 물리학의 구조, 생물학의 구조, 수학의 구조와 같이 개별적인 학문의 구조로 바꾸어 말할 수 있다. 그러므로 개별적인 학문의 구조는 각 교과별로 구성되어 있으며, 각 교과마다 가지고 있는 학문의 성질 및 특성을 충실히 반영한다. 이와 같이, 학문의 특성 및 구조를 체계적으로 표현한 것을 지식의 구조라고 한다. 지식의 구조는 학자가 하는 일과 학생이 하는 일을 '동일한 일'로 간주하며, 교과 및 학문은 본질적으로 그 성격이 변하지 않는다는 것을 내포한다. 학문 그 자체는 어렵게 느껴질지 모르지만, 그 안에 들어 있는 학문의 구조를 정확히 파악하면, 모든 학문을 올바르게 이해하게 된다.

이와 같이 지식의 구조에서 사물이나 현상의 내적 구조를 파악한다는 것은 개념과 원리를 단순하게 나열하는 것이라기보다는 이것들 간의 관련성을 이해하는 것을 의미한다. 즉 물리학을 가르칠 때는 물리학의 구조에 따라 물리의 현상이 어떻게 일어나는지를 가르쳐야 하고, 생물학을 가르칠 때는 물리학이 아닌 생물학의 구조의 특성에 맞게 가르쳐야 한다. 이것은 각 교과의 현상에 맞는 구조적인 특징에 따라 그 현상의 내적인 구조를 이해한다는 것을 의미한다. 교육과정은 각 교과를 구성하는 요소, 즉 그 안에 들어 있는 일반적인 개념과 원리를 중심으로 그 교과의 구조적인 특징을 반영하여 구성해야 한다(박재문, 2003).

지식의 구조는 다음과 같은 이점이 있다(Bruner, 1960). 지식의 구조는 ① 학습한 내용을 쉽게 이해할 수 있고, ② 장기간 기억할 수 있으며, ③ 다른 사태에 적용할 수 있으며, ④ 고등지식과 초보지식 사이의 간극을 좁힐 수 있다는 이점이 있다. 이것을 구체적으로 살펴보면 다음과 같다.

첫째, 구조의 특성을 고려할 때, 지식의 구조는 모든 지식에 대한 일정한 구조, 즉 원리 및 틀로 구성된다. 학생들은 이러한 지식의 구조를 중심으로 경제적으로 지식을 이해할 수 있으며, 기억도 쉽게 할 수 있다. 다시 말해서, 한 현상을 이해하는 데 있어서 기본적인 원리를 이해한다면 보다 빠르고 효과적으로 이해하게 된다.

둘째, 서로 단절된 일련의 사실들을 기억하는 것보다 어떤 전체적인 구조의 틀 안에서 이해를 한다면, 장기간 기억이 가능해진다.

셋째, 구조에 대한 체계적인 이해는 관련된 사물이나 현상에 대한 기억을 분명히 하게 하며, 유사한 모든 사태에 확장시킬 수 있는 일반적 전이도 함께 가져올 수 있다.

넷째, 모든 학문의 성격은 동일하므로 지식의 구조에 기반을 두어 교육과정을 구성하면, 초보지식과 고등지식 사이의 간극을 좁힐 수 있다. 왜냐하면 지식의 구조는 학생들이 학문을 자연스럽게 배울 수 있는 기회를 제공하기 때문이다. 학생들은 지식의 구조를 통해 학문이 가지는 근본적인 원리를 파악하여 그 학문을 정확히 이해할 수 있는 경험을 하게 된다.

학문 그 자체는 어렵게 느껴질지 모르지만, 그 안에 들어 있는 학문의 구조를 정확히 파악하면, 모든 학문을 올바르게 이해할 수 있다. 교과 및 학문의 구조를 정확히 파악하기 위해서는 다음의 두 가지 일이 요구된다.

첫째, 각 학문의 전문가들이 학문의 구조를 정확히 파악하여, 그들이 교과를 구성하도록 한다. 왜냐하면 전문가가 학문의 원리를 파악해서 교육내용을 선정하고 조직하게 되면, 학생들이 해당 학문 분야의 구조를 학습할 수 있기 때문이다. 브루너는 학자들이 각 교과의 교육내용을 구성하는 데 참여해야 한다는 점을 강조함으로써, 지식의 구조에서 학문의 중요성을 강조하였다.

둘째, 지식의 구조를 학교 교육내용으로 할 때 중요한 것은 아동이 이해할 수 있는 형태로 번역하는 것이다. 이것은 나선형 교육과정의 아이디어와 관련이 있다. 나선형 교육과정은 계속성과 계열성의 원리를 학습자의 발달단계에 맞추어 형태화한 것으로서, 동일한 학습요소로서의 지식의 구조를 계속적이고 연속적으로 반복하여 제시하면서, 그것을 학습자의 인지발달 단계에 맞추어 점점 더 폭넓게 심화시켜 초보지식에서 고등지식으로 수준을 높여 나가도록 구성하는 것을 의미한다(진영은, 2003). 나선형 교육과정에는 두 가지 아이디어가 내포되어 있다. 첫째, 모든 아동들의 학년 수준에 상관없이 동일한 학문, 즉 개념과 원리를 다루어야 한다. 둘째, 그 개념과 원리는 학년이 올라갈수록 더욱 심화되어 깊고 치밀하게 다루어진다. 나선형 교육과정을 실천할 때, 교과와 학문의 체계적이고 정확한 이해가 가능해진다.

2 발견학습

브루너는 지식의 구조를 효과적으로 가르치기 위한 방법으로 발견학습을 제안하였다. 발견학습은 아동의 발달단계에 맞도록 교육내용을 번역하고, 아동이 지식을 탐구하여 스스로 지식을 발견하도록 하는 교수-학습이며, 학습자들이 다양한 문제 사태에 생산적으로 적용하도록 하는 교수-학습 방법을 의미한다(진영은·조인진·김종석, 2002).

브루너는 어떤 교과든지 지적으로 온당한 형식으로 표현하면 어떤 발달단계에 있는 어떤 아동에게도 효과적으로 가르칠 수 있다고 제안하였다(Bruner, 1960). 이것은 어떤 지식이든 아동의 발달단계에 맞도록 번역하면, 모든 아동에게 올바르게 가르칠 수 있다는 것을 의미한다. 브루너는 피아제의 인지발달 이론을 적용하여 지식의 구조를 아동의 심리적 과정과 일치시켰다. 피아제는 아동의 인지발달 단계를 감각운동기, 전 조작기, 구체적 조작기, 형식적 조작기의 4단계로 제시하였다. 브루너는 피아제의 인지발달에 기초하여, 세 가지 표현양식, 즉 작동적 표현, 영상적 표현, 상징적 표현을 제시하였다. 작동적 표현양식은 지식의 구조와 그것의 활용방식을 아동의 동작과 구체적 조작으로써 제시하는 것이다. 영상적 표현양식은 직접적이고 구체적인 동작과 조작을 정신의 내면화의 정도에 따라 영상적 형식으로 간접화하고 추상화하여 제시하는 것이다. 그리고 상징적 표현양식은 지식의 구조의 표현형식 가운데 가장 수준 높은 형태로서, 이것은 실재의 표상 정도에 있어서 가장 추상적인 기호와 상징의 체계로써 개념과 원리를 제시하는 것이다(박희종 · 김민수, 2008). 이와 같이, 발견학습은 아동 스스로 지식을 발견해 가는 아동의 심리적 과정으로 이해할 수 있다. 지식을 발견하려는 아동의 심리적 과정은 아동이 능동적으로 지식을 이해하려고 노력하는 과정이다.

발견학습은 학습자의 심리적 상태와 함께, 교과의 논리성에 의해서 교수-학습 방법이 구체화될 수 있다. 교과의 내용은 지식의 구조의 형태로 구성된다. 지식을 탐구하는 과정과 분리되어 가르쳐지는 지식탐구의 결과물을 중간언어라고 하는데, 교사는 중간언어로 교과내용을 단순히 설명하거나 제시하기보다는 학생들이 교과내용을 판단할 수 있는 발견학습을 적용해야 한다. 발견학습은 단순한 사실 및 탐구의 결과만을 학생들에게 전달하는 것이 아니라, 학생들이 그 원리를 파악할 수 있는 과정을 제공하고 그 안에서 스스로 지식을 발견하도록 하는 교수-학습 방법이다. 발견학습은 ① 문제 발견, ② 가설 설정, ③ 가설 검증, ④ 적용의 4단계로 이루어진다. 첫째, 문제 발견 단계에서 학생들은 문제의식을 가지고 제시된 구체적 사실이나 경험을 조사한다. 둘째, 가설 설정 단계에서 사실과 사실 사이의 관계를 심화시켜 가설을 설정한다. 셋째, 가설 검증 단계에서 객관적인 개념으로 확인 · 분석 · 종합 등을 통해 객관성을 부여한다. 넷째, 적용 단계에서 지금까지 성립시킨 이론을 구체적이고 현실적인 상황에 적용한다. 발견학습의 전체적인 과정은 학습자가 문제를 분석하고 가설을 설정하여 그것을 체계적으로 검증하는 작업에 초점을 두어 진행된다(진영은, 2003).

학생들이 과학 시간에 과학의 구조를 중심으로 하는 탐구 활동은 과학자가 실험실에서 하는 활동과 본질적으로 동일하다. 즉 이런 활동의 차이는 하는 일의 종류가 아니라 지적 활동의 수준에 있다. 학생들이 물리학자들이 하는 일과 동일한 종류의 일을 한다는 것은 이들이 물리학자들이 하듯이 물리 현상을 탐구하고 발견한다는 것을 의미한다. 발견학습은 교과의 내용이 전달되는 방식이나 가르치는 과정이 각 학문의 구조, 즉 지식의 구조를 충실하게 반영해야 함을 의미한다. 따라서 학생들에게 어떤 사태를 스스로 발견해 나가는 과정을 제공해야 한다. 이러한 과정에서 교사의 적극적인 개입이 필요한 상황이 발생하기도 한다. 따라서 발견학습에서 중간언어는 필요 없는 형태가 아니라 가르치는 방식에서 잘못된 것으로 간주할 필요가 있다. 왜냐하면 학생들이 아무런 정보 없이 지식을 발견한다는 것은 실로 불가능하며, 학생들이 발견한 지식의 타당성 여부의 판단은 교사의 중간언어에 의하여 이루어지기 때문이다.

지식의 구조를 체계적으로 가르치기 위한 발견학습은 교육내용에 따라 탐구문제와 가설 설정 및 검증의 방법이 다르다. 수학에서의 집합의 구조를 학습하는 과정과 물리학에서 힘의 구조를 학습하는 탐구의 과정은 동일할 수 없다. 즉 발견학습은 지식의 구조의 형식에 영향을 받는다. 다시 말해서, 교육내용으로서 지식의 구조가 정해진 후에 비로소 학습자가 발견학습을 할 수 있는 것이다. 따라서 지식의 구조와 발견학습은 논리적인 구조를 가진다고 볼 수 있다. 이러한 논리적 구조를 바탕으로 하는 브루너의 발견학습은 지식의 구조를 실현하기 위한 교수방법으로서, 학습자가 지식을 보다 정확히 이해할 수 있도록 한다(진영은, 2003).

3 내러티브 사고양식

브루너는 『실제적 마음, 가능한 세계(*Actual mind, possible worlds*, 1986)』와 『교육의 문화(The culture of education, 1996)』에서 지식의 본질을 '발견적 특성'과 '생성적 특성'으로 구분하고, 이에 대한 인간의 사고양식을 각각 '패러다임 사고양식'과 '내러티브 사고양식'으로 구분하였다.

지식의 본질은 '발견적 특성'과 '생성적 특성'으로 구분할 수 있다(한승희, 1997). 발견적 특성이란 지식은 발견될 수 있는 것이기 때문에, 학습자는 그 지식의 특성을 찾아내야 한다. 지식의 구조는 지식의 발견적 특성에 해당된다. 왜냐하면 지식의 구조는 어떤 현상에 대한 일반적인 성격으로 정의되기 때문에, 학습자는 지식의 구조를 통해 주어진 어떤 현상을 발견하게 된다. 한편, 생성적 특성이란 지식은 생성되고 만들어지는 것이기 때문에, 학습자가 지식을 자신의 사고에 맞게 재구성할 때 지식은 의미를 갖게 된다. 지식은 발견되는 어떤 실체라기보다는 학습자 개개인의 마음 안에 있는 것으로서, 지식은 각 개인이 마음 안에서 추측한 가설을 도출하게 하는 '발생적인 어떤 것'이다(Bruner, 1996).

브루너는 '발견적 특성'과 '생성적 특성'에 기초하여, 인간의 사고 양식을 각각 '패러다임 사고양식'과 '내러티브 사고양식'으로 구분하였다(Bruner, 1986). 패러다임 사고양식은 일반적으로 자연세계의 사물을 다루며, 형식적 논증과 관련된 인과적이며 논리과학적인 사고 양식에 해당된다. 이것은 사고의 진위에 대한 검증이 가능하고, 구체적인 상황과 맥락에 의해서 논리가 좌우되지 않는다. 반면에, 내러티브 사고양식은 인간의 삶의 문제를 다루고, 그럴듯한 이야기 형태로 나타내는 마음의 인지적 사고 양식에 해당된다. 이것은 인간관계, 의사소통, 행위, 의도 등의 현실을 묘사할 수 있는 구체적이고 상황 특수적인 사고이다. 또한 내러티브 사고양식은 주관적 경험에 초점을 맞추고 있기 때문에, 인간의 사고는 상황과 맥락마다 다르게 나타나는 것을 인정한다. 따라서 내러티브 사고양식은 사람들의 의도와 변화가 개입된 이야기로 나타낼 수 있다(이흔정, 2004).

패러다임 사고양식은 다음과 같은 특징이 있다(Bruner, 1986). 첫째, 인간의 의도적인 상태와 무관한 불변의 세계를 다룬다. 둘째, 사물과 사건들의 불변성으로 연결된 '존재'의 세계를 만든다. 셋째, 어떤 상태와 세계에 대한 진위 검증을 요구한다. 넷째, 우리의 바깥 세계를 지향한다. 다섯째, 기존에 있던 가설들을 검증한다. 이러한 특성은 브루너의 지식의 구조의 특성과 유사한 점이 많이 있다. 학생들은 자신의 감정과 의미를 구성하기보다는 우리의 바깥 세계에 존재하는 실체를 알아 가는 데 보다 큰 관심을 두게 된다(장사형, 2013).

반면, 내러티브 사고양식은 다음과 같은 특징이 있다. 첫째, 독자의 관점에 따라 변화하는 예측 불가능한 세계를 다룬다. 둘째, 삶의 요구들을 반영하는 '인간적 세계'를 이해하려 한다. 셋째, 옳다고 느끼거나 상상할 수 있는 어떤 관점과 부합되는 설명을 요구한다. 넷째, 세계에 대한 다양한 관점과 입장을 추구한다. 다섯째, 어떤 것에 대한 가설들을 만들어 내는 것, 즉 가설을 생성하는 특성을 가진다. 이것은 어떤 것들에 대해 옳고 그름을 판단하기 위한 가설보다는, 개인이 그 상황이나 사건에서 일어날 법한 것을 가설로 만들고 그것을 스스로 알아내도록 하는 것이다. 다시 말해서 내러티브 사고에서 가설 생성이란 수많은 관점들을 만들고 인간의 사고 속에서 가능한 세계들을 만들어 내는 것이다(한승희, 1997).

브루너가 중요시하는 내러티브 사고양식은 자연세계보다는 주로 인간 행위자, 즉 인간의 행위를 특징짓는 인간의 욕망, 희망, 의도, 지식, 신념 등과 같은 의도적인 것을 다룬다. 따라서 내러티브 사고양식은 주체가 사태를 있는 그대로 파악하는 것이 아니라, 그 사태를 이해하고 해석하여 재구성하는 방식으로 파악한다. 그렇기 때문에 학생들은 텍스트를 주어진 대로 읽지 않고, 자기 나름대로 해석하여 재구성하며 읽는다. 이러한 이해와 재해석의 과정을 통해서 학습자들은 새로운 의미를 만들어 내게 된다. 따라서 내러티브 사고를 통해 학생들은 의미를 재창조하며 상상력도 개발하게 된다. 또한 내러티브의 이해는 해석학적 구성(hermeneutic composition)을 의미한다. 이것은 내러티브를 이해하는 방식이 유일하지 않다는 것을 의미한다. 따라서 내러티브의 주체는 자아와 세계에 대한 인식과 태도 등에 근거하여 '자신만의 새로운 세계를 창조(self-generated discovery)'하게 된다. 이러한 내러티브 사고양식과 내러티브를 통해, 개인은 자아를 발견하게 된다(Bruner, 1996).

4 내러티브

내러티브(narrative)는 이야기 혹은 일반적으로 이야기를 구성하는 데 필요한 구조나 지식을 의미한다. 사람들은 이야기에 개인의 경험과 생각을 담아 자신의 의사를 전달하고 상대방의 생각과 감정을 파악하고자 한다. 이야기는 최초의 경험을 그대로 기술하는 것이 아니라 화자의 주관적인 해석에 의해 특정한 방식으로 구조화된다(강현석 · 최영수, 2012). 왜냐하면 단편적인 정보와 경험은 이야기의 전후 맥락에 기초하여 의미가 구성되기 때문이다. 인간은 이야기를 통하여 자신의 생각과 다른 사람의 생각을 공유하고 각자의 경험에 의미를 부여하려 하는 등 끊임없이 내러티브를 수행한다.

가. 의미 구성

브루너는 문화주의에 기초하여 마음의 본질을 의미 구성으로 규정한다. 의미 구성은 내러티브 및 내러티브 사고양식을 통해서 가능해진다. 내러티브는 이야기 혹은 이야기를 만드는 과정으로서, 내러티브 사고의 산물을 의미한다. 내러티브 사고양식은 내러티브를 만드는 마음의 인지작용이다(강현석, 2009).

브루너는 『의미의 행위(*Acts of Meaning*, 1990)』에서 내러티브 사고가 인간의 경험에 패턴과 계속성을 줄 수 있다고 주장한다. 내러티브는 의미를 생성하는 도구이며, 훌륭한 학습의 도구 및 내용이 될 수 있다. 의미 구성은 자신이 속한 문화적 상황에서 자신의 사고양식과 가치를 가지고 이야기를 만들어 가는 것이다. 내러티브는 개인들의 사고를 적극적으로 반영하지만 그 의미의 적절성과 타당성은 타인과의 상호작용과 그들이 속한 문화적 상황 및 맥락에서 결정된다. 그리고 이야기가 구성된 전체적인 맥락 안에서 적절성이 결정된다.

이러한 의미 구성은 내러티브와 연관성이 있다. 브루너는 의미 구성과 관련된 내러티브의 특성을 다음과 같이 다섯 가지로 제시하였다(Bruner, 1996).

첫째, 내러티브의 시간성이다. 내러티브의 시간은 결정적인 사건들이 전개되는 시간으로, 어떤 일에 대해 초반, 중반, 후반 등으로 구분될 수 있다. 내러티브에서 시간은 일반적인 시각(시간)이나 시계로 재는 것과 같은 그러한 것이 아니다. 이것은 이야기를 하는 주인공과 그 이야기를 설명하는 설명자(narrator)가 이야기가 전개되는 사건들에 부여된 의미와 함께 생기는 시간을 의미한다. 내러티브의 시간은 단순한 사실을 사건이 일어난 순서대로 전개하는 것에 의미를 두는 것보다 어떠한 이야기 소재를 가지고 내러티브 구조를 구성하는 것이다. 내러티브에서의 시간은 인간의 의미 있는 활동에 의해 의미가 부여된다. 따라서 내러티브에서 의미를 구성하는 것은 개개인의 활동에서 다양한 관점을 가지고 이야기를 이해하고 해석할 수 있게 한다.

둘째, 내러티브의 특수성(particularity)이다. 각 개개인은 특정한 내러티브를 다양한 방법으로 읽거나 이해할 수 있으며, 다양한 형태의 장르와 의미로 전환시킬 수 있다. <흥부와 놀부>를 예로 들어보자. 예전부터 우리는 흥부를 당연히 착한 동생으로, 놀부를 나쁜 형으로 인식해 왔다. 그러나 단지 착한 마음만을 가진 흥부를 착한 사람으로 무조건 인식하는 것에는 오류가 있다. 왜냐하면, 책임을 다하지 못할 만큼 자식을 낳고서 주변의 사람들을 힘들게 한다고 볼 수 있기 때문이다. 이러한 문화적 상황에 따르면, 오히려 놀부의 상황을 더 좋게 이해할 가능성도 있다. 그 밖에도 우리는 다양한 관점에서 비극, 희극 등의 장르를 이끌어 낼 수 있다. 이것은 개인의 관점과 문화적인 관점을 통합하여 새롭게 의미를 구성하고 이해할 수 있음을 의미한다. 따라서 한 이야기에서 다양한 장르의 내러티브 실재가 구성될 수 있다. 이러한 내러티브의 특수성은 다양한 장르로 의미를 구성하는 생성적 기능의 요소를 가진다.

셋째, 내러티브의 해석학적 구성이다. 내러티브는 특정한 한 가지로 단일하게 해석되는 것이 아니라, 관계된 것들을 가지고 다양한 의미로 해석될 수 있다. 이것은 이야기를 해석학적으로 분석하는 것과 유사하다. 즉 이야기의 한 부분의 의미는 전체로서의 이야기 기능을 하며, 전체로서의 이야기는 여러 가지 부분으로 구성된다. 이와 같이 해석학적으로 분석을 하면 장르는 내용의 종류나 내용을 구성하는 방법에 의해 특성화될 수 있다. 다시 말해서, 장르는 이야기를 만드는 방식, 이야기 속에 삽입되어 있는 주제들을 구성하는 방식, 언어 체계 등으로 구분할 수 있다. 이렇게 구분된 장르는 코미디, 드라마, 비극 등으로 구성될 수 있다. 따라서 장르는 문화적으로 전문화된 방식으로 우리 인간의 상황을 상상하게 하고 의사소통하게 한다(한승희, 2006).

넷째, 내러티브의 상호타협성(negotiability)이다. 상호타협은 자신의 생각과 의견을 타인의 의견과 문화를 통해 조절하거나 변화시키는 것을 포함한다. 내러티브에서 의미를 구성하고 자신의 세계를 만드는 데 있어서 상호 간의 타협이 없다면, 그것은 진정한 내러티브라고 볼 수 없다. 따라서 상호타협성은 다수의 내러티브를 이해할 수 있게 하며, 보다 타당한 의미를 구성할 수 있게 한다. 실제로 내러티브는 이야기하는 사람의 사회, 경제, 문화적 상황에서 그들의 삶이 반영되어 있다. 내러티브의 형식은 세계에 대한 관점을 학생들이 모두 표현할 수 있도록 한다. 따라서 이야기는 인간 의미의 영역을 더욱 확장시킨다.

다섯째, 내러티브는 정통적인 규범(canonicity) 및 합법성에서 벗어나야 한다. 즉 관습과 규범은 이야기에 상당한 지루함을 주기 때문에, 이야기할 가치가 있기 위해서는 예상에서 벗어나야 한다. 실재를 해석하는 데 있어서 논리적인 제안은 어떤 것을 증명하는 데 안정성을 주지만, 내러티브 사고양식은 가장 신선하고 흥미로운 의미의 창조를 제공한다. 따라서 문화적 선구자가 되는 혁신적인 작가는 그의 이야기를 통해 이전에 알 수 없었던 것을 추구하여 관습적이고 규범적인 내러티브에서 벗어나야 한다.

내러티브에서 의미를 구성하는 것은 자신의 세계를 만들고, 그것을 문화 속에서 타협하여 그 적절성을 고려하는 것을 의미한다. 그리고 내러티브가 목표로 하는 이해, 즉 내러티브 이해는 의미를 파악하는 것이며, 의미는 본래 다수로 존재하는 것이다. 그렇기 때문에 어느 특정 내러티브적 이해의 방법은 또 다른 해석을 배제하지 않는다(한승희, 1997). 따라서 내러티브에서 의미 구성은 자신의 이해와 타인의 이해를 공유할 때, 더 나은 내러티브 의미를 구성할 수 있다.

교육은 어느 한 부분에서만 존재하는 것이 아니라, 인간의 삶에 총체적으로 연관되어 있는 것이다. 교육은 인간적인 삶을 보다 의미 있게 구성하는 것이어야 한다. 이러한 교육은 인간이 가지는 의도적인 것(신념, 희망, 의도)을 적극 활용하도록 돕는 내러티브를 통해 가능해진다. 학습 과정은 내러티브를 통해 의미를 구성하는 과정이다. 왜냐하면 학습은 학습자가 교육내용을 이해하는 과정에서 이루어지는 것이기 때문이다. 여기서 이해한다는 것은 자신의 나름대로 의미를 구성함으로써 새로운 것을 알게 되고, 그 안에서 또 다른 의미를 생성해 가는 과정이다. 따라서 이러한 과정을 통해 학습이 이루어지고, 내러티브를 통해 의미가 구성된다.

나. 자아 구성

내러티브는 자신의 세계에 대해 의미를 구성할 뿐만 아니라 자아를 구성하는 역할을 한다. 내러티브가 이야기를 만드는 것이라면, 자아는 자신의 이야기, 즉 삶을 이야기하는 주체가 된다. 자아의 이야기는 '나는 무엇인가(What am I)'가 아니라 '나는 누구인가(Who am I)'에 답하는 것이다(한승희, 2000). '무엇'은 어떤 실체에 대해 답을 하는 것인 반면에, '누구'는 개인의 의도적인 행위 속에서 드러나는 것으로서 자신의 삶에 대한 생각을 가지고 답하는 것이다. 즉 자아의 이야기는 내가 가진 삶의 사연을 서사적으로 이야기하며 역사성 속에서 자기의 존재를 파악하게 한다(최영수·강현석, 2011).

자신의 이야기를 한다는 것은 내러티브 형태로 전달되는 것이고, 그 내용은 개인에 의해 계속해서 재구성된다. 따라서 자아는 자신에 대한 이야기를 시간적으로 구성하고 그 안에서 의미 있는 내용을 다시 재구성한다. 학습자는 개별적인 이야기를 통해서 자아를 파악할 수 있으며, 그러한 이야기가 모여 전체적인 줄거리로써 자아를 구성할 수 있다. 이것은 단순히 시간적인 순서대로 일대기를 나열하는 것을 넘어서, 내러티브를 통해 자신의 의미를 발견하며 자아를 구성하는 것이다. 따라서 내러티브로서의 자아는 실체로서가 아니라 자신의 삶에 관한 이야기를 하는 구성자의 역할을 한다(한승희, 2000). 내러티브를 통해서 자아가 구성된다는 것은 우리의 존재가 하나의 전개되는 이야기로 통합되는 것을 말한다. 이러한 이야기는 어떤 한 가지로 정해져 있지 않으며, 계속해서 수정할 수 있고 새롭게 구성될 수 있다. 마찬가지로 우리의 삶을 이야기할 때도 자신에 대한 이야기를 계속적으로 수정하고 재구성하여 새로운 이야기로 만들 수 있다. 이것이 가능한 것은 자신의 주변과 자신에게 일어나는 일이 계속적으로 진행되기 때문이다. 따라서 자아는 고정된 것 또는 고정된 실체가 아니라 개인적인 사건들을 통합하는 것이며 꾸준히 형성되어 가는 것이다(강현석 · 조인숙, 2013).

자아는 이야기를 함으로써 구성될 수 있는 것이기 때문에 내러티브는 자아를 구성하는 데 중요한 역할을 한다. 왜냐하면 자아란 마음 속 깊이 자신의 주관 속에서만 존재하는 어떤 것이 아니라 문화 속에서 구성되는 이야기의 산물이기 때문이다(Bruner, 2002). 자아는 외부의 사회적 세계와 무관한 개인들의 내적 본질에서 생성되는 것이 아니라, 자신의 문화 속의 의미, 이미지, 사회적 유대감 등의 경험으로부터 발전한다. 우리가 구성하는 생활과 자아는 의미를 구성하는 과정의 결과이며, 자아는 고립된 의식이 아니라 사람과 사람 사이에서 일어나는 것이다(Bruner, 1990). 따라서 자아를 구성하는 것은 내면적인 것과 외부적인 것의 양자로부터 영향을 받는다. 내면적인 것으로는 느낌, 관념, 신념, 주관성과 같은 것이고, 외부적인 것으로는 문화로부터 취해지는 모든 것들이다(Bruner, 2002). 따라서 자아는 내면적인 특성과 외부적인 특성을 가지는 내러티브를 통해 보다 심도 있게 구성될 수 있다. 또한 자아는 스스로를 직접적으로 알지 못하고, 단지 자신이 해석하는 상징과 기호를 통해 간접적으로 알게 된다(강현석, 2012).

삶의 이야기는 살아온 삶을 재서술하는 것이며, 자아의 여러 모습들을 통합하는 수단이다. 자신의 삶에 관해서 서술하고 해석하지 못하는 것은 자아를 구성하고 통합하지 못한 것이다. 왜냐하면 자아는 내러티브를 통하여 의미를 구성할 수 있기 때문이다. 이때 내러티브는 자신의 이야기를 할 뿐만 아니라, 인지하고 있는 문화적 상황에서 자신의 목표가 되는 사람들을 주인공으로 하여 자기 대리인으로 주변의 것을 구성하기도 한다(Bruner, 1996: 36). 자아는 자신의 내면적인 것과 외부적인 상황, 즉 문화적 상황의 상호작용으로 구성된다. 이러한 내러티브 자아는 교육의 초점을 우리의 문화에 맞춘다. 문화 안에서 인간은 존재하고 발전하며, 자신의 사고가 형성되고 구성되기 때문에, 교육은 문화 속에서 발생한다. 즉 자아의 구성은 한 문화 속에서 내러티브를 통해 자신의 정체성을 확립하는 것이다. 자아는 우리가 직접적으로 알 수 없는 것으로, 그것은 내면적이고 외부적인 것의 상호작용을 통한 이야기로 계속적으로 구성하고 수정하는 것이다. 따라서 내러티브를 통해서 자아가 구성되는 것은 인간을 어떤 한 가지 실체로서 보는 것이 아니라, 의미를 구성해 나가는 의미 있는 존재로 파악하게 한다.

다. 내러티브 교육과정

교육은 문화 속에서 발생하며, 학생의 마음이 작용된다. 즉, 교육은 문화 전체에 놓여 있는 것으로, 인간 자체의 특성을 중시할 때 의미가 있다. 브루너는 문화주의 입장에서 인간의 존재가 어떻게 문화적인 상황에서 의미를 구성하고, 자아를 구성하는지에 관심을 가진다. 의미를 구성한다는 것은 자신이 세계를 만들고, 그것을 문화 속에서 타협해 나가는 것을 의미한다. 그리고 자아를 구성하는 것은 의미를 구성하는 활동 속에서 자신의 이야기를 계속해서 통합해 나가는 것을 의미한다. 이와 같이 의미 구성과 자아 구성은 문화 속에서 개인의 마음을 통해 이루어지는 것으로 개인적인 차원과 문화적·사회적 차원의 것을 모두 포괄한다.

이에 따른 교육과정은 자신의 사고를 적극 활용하고 그것을 집단 간의 공유를 통해 수정하고 구성할 수 있다. 이때 주된 도구로서 내러티브가 활용될 수 있다. 내러티브는 인간의 의도적인 것에 관심을 두고 개인의 인지적 작용을 적극 활용한다. 또한 내러티브는 학생들이 스스로 의미를 구성하여 보다 새로운 세계를 창조하는 것을 추구한다. 그래서 학생들이 보다 적극적으로 자신의 삶을 정립할 수 있도록 한다. 내러티브는 개개인의 관점과 마음을 중시하며, 이것을 문화 속에서 공유함으로써 그 의미를 형성하게 한다. 이것은 문화와 다양한 관점들과의 계속적인 교류를 통해 보다 광범위하게 교육의 폭을 확장시킨다. 따라서 내러티브 교육과정은 개인이 주체자가 되어 교육과정을 이끌어간다.

내러티브 교육과정은 학생들의 사고를 증진할 수 있는 기회를 제공한다. 내러티브 교육과정은 학생들이 텍스트를 있는 그대로 받아들이는 것을 넘어서, 그것을 개인 나름대로 해석하고 재구성한다. 내러티브는 한 개의 교육내용을 다양한 관점에서 상호작용할 수 있도록 한다. 이러한 이해와 재해석의 과정으로 학생들은 새로운 의미를 구성할 수 있다. 또한 이를 통해 학생들은 상상력을 개발하는 기회를 가지게 된다. 따라서 내러티브 교육과정은 학생들의 사고와 인간의 총체적인 이해를 추구할 수 있게 한다.

교육과정에서 지식은 사고방식과 관점에 의존하는 것이고, 우리는 지식을 탐구하는 과정에 대한 사고방식들을 공유하고 협상해야 한다. 사고방식을 함께 공유하면, 한 가지에서 여러 가지 다른 관점과 의미를 도출해 낼 수 있다. 교육과정에서 지식도 마찬가지이다. 학교에서 아무런 의심 없이 가르치는 것을 내러티브를 통해 사고방식을 공유한다면, 보다 깊은 의미를 찾아낼 수 있으며 탐구의 기회도 증가할 것이다.

내러티브 교육과정은 세 가지 특성으로 구체화될 수 있다.

첫째, 내러티브는 지식의 발생적 측면을 가진다. 내러티브에서 지식은 정해진 어떤 것에 대해 무비판적으로 추구하는 것을 넘어서 새로운 관점을 계속 생성해 내는 것이다. 따라서 내러티브 교육과정은 변화하는 문화에 따라 새로운 교육과정을 추구할 수 있을 것이다.

둘째, 내러티브는 구성주의에 근거하여 지식과 의미를 적극적으로 창조하는 과정이다. 내러티브는 이야기를 만드는 것과 직접적으로 관련된 것이기 때문에, 학생들이 자신의 관점과 문화적 관점을 적절히 조정하여 의미를 구성할 수 있다. 따라서 개개인의 의미 구성은 보다 넓은 상황에 접할 수 있는 기회를 제공할 뿐만 아니라 상호 간의 의미도 교환할 수 있다. 이를 통해 학생들은 다양한 세계와 접할 수 있는 기회를 가질 수 있으며, 자아의 정체성 또한 기를 수 있을 것이다.

셋째, 내러티브는 문화적 상황 속에서 의미를 협상하고 구성하는 행위를 가진다. 개인이 의미를 구성할 때 적절성은 타인과의 상호작용에 의해 가능하다. 다시 말해서, 내러티브 구조는 자신이 속한 문화 내에서 타인과 공유할 수 있는 틀을 가질 수 있도록 한다. 내러티브 교육과정은 하나의 단일한 실재를 넘어설 수 있는 기틀을 제공함과 동시에, 의미 있는 교육내용을 학생들이 스스로 구성할 수 있게 한다. 내러티브 교육과정은 기존의 과학적인 학문을 중시하는 것 이외에 인문학적인 학문, 즉 문학, 역사학, 언어학과 같은 학문의 발전을 가져올 수 있게 하며, 도덕, 예술 등의 교과를 체계적으로 다룰 수 있도록 한다.

5 일상교수학

일상교수학은 문화심리학(cultural psychology)과 일상심리학(folk psychology)에 영향을 받았다. 브루너(1990)는 인간 발달을 이해하기 위한 도구로서 문화심리학과 일상심리학을 제시하였다.

브루너(1990)는 교육과정을 인간 발달과 문화의 문제로 보고, 인간 발달의 문제를 마음의 의미나 문화적인 구성 과정으로 조망하고, 인간 발달을 이해하기 위한 도구로서 문화심리학을 제안하였다. 문화심리학은 자신과 타인 및 자신이 살고 있는 세계에 대한 관점을 조직함으로써 문화적으로 형성된 개념으로 행위자의 '행위(action)'에 집중한다(Bruner, 1990). 행위에는 행위자의 의도가 포함되어 있으며 인간 행위의 목적 혹은 이유는 문화와 문화 내에서의 의미 추구에 해당된다. 예를 들어, 대중교통수단에서 어르신을 보았을 때 자연스럽게 자리를 양보하거나 도움을 필요로 하는 노인들을 못 본 척 무시했을 때 양심의 가책을 느끼게 되는 것은 문화심리라 할 수 있다. 이러한 자아의 개념과 행동은 개인의 사고와 감정, 체험과 경험, 의도와 의지보다는 개인이 속한 집단, 세계, 문화 등에 의하여 더 큰 영향을 받는다. 문화 참여를 통해 학습자의 지력이 반성적인 사고 과정을 통해 실현되며, 이 과정에서 의미는 공적으로 생성되어 서로 공유된다. 문화적으로 적응된 삶은 공유되는 개념과 의미에 의존하며, 해석상의 차이는 대화와 교섭이라는 방식을 통하여 해결할 수 있다. 행위자의 '행위(action)'를 주목하는 이유는 행위에는 행위자의 의도가 내포되어 있으며 인간 행위의 이유나 목적이 되는 것은 문화 속에서 의미를 추구하는 것이기 때문이다(이윤복 · 강현석, 2016).

문화 구성원 각자가 자신과 타인 및 자신이 살고 있는 세계에 대한 관점을 조직함으로써 형성된 개념이 '문화심리학'이라면 '일상심리학'은 일상의 삶에서 다른 사람들과 상호작용을 통해 형성된 개념이다(Bruner, 1990). '일상심리학'은 공동생활에서 상호 간의 교류를 위한 방식이다. 개인이 의미 구성에 사용했던 상징체계들은 일상심리를 구성하는 '공동의 도구상자'가 된다. 공동의 도구상자는 각각의 사용자들로 하여금 자신이 속해 있는 공동체를 반영하며, 반대로 공동체의 구성원이 되기 위해서는 그 체제를 획득해야 한다. 일상심리는 규준이 내포되어 있다. 따라서 특정한 장소와 상황에서 의미를 교섭하는 사람들의 의도를 파악해야 하고 기대되는 행동을 수행해야 한다. 그렇지 않다면 교류는 발생하지 않는다(강현석 · 조인숙, 2013). 일상심리는 세계와의 교섭이나 세계에 대한 지식 및 그 안에서의 경험을 조직하는 체계라 할 수 있다. 세계의 경험과 기억은 일상심리에 깊이 내재되고, 내러티브화된 개념뿐만 아니라 문화의 제도에 의해서도 구조화된다(Bruner, 1986). 교육현장에서 교사와 학생 간, 교사와 교사 간, 그리고 학생과 학생 간의 교섭 작용이 활성화되기 위해서는 문화공동체의 특정 규준을 준수하는 일상심리의 파악과 이해가 필수적이다(강현석 · 이자현, 2005).

이와 같이, 일상심리학은 사람들이 그들의 마음과 다른 사람들의 마음의 작용에 대해 가지고 있는 일반적인 이론들과 이것이 어떻게 대중적인 담화로 표현되는지를 연관시킨다(Bruner, 1996). 일상심리학은 우리의 마음을 다른 사람들의 마음과 만나고, 연결시키는 독특한 인간의 경향을 반영한다. 예를 들어, 교사가 학생들에게 삼각형의 성질을 설명하려고 한다면, 교사는 학생들이 삼각형에 대하여 어떤 사전 지식을 갖고 있는지 상상하거나 추측하는 직관적인 행동을 한다.

물론 사전 지식을 파악하는 직관적인 전략을 의식적으로 선택하는 것은 아니지만, 학생들에게 특정 지식을 설명할 때 이러한 기준점을 찾는 것은 자연스러운 행동이 된다.

일상교수학은 교사들의 교수 행위와 학습과의 관계에 대하여 공식화할 수 있는 일반적이고 일상적인 의미를 나타낸다. 일상교수학은 학생의 마음에 대한 교사들의 신념과 가정에 대한 산물이며, 이것은 학교 및 교육에 대한 문화에 영향을 받는다. 일상교수학은 암묵적이며, 실천의 장면에서 발생하게 된다. 즉 일상교수학은 수업에 대한 신념과 가정이며, 이것은 학습자에 대해 갖고 있는 교사의 직접적인 신념과 가정이 직접적으로 드러난다.

일상교수학은 수업의 장면에서 투영되어 있는 학습자의 마음과 지식에 대한 교사의 가정을 의미한다(Olson & Bruner, 1996). 수업 장면에서 교사와 학생의 상호작용은 수업에 대한 교사의 수업 의도에 따라 변화된다. 교사의 지식과 역량에 대한 인식에 따라 수업의 실제가 다르게 나타난다. 예를 들어, 교사가 역량을 기능의 습득으로 간주하는 경우, 적절한 교수방법은 실험과 연습이 될 것이다. 반면, 교사가 역량을 전문적인 지식으로 간주한다면, 적절한 교수방법은 강의를 통한 지식의 전수일 것이다. 이와 같이 일상교수학은 교사의 교수방법과 학습의 관계를 형성하는 일반적이고 일상적인 것이라 할 수 있다. 즉 일상교수학은 수업의 실제 장면에서 지식의 본질과 마음의 본질에 대한 교사의 일반적인 가정을 의미한다. 이러한 일상교수학은 문화심리학과 관련이 있다. 왜냐하면 일상교수학은 교사와 학생의 환경에 따라 형성되기 때문이다. 교사와 학생을 지배하고 있는 일상교수학을 대체하지 못한다면 교육혁신은 불가능하다.

브루너(1996)는 우리 시대에 널리 통용되어 온 학습자의 마음에 대한 네 가지 지배적인 모형들을 제시하였다. 이들 각각의 모형들은 학습자의 마음에 따른 교사의 인식에 따라 서로 다른 목표를 추구한다. 브루너는 전통적인 일상교수학의 형태를 다음과 같은 네 가지—① 모방적 학습자 모형: 방법적 지식의 습득, ② 설명식 교수 모형: 명제적 지식의 습득, ③ 사고 주체 모형: 간주관적 상호교환의 발달, ④ 유식자 모형: 객관적 지식의 관리—로 제시하였다. 첫 번째 모방적 학습자 모형에서는 아동은 모방적 학습자이기 때문에 관련 기술을 능숙하게 하는 방법을 알아야 함을 가정한다. 두 번째 설명식 교수 모형은 아동은 백지상태이기 때문에 새로운 지식을 획득해야 함을 가정한다. 세 번째 사고 주체 모형은 아동은 학습자이면서 인식론자이며, 교사와 아동 간의 이해의 상호작용을 중시하며, 지식은 이야기의 교환이며, 공동생활 속에서 공유된다는 것을 가정한다. 네 번째 유식자 모형은 아동은 지식을 많이 알고 있는 유식한 사람이며, 교사와 학생은 과거에 관한 사상에 대하여 담화를 주고받고 해석해야 함을 가정한다(강현석 · 이자현, 2005). 브루너의 네 가지 모형은 우리가 어떻게 가르치고 교육시키는가 하는 문제를 결정해 주는 마음에 대한 개념화이며, 이들 마음과 문화와의 관계에 대한 모형이라고 할 수 있다. 이처럼 교육의 실제는 학습자 마음에 대한 일상적 신념을 바탕으로 전제된다. 따라서 우리가 아동들의 마음을 이해하는 방식은 교육 개선의 필수 요건이 된다.

강현석과 이자현(2005)은 문화심리학에 기초하여 전통적인 교수모형과 차별화되는 여섯 가지의 대안적인 교수모형—① 대화적 모형, ② 의미 교섭적 구성 모형, ③ 내러티브 모형, ④ 인지적 상호작용 모형, ⑤ 문화적 상황학습 모형, ⑥ 해석적 순환 모형—을 제시하였다. 이들 모형은 지식 구성과 내러티브 사고의 문제에 기초하여, 인간발달의 문화적 상황성을 중시하고, 마음의 구성물로서 문화를 중시하여 마음의 구성물로서 문화를 조망하여 분류한 것이다. 이를 구체적으로 살펴보면 다음과 같다(강현석 · 이자현, 2005).

첫째, 대화적 모형이다. 교수는 교사가 학생에게 일방적으로 전달하는 활동이 아니다. 가르치는 활동은 쌍방 간의 대화의 과정으로 나아가야 한다. 대화는 관심과 배려에서 출발한다. 학습자의 수준에 대한 고려, 인지구조에 부합하는 학습과제 구성, 역동적 학습 환경 등을 마련함으로써 대화가 구현될 수 있다.

둘째, 의미 교섭적 구성 모형이다. 교수활동은 객관적인 지식을 전달하고 습득시키는 관리적 차원에서 일방적으로 진행되는 것이 아니라, 교육적 상황에서 당사자 간의 협상과 교섭을 통한 의미 거래의 과정이다. 그 과정에서 의미를 형성하고 서로 간의 반성적 숙의를 통하여 지식을 구성해 나간다. 학습은 학습자 자신의 발견을 통해 새롭게 의미를 구성하고 지식을 구조화해 나가는 과정으로서, 새로운 발견과 의미 구성에 필요한 것들을 사회적 상호작용을 통하여 학습해 나가는 것이다.

셋째, 내러티브 모형이다. 학습은 이야기를 통하여 이루어진다. 학습의 과정은 지식 획득, 변형, 평가로 이루어지는데, 이러한 것은 학습자의 이야기를 통하여 가장 잘 조직될 수 있다. 학습 조직의 한 수단으로서 내러티브는 학습의 목적인 동시에 수단이 된다.

넷째, 인지적 상호작용 모형이다. 학습은 문화적으로 조직된 실제 활동에의 공동참여를 통하여 가능하다. 따라서 지식 구성에서 의미와 교섭이 중요하다. 인간의 인지적 성장은 어떤 지식을 가르쳐 주기보다는 문화적 수단에 익숙해지게 함으로써 발견적 과정을 통해 일어난다.

다섯째, 문화적 상황학습 모형이다. 학습은 교육상황이 처한 문화적 맥락과 조건에 의해 영향을 받는다. 그러므로 교수학습의 당사자들의 언어와 사고, 마음의 이론, 즉 의도, 목적, 신념 등에 영향을 받는다.

여섯째, 해석적 순환 모형이다. 학습은 직선적이고 논리적인 계열을 따라 이루어지기보다는 순환적 성격을 띠면서 질적인 변화를 통해 내면화되는 과정을 거친다. 외부에서 지식을 주입하는 것으로는 학습의 총체적 모습을 설명할 수 없다. 학습의 과정은 해석적 체계로 설명되어야 하며, 그 기제는 순환적이다.

인간발달 연구에 대한 최신의 발전은 교수-학습의 통합된 이론이 성립될 수 있는 기반을 제공한다. 아동은 교수-학습 상황에서 하나의 적극적이고 의도적인 존재가 될 필요가 있다. 일상교수학은 교사의 사고과정, 학습자의 인지과정을 중시한다. 따라서 교사의 실제적 지식 또는 교육과정 실행에 대한 중요성이 확대될 필요가 있다.

참고문헌

강현석(2009). Bruner의 교육과정 이론에서 지식의 재해석: 지식의 구조와 내러티브의 관계. 교육철학, 38, 1-34.

강현석(2012). 내러티브에 기반한 교육과정 설계 원리 탐구. 교육철학, 48, 183-215.

강현석·이자현(2005). Bruner의 Folk Pedagogy가 교육과정 설계에 주는 시사점 탐구. 교육과정연구, 23(4), 59-90.

강현석·조인숙(2013). 브루너의 내러티브 이론에 따른 교육과정 개발 방향의 탐색. 초등교육연구, 26(3), 187-213.

강현석·최영수(2012). Bruner의 문화주의 교육이론과 학습. 창의력교육연구, 12(1), 97-126.

박재문(2003). 지식의 구조와 구조주의. 서울: 성경재.

박희종·김민수(2008). 초등학교 교사들의 경제교육 구조성 인식에 대한 연구. 경제교육연구, 15(2), 89-120.

소경희(2017). 교육과정의 이해. 서울: 교육과학사.

이윤복·강현석(2016). Bruner의 논의에 기초한 수업의 문화생태학에 대한 시론. 학습자중심교과교육연구, 16(7), 725-751.

이지은·강현석(2017). Bruner의 전·후기 교육과정 이론의 관련성 및 그 시사점 탐구. 교육과정연구, 35(1), 173-198.

이홍우(1998). Bruner 지식의 구조. 서울: 교육과학사.

이흔정(2004). Bruner의 내러티브 사고양식과 교육. 교육문제연구, 20, 73-91.

장사형(2013). 내러티브에 기초한 인간학의 방향. 교육철학, 51, 65-91.

진영은(2003). 교육과정: 이론과 실제. 서울: 학지사.

진영은·조인진·김봉석(2002). 교육과정과 교육평가의 탐구. 서울: 학지사.

최영수·강현석(2011). Bruner의 내러티브 이론에 비추어 본 교육과정 통합 탐색. 교육사상연구, 25(3), 189-220.

한승희(1997). 내러티브 사고양식의 교육적 의미. 교육과정연구, 15(1), 400-423.

한승희(2000). 교육학의 새로운 지표로서 내러티브. 교육학연구, 38(4), 259-282.

한승희(2005). 과학적 사고와 서사적 사고의 교육적 의미: 과학적 사고와 서사적 사고에서 추론과 정서. 교육과정연구, 23(2), 39-64.

한승희(2006). 내러티브 사고의 장르적 특징에 관한 고찰. 교육과정연구, 24(2), 135-158.

Bruner, J. S.(1960). *The process of education*. Massachusetts: Harvard Univ. Press. 이홍우 역(2002), 교육의 과정. 서울: 배영사.

Bruner, J. S.(1962). *On knowing : Essays for the left hand*. Massachusetts: Harvard Univ. Press.

Bruner, J. S.(1986). *Actual Minds, Possible Worlds*. Massachusetts: Harvard Univ. Press.

Bruner, J. S.(1990). *Acts of Meaning*. Massachusetts: Harvard Univ. Press.

Bruner, J. S.(1996). *The Culture of Education*. Massachusetts: Harvard Univ. Press. 강현석·이자현 역(2005). 브루너 교육의 문화. 서울: 교육과학사.

Bruner, J. S.(2002). *Making Stories: Law, Literature, Life*. Massachusetts: Harvard Univ. Press.

Olson, D. R., & Bruner, J. S.(1996). Folk psychology and folk pedagogy. In D. R. Olson & N. Torrance (Eds.), *The handbook of education and human development: New models of learning, teaching and schooling*(pp. 9-27). Massachusetts: Blackwell Publishing.

제4장

오우크쇼트 교육과정 모형

서양의 학계에서 오우크쇼트(M. Oakeshott, 1901~1990)는 콜링우드를 잇는 영국 역사철학의 대표적 인물로서뿐만 아니라, 홉스의 정치철학에 대한 탁월한 이론가로서, 그리고 피터스(R. S. Peters)와 함께 현대의 대표적인 교육사상가로서 인정받고 있다. 오우크쇼트는 교육사상가라는 호칭에 걸맞게 교육의 문제를 직접적으로 다룬 여러 논문과 강연문을 후세에 남긴 바 있다. 오우크쇼트의 교육사상은 그의 정치철학이나 역사철학과 따로 분리시켜 생각할 수 없을 정도로 긴밀하게 연관되어 있다. 이러한 점들을 감안하면서 오우크쇼트의 사상을 하나의 '교육과정 이론', 즉 '교육과정 철학', '지식론', '교수·학습 이론', '교사론', 그리고 '평가론'이라는 관점에서 살펴보도록 한다.[1)]

1 교육과정 철학

타일러와 같이 교육과정의 기본 요소들과 절차에 초점을 둔 교육과정 이론들을 제외하면, 대부분의 교육과정 이론은 우리가 살아가는 세계는 어떤 것이며, 또 그 세계 속에서 추구되는 이상적인 인간은 무엇인가 등에 관한 기본 철학을 가지고 있다. 오우크쇼트는 타일러나 브루너와 달리 오히려 그러한 측면이 교육과정의 기본 틀을 보다 강력하게 뒷받침하고 있다고 보아야 한다. 이 장에서는 오우크쇼트의 세계관, 학습관, 인간관, 학교관을 살펴보았다.

가. 세계관

새로 태어나는 인간이 장차 거주하게 될 세계는 어떤 성격의 것일까? 오우크쇼트에 의하면 인간이 사는 세계는 단순히 물리적 세계만을 가리키는 것이 아니다. 그것은 인간과 관련하여 의미를 가지는 세계이고, 인간에 의하여 해석된 세

1) 이 장은 김승호(2016)의 "오우크쇼트의 교육과정 탐색", 교육논총, 53(4), 1-26의 글을 수정 및 보완하였음.

계이다.

이 세계를 구성하고 있는 것은 인간의 마음과 별도로 존재하는 '추상물', 말하자면 '물체'가 아니라 그것에 대한 우리 마음의 해석으로서의 구체적 신념이다. 그것은 '사물(事物)'의 세계가 아니라 '사실(事實)'의 세계이다. 그것은 '표현'의 세계이며, 이 '표현'은 인간 마음의 표현인 만큼 그것은 의미를 나타내고 있고 그 의미는 상대방에게 이해되지 않으면 안 된다. 우리의 머리 위에서 총총히 빛나는 밤하늘의 별들이나 우리의 마음속에 있는 도덕률은 모두 인류 공동의 업적으로서 이 세계에 들어 있다. 이 세계는 그 자체로 의미를 가지는 것이 아니라, 그 안에 있는 수많은 의미들이 서로가 서로에 의해서 지지되고 해석되면서 하나의 총체로 연결되어 있는 그러한 세계이다. 우리가 그것을 '세계'라고 부르는 것은 바로 이런 뜻에서이다(Oakeshott, 1967: 번역본, 131).

오우크쇼트는 종종 위에서 언급한 세계를 그 안에 들어 있는 '인류공동의 업적이라는 유산(遺産)'과 거의 같은 것으로 취급하곤 한다. 인간은 누구나, 오직 학습의 과정을 통해서만 상속받을 수 있는 유산의 상속인으로 태어난다. 인간이라면 누구나 상속인으로 태어나는 그 유산은 인류공동의 업적이라는 유산이다. 그 유산은 감정, 정서, 상상, 전망, 사고, 신념, 관념, 이해, 이론적·실제적 활동, 언어, 인간관계, 조직, 행위의 규범과 준칙, 절차, 양식, 기술, 미술작품, 책, 악곡, 도구, 인공물과 생활용품 등 한마디로 말하면, 딜타이가 말한 '정신세계'로 되어 있다(Oakeshott, 1967: 번역본, 130-131).

인간이 살고 있는 세계는 단순히 '사물(事物)'로 이루어진 것이 아니라 '사건(事件)'으로 이루어져 있다. 여기서 사건이라 함은 인간이 부여한 의미가 들어 있다는 것을 가리킨다. 이 사건들은 인간의 사고와 정서의 표현들, 예를 들면 이야기, 시, 미술작품, 음악작품, 조경(造景), 인간의 행위와 발언, 몸짓, 종교적 신념, 탐구, 과학, 의식(儀式), 그밖에 인간이 만들어 낸 모든 것들이며, 인간은 학습을 통해서 이러한 것들을 알아볼 수 있게 된다. 다시 말하면, 인간이 그것들을 인식하게 되는 것은 오로지 그것들에 대한 스스로의 '이해'를 통해서이다(Oakeshott,

1975: 번역본, 172).

인간이 살고 있는 세계는 오로지 인간으로 된 세계이다. 이 말은 세계에 인간이 만든 것 이외에는 아무것도 없다는 뜻이 아니라 그 세계 안에 있는 모든 것이 인간에게 알려진다는 뜻에서이며, 그것도 인간에게 의미하는 바를 통해서 알려진다는 뜻에서이다. 그 의미가 오직 학습을 통하여 알려지는 한, 인간은 '학습하는 사람'이라는 형벌에서 벗어날 수 없다. 한 인간이 생각하고 말하고 행동하는 것은 잘하든 못하든지 간에, 그가 그렇게 생각하고 말하고 행동하도록 학습한 것일 수밖에 없다. 심지어 인간의 죽음조차도 학습해야 할 그 무엇이다(Oakeshott, 1975: 번역본, 172-173). 이러한 세계에 거주자로서 인간은 오직 이해를 통해서만 세계를 사용하거나 향유할 수 있으며, 만약 이해가 수반되지 않는다면 그는 인간으로서가 아니라 인간의 조건과 무관한 이방인으로서 산다는 것을 의미한다.

나. 학습관

오늘날 대부분의 사람들은 학습을 생물학이나 심리학의 제한된 의미로만 이해하는 경향이 있다. 예를 들어, '한 유기체가 주어진 환경에 최선을 다하여 적응하는 것이다.'라든지, '선천적으로 지니고 있는 잠재적인 능력을 실현하는 것이다.'라든지, '인간 행동의 계획적인 변화이다.'라든지 하는 학습에 관한 정의(定議)들이 바로 그것이다. 그러나 오우크쇼트에 의하면 학습은 이상과 같은 한정된 의미만 가지지 않는다. 학습은 인간의 삶에 있어서 보다 근원적인 의의를 가지고 있다. 학습은 생물학이나 심리학의 차원으로 결코 환원될 수 없는 인류 차원의 거대한 영위이다. 오우크쇼트에 의하면 학습은 새로운 세대를 인류의 문화유산에 입문시키는 세대와 세대 간의 교섭이다.

학습은 우리가 우리 자신의 존재와 우리를 둘러싼 세계에 관하여 알게 되는 포괄적인 영위이다. (중략) 우리 개개인의 경우에 학습은 우리가 태어나는 것과 동시에 시작되며, 학습이 일어나는 곳은 우리와 동떨어진 이상적·추상적 세계가 아니라, 우리가 몸담고 있는 이 세계이다. 한 개인을 두고 볼 때 학습의 끝은 오직 그의 죽음이며, 한 문명을 두고 볼 때 학습의 끝은 문명이 나타내는 삶의 방식의 붕괴이지만 인류 전체를 두고 볼 때에는 학습은 원칙상 끝이 없다. 요컨대 개인적인 차원에서의 학습은 끝이 있지만 인류라는 종족적인 차원에서의 학습은 끝이 없다(Oakeshott, 1967: 번역본, 128).

오우크쇼트에 있어서 학습은 단순히 심리적 적응이나 발달 과정이 아니다. 생물학이나 심리학적 관점에서 보면 인간의 학습은 한 유기체가 자신을 둘러싼 환경에 반응하고 적응해 나가는 과정 그 이상도 이하도 아니다. 이러한 시각에서 보면 학습은 DNA에 선천적으로 잠재되어 있던 것들이 외부의 자극을 받아 점차 실현되는 성장의 과정이다. 유용한 정보를 획득, 저장, 재생하는 과정이고, 인간의 학습은 돌고래나 침팬지와 연속선상에 있으며, 단지 차이가 있다면 그것들보다 좀 더 융통성이 많고 우월하다는 것뿐일 것이다.

그러나 오우크쇼트는 이에 적극적으로 반대한다. 우리가 '학습'이라고 부르는 활동은 오직 이해의 능력을 가진 존재, 곧 인간에게만 가능한 것이다. 인간은 자기 자신의 행동과의 관계에서, 그리고 자신을 둘러싼 세계와의 관계에서 선택과 자기조정 능력을 행사할 수 있는 거의 유일한 존재이기 때문이다. 학습자로서의 인간은 감각인상을 수동적으로 받아들이는 존재도 아니요, 순전히 환경에 대한 반응을 통하여 목적을 달성하는 존재도 아니며, 자기가 달성할 수 있는 목적 이외에는 아무 것도 달성하려고 하지 않는 그런 존재도 아니다. 인간은 필요에 입각하여 행동하는 존재가 아니라 비전과 기대에 입각하여 행동하는 존재이며, 기억하는 능력뿐만 아니라 회상하는 능력도 가지고 있다. 인간은 무엇을 생각하고 무엇을 믿을까를 알려고 하는 존재이며, 단순히 무엇을 할까를 알려고 하는 존재가 아니다. 인간의 학습은 행동의 학습이 아니라 행위의 학습이다(Oakeshott, 1967: 번역본, 128-129).

오우크쇼트는 학습을 선천적인 성향에 기반을 둔 기계적이고 획일적인 것으로 보지 않는다. 따라서 인간의 학습은 무조건 따라 하는 관습이나 습관의 형성도 아니며, 제식훈련과 같은 특정 몸동작이나 그밖에 다른 기능을 수행하도록 훈련받는 것도 아니다. 인간에 있어서 선천적이라고 부를 만한 것이 있다면 그것은 인간이 '자기의식(自己意識)'을 가진 거의 유일무이한 존재라는 점일 것이며, 인간의 학습은 자기의식을 가진 존재가 자기 스스로의 결단에 의하여 감행하는 일종의 '모험(冒險)'과도 같은 것이다(Oakeshott, 1975: 번역본, 171-172).

또 다른 한편으로, 학습이 인간의 삶에 있어서 보다 근원적인 의의를 가진다는 것은 앞서 '세계관'에서 언급한 바와 같이 학습은 인간의 조건이며, 인간은 학습을 통하여 비로소 세계를 향유할 수 있다는 것을 의미한다. 다시 말하여 학습은 인간이 이 세계의 거주자로 살기 위해서 해도 되고 안 해도 되는 것이 아니라 반드시 해야만 하는 것이다. 학습은 인간과 세계를 매개한다는 점에서 이 세계의 거주자로서의 인간에게 필수불가결한 것이다. 인간이 세계의 거주자가 되기 위하여, 달리 말하여, 인류 공동의 문화유산의 주인이 되기 위해서 인간으로서 반드시 치러야 할 대가는 바로 학습이다.

다. 인간관

비단 교육과정뿐만 아니라 일반 교육학을 논할 때 가장 많이 나오고 중요하게 취급되는 질문은 인간의 본성 또는 인간성의 문제일 것이다. 인간성은 성선설 또는 성악설과 같이 선천적으로 이미 주어져 있는 것인가, 아니면 후천적인 주변 환경의 영향이나 인위적인 교육의 결과인가 하는 질문은 여전히 난제로 남아 있다. 이 문제에 대하여 오우크쇼트는 인간성을 선천적인 것이라기보다는 후천적인 것으로 보고 있을 뿐만 아니라 그 후천적인 것도 어떤 좁쌀만 한 씨앗이 나중에 커다란 거목이 된다는 식의 생물학적 발현과정이라기보다는 인류의 역사처럼 상당히 많은 변수들이 작용하는 자의적(恣意的)인 것으로 파악하고 있다.

오우크쇼트에 따르면, 인간의 삶은 그가 수행하는 행위로 이루어지며, 각각의 행위는 자기 자신과 세계에 관한 신념의 표현임과 동시에 자신의 인간됨을 드러내는 기회가 된다. 인간의 존재는 이때까지 자신이 만들어 온 모습 바로 그것이다. 인간은 '역사'를 가지고 있을 뿐, '본성'을 가지고 있는 것은 아니다. 이 '역사'

는 생물학적 진화의 과정도 아니요, 궁극적·절대적 목적을 실현하는 과정도 아니다(Oakeshott, 1972: 번역본, 143).

오우크쇼트에 있어서 인간성은 한 인간이 자신을 포함하여 세계와 관련하여 서로 상호작용한 결과에 해당하며, 그 상호작용 중에 가장 두드러진 것이 바로 이해와 학습이다. 인간의 존재는 자신이 스스로를 이해하고 있는 바 바로 그것이다. 인간이 그들 자신에 관하여 이해하고 있는 것, 그리고 그들이 거주하고 있는 세계에 관하여 이해하고 있는 것, 오로지 이것만이 인간을 이루고 있는 요소이다(Oakeshott, 1972: 번역본, 142). 한 인간이 세계와 관련하여 학습을 통해서 이해한 것들이 곧 인간성을 구성하며, 그 이해한 것들의 총체가 바로 그의 인간성을 가리킨다. 따라서 세계에 대한 학습을 떠나서 인간성을 논할 수 없다.

이상에서 고찰한 바와 같이, 학습과 인간이 된다는 것 사이의 이 불가분의 관계야말로 우리가 우리 자신을 이해하는 데에 핵심이 된다. 그것은 곧, 우리 가운데 아무도 날 때부터 인간인 사람은 없으며, 우리는 누구나 학습을 통하여 인간이 된다는 뜻이다. 또한, 그것은, 한 사람이 어떤 사람인가 하는 것은 그가 이때까지 무엇을 어떻게 느끼고, 생각하고, 행동하도록 배웠는가에 달려 있다는 것, 그리고 한 사람이 그 밖의 사람과 다르다고 말할 수 있는 중요한 근거는 그가 이때까지 학습한 내용의 차이에 있다는 것을 뜻한다(Oakeshott, 1975: 번역본, 168-169).

또한, 학습과 인간이 된다는 것 사이의 관련이 의미하는 것은, 각각의 인간은 그 자신이 스스로 연출해 낸 '역사'라는 것이다. 만약 '인간의 본성'이라는 말이 무엇인가 의미를 가진다면, 그것은 오직, 인간이라면 누구나 '학습에 의하여 인간이 된다.'라는 이 공통된 영위를 피할 수 없다는 점을 가리킨다고 보아야 할 것이다(Oakeshott, 1975: 번역본, 169). 이상에서 고찰한 바와 같이 오우크쇼트의 교육과정 철학에서는, 세계, 인간, 그리고 학습 이 세 가지가 긴밀하게 연결되어 있다. 결론적으로 말하여 인간과 세계는 따로 떼어낼 수 없는 관계인데 그 관계를 매개하는 것이 곧 학습이다.

라. 학교관

오우크쇼트에 의하면 우리가 살고 있는 인간의 세계 자체가 인간다운 삶을 영위하기 위해서는 반드시 들어가야만 하는 '학습의 장'이다. 그러나 세계 그 자체가 학습의 장임에도 불구하고 인류가 자유교육을 위한 특별한 장소를 마련하였는데, 그것이 바로 '학교'이다. 다음에는 이와 같은 오우크쇼트의 학교관이 잘 드러나 있다.

> '학교'는 학습자의 눈앞에서 전개되는 한정된 세계, 주위의 사람들이 가지고 있는 현재의 관심사, 그 영향으로 인한 학습자의 즉각적인 관심, 이런 것들로부터의 격리를 나타낸다. 흔히 '학교'라는 말의 어원인 '스콜레'는 '여가'나 '놀이'의 뜻으로 해석되고 있으나, 그 진정한 의미는 이와 같은 '현실로부터의 격리'에 있다. '학교'는 대대로 내려오는 지적, 도덕적 유산을 물려받을 상속인이 그 유산의 내용을 확인할 수 있도록 별도로 마련한 장소이다. 그 상속인이 받는 유산은 그것을 가지고 바깥 세상에 나가서 당장의 생계유지나 직업 활동을 하는 데에 유용하게 사용하라는 그런 뜻으로 주어지는 것이 아니라(바깥 세상에 나가면 그 유산의 대부분은 어차피 망각되고 무시되고, 은폐되고, 타락되고, 축소되며, 설사 남은 것이 있다 하더라도 오직 조각조각으로 찢겨져 그때그때 경기 좋은 사업에 투자될 뿐이다.), 아무런 부대조건이나 저당 설정이 없는 온전한 부동산으로서 주어진다. '학교'에서의 해방은 학교에서 벗어남으로써 이루어지는 것이 아니라, 학습자의 주의가 끊임없이 새로운 방향으로 재조정됨으로써 이루어진다. 학습자의 활기는 그가 원래부터 가지고 있었던 성향 때문이 아니라, 일찍이 꿈도 꾸지 못했던 위대한 것에 대한 동경과 포부 때문에 생긴다. 학교에서 학습자가 대면하는 것은 흔히 하는 말로, '삶의 심각한 문제'에 대한 대답이 아니라, 이때까지 한 번도 들어 보지 못하고 머릿속에 떠올려보지도 못한 질문이다. … 요컨대, '학교'는 위대한 것의 목소리가, 지리멸렬하고 단속적인 바깥세상의 소음이 완전히 꺼졌거나 최소한 줄여졌다는 바로 그 이유에서, 우리 귀에 들릴 수 있도록 별도로 마련된 장소이며, 이 점에서 그것은 '수도원'과 같다(Oakeshott, 1972; 번역본, 149에서 재인용).

결론적으로 말하여 오우크쇼트에 의하면 학교와 대학이 특별한 학습의 장이라고 할 때 그 특별한 점은, 헤겔(Hegel)이 말한 '지금, 여기', 즉 눈앞에서 벌어지고 있는 삶으로부터의 격리와 초월에 있다(Oakeshott, 1975: 번역본, 174). 학교는 외부에서부터 거세게 불어닥치는 유용성의 요구로부터 방해받는 일 없이 인간의 자기 이해를 향한 모험과 그 다양한 표현을 배우는 일에 안심하고 전념할 수 있는 피난처가 되어 왔다(Oakeshott, 1975: 번역본, 178). 오늘날 이러한 오우크쇼트의 학교관은 오로지 지금 현재 유행하는 것에만 몰두하고 있는 학생들과, 학교와 사회의 장벽을 무작정 허무는 데서 대안을 찾고자 하는 기성세대 모두에게 적지 않은 성찰의 기회를 제공해 주고 있다.

2 지식론: 정보와 판단

앞 절에서 고찰한 오우크쇼트의 교육과정 철학은 교육내용관에도 그대로 녹아 있다. 인간이 학습해야 할 세계로서의 인류 공동의 문화유산은 추상적인 것이 아니라 구체적인 내용으로 이루어져 있다. 이하에서는 오우크쇼트가 그 구체적인 내용, 곧 지식을 어떻게 이해하고 있는지를 다루어 보기로 한다.

가. 정보(情報)

오우크쇼트는 그의 글 "학습과 교수(1967)"에서, 교육은 학생들로 하여금 인류공동의 업적인 문화유산에 입문시키는 일이고, 이때 그 문화유산의 내용, 보다 일반적인 표현으로 지식은 다양한 종류의 '능력들'로 표현되며, 각각의 능력—여기서 능력이라고 하는 것은 기술에 국한되지 않고 정신적 조작에 의하여 이루어지는 모든 능력을 가리킨다.—은 '정보(information)'와 '판단(judgment)'이라는 두 가지 구성 요소의 결합으로 이루어져 있다고 보았다.

정보는 지식의 표면에 드러나 있는 부분이며, 그 부분에 관한 한 우리는 지식의 내용을 항목으로 열거할 수 있다. 정보는 사실(事實)들, 지적 활동의 결과로서의 세부사항들로 구성되며, 이것들은 대부분 서로 관련되는 것끼리 다발로 묶여 있다. 정보는 누가 그것을 가지고 있는가에 관계없이 성립된다. 정보는 그것을 제시한 사람의 권위에 의하여 받아들여지며, 사전(辭典)이라든가 편람(便覽), 교과서, 백과사전 등에서 구할 수 있다. 정보는 누가, 무엇을, 어디서, 어떻게, 얼마 동안, 얼마만큼 등을 묻는 질문에 대한 대답으로 되어 있다(Oakeshott, 1967: 번역본, 140). 예를 들어, 이순신 장군의 사망이나 6·25 전쟁 발발 연도, 울릉도의 연평균 강수량, 세종회관의 좌석 수, 삼성전자의 당일 주가, 수학의 공식, 정수기 물의 성분 등등이 여기에 해당한다.

정보의 중요성은 그것이 능력과 관련된 '규칙(規則)' 또는 '명제(命題)'로 작용한다는 데에 있다. 일체의 능력에는 반드시 규칙이 들어 있으며, 그 규칙은 지식의 구성 요소인 정보에 들어 있다(Oakeshott, 1967: 번역본, 140). 정보에 의하여 주어지는 규칙 또는 명제가 특정한 능력이나 기술과 관련되는 방식에는 두 가지가 있다. 하나는 정보가 특정한 행위를 수행하는 데 있어서 선결조건으로 작용하는 경우이다. 예를 들어, 모스 부호가 어떤 알파벳에 해당하는가에 관한 정확한 정보를 가지고 있어야 모스 부호로 된 전문을 읽을 수 있으며, 문법에 관한 올바른 정보를 가지고 있어야 언어 행위의 부정확성을 가려낼 수 있다(Oakeshott, 1967: 번역본, 141).

물론, 예를 들어 아리스토텔레스의 『중용(中庸)』과 같이 도덕적 행동을 하는 데 필요한 모종의 정보, 달리 말하면 '도덕적 행동의 문법'에 해당하는 것이 있다. 그러나 실지로 중용의 원리를 정보로서 알고 있는 것이 반드시 도덕적으로 올바른 행동을 하기 위한 선결조건이 되는 것은 아니며, 또한 그것이 행위의 도덕적 부정확성을 가려내는 것도 아니다. 따라서 훌륭한 행동을 하기 위해서는 정보가 그 행동의 구성 요소로서 작용하는 것 이외에 또 한 가지 종류의 구성 요소가 있다고 보지 않으면 안 된다.

나. 판단(判斷)

정보는 우리가 아는 것의 전체가 아니다. 능력이나 기술에 정보가 한 요소로 포함되어 있기는 하지만, 정보만으로는 결코 온전한 기술이나 능력이 될 수 없다. 거기에는 반드시 '판단'이라는 짝이 필요하다(Oakeshott, 1967: 번역본, 143). 여기서 판단이라고 하는 것은 지식의 묵시적(黙示的) 부분, 즉 지식의 밑바탕에 들어 있어서 표면에 드러나지 않는 부분을 가리킨다. 그것은 원칙상 규칙이나 명제의 형태로 언어화하기가 불가능한 요소이며, 따라서 그 내용을 정보로 환원한다든가 또는 정보의 경우와 같이 항목으로 열거하는 일이 불가능하다(Oakeshott, 1967: 번역본, 156). 판단은 그와 관련된 정보들을 모두 잊어버린 뒤에도 남는 '망각된 지식의 잔영(Oakeshott, 1967: 번역본, 168)'이며 이미 그것을 획득하고 있는 사람의 입장에서는 더 이상 말로 설명하지 못할 수도 있고, 또 너무나 자명하여 말로 표현할 필요도 없는 그런 것이다.

사실이라든가 규칙과 같이, 그 내용을 항목으로 열거할 수 있고 언어화할 수 있는 것, 즉 정보의 형태로 우리에게 주어지는 것은 어떤 것이든지 그것만으로 무엇인가를 한다든가, 만든다든가, 이해한다든가, 설명한다든가 하는 능력이 생기지 않는다. 이런 능력들을 가지기 위하여 정보를 사용해야 한다는 것은 분명하지만, 그 정보를 구체적으로 어떻게 사용해야 하는가 하는 것은 정보만으로는 알 수 없다. 여기에 정보뿐만 아니라 거기에 덧붙여서, 정보의 의미를 이해하고, 정보의 해당 여부를 판단하고, 적절한 규칙을 식별하고, 그 규칙의 범위 내에서 어떤 행동을 할 것인지를 선택하는 지식이 필요하다(Oakeshott, 1967: 번역본, 157). 그 영역이 바로 '판단'이 관할하고 있는 부분이다.

인쇄된 문헌에서 틀린 부분을 찾아내고 그것을 올바르게 바로 잡는 일을 하는 문헌사정가(文獻査定家)의 '직관'이나 '감식력'은 판단의 한 가지 좋은 보기이다. 그 '직관'이나 '감식력'은 말하자면 필사본과 교정본의 대조에서 얻어지는 '정보'가 더 이상 효력을 발휘할 수 없는 시점에서 발휘되기 시작한다고 말할 수 있다. 판단은 문헌사정에 관한 규칙이나 방법의 범위를 능가하는 모든 것이며, 문헌사정의 기술을 수행하는 데 요구되는 자질을 아무리 세세하게 열거하더라도 판단은 그 목록에 들어갈 수 없다(Oakeshott, 1967: 번역본, 156). 오우크쇼트가 든 또 다른 예로, 과학의 경우 판단은 '언어화될 수 없는 과학적 탐구의 방법'이며, 이것 없이는 '언어에 의하여 체계적으로 서술된 과학적 지식'이 아무런 의미를 가지지 못한다(Oakeshott, 1967: 번역본, 157-158).

일체의 지식에는 정보라는 지식의 요소로 환원될 수 없는 '판단'이라는 요소가 반드시 들어 있으며, 사실상 기술 중에는 전적으로 판단에 의존하여 수행되는 것들도 있다. 뿐만 아니라, 우리가 '능력'이라고 부르는 것은 개별적인 활동이나 사례와 떨어져 있는 추상(抽象)으로 존재하는 것이 아니라, 바로 그 개별적인 활동이나 사례 속에 존재한다. 그 능력이 어떤 것이며 어떻게 발휘되는가를 보여 주기 위하여 각각의 능력에 해당하는 '규범'을 진술할 수 있지만, 이 규범은 그 능력이 발휘되는 방식을 '사후적으로' 기술한 것일 뿐, 사전에 받아들여야 하는 '절대적 명령'과 같은 것이 아니다(Oakeshott, 1967: 번역본, 159).

이와 같이 능력을 그것이 발휘되는 개별적 활동이나 사례와 관련지어 파악할 때, 거기에는 스타일, 어조, 분위기 등 여러 가지 용어로 표현되는, 도저히 명제의 형태로 언어화할 수 없는 그 자체의 특징이 있다. 한 사람의 행위나 발언에서 그 스타일을 간파하지 못한다면, 그것은 그 의미의 4분의 3을 놓치는 것이며, 능력을 가지고 있으면서 그 능력을 발휘하는 스타일을 갖추지 못했다면, 그 사람은 가장 조잡한 의미 이외에 아무것도 표현할 능력이 없는 사람이다(Oakeshott, 1967: 번역본, 159). 여기서 규범은 앞서 말한 '규칙'과 같은 정보의 영역이고, 스타일, 어조, 분위기 등의 특징을 지닌, 규범 이외의 능력은 판단의 영역에 해당한다. 이와 같이 오우크쇼트는 정보가 가르쳐 줄 수 있는 경계를 넘어서 펼쳐져 있는 광대무변(廣大無邊)의 영역으로서 판단을 강조하고 있다. 비유하자면, 판단의 넓고 깊은 영역에 비하면 정보에 해당하는 영역은 '빙산의 일각'에 불과한지도 모른다.

이상의 설명에서 드러난 바와 같이 판단은 정보와 결합하여 구체적인 무엇인가를 할 수 있는 사고의 능력을 의미한다. 판단은 단순히 정보가 어디인가에 쓰일 수 있다는 것을 아는 정도가 아니라, 정보를 실지로 구체적으로 사용하는 능력이다. 판단은 언어의 문법과 규칙이 명연설문 안에 어떤 모습으로 나타나며, 더 나아가서 그것이 훌륭한 글을 쓰는 데 어떻게 활용되는지 아는 것, 도덕 교과서에 들어 있는 지침이 구체적인 도덕적 행위 속에 어떤 모습으로 나타나며, 그것이 도덕적 행위를 하는 데 어떻게 적용되는지를 아는 것 등을 말한다.

판단은 정보가 당사자에게 완전히 내면화되어 어떤 구체적인 일을 탁월하게 수행할 수 있게 된 마음의 통합적 능력이다. 물론 이러한 능력을 학습한다는 것은 단순히 정보의 적절성을 판단하고, 그 의미를 해석하고, 구체적인 사태에 적용하는 능력을 학습하는 것에 그치는 것이 아니라, 지성의 가치를 알고 그것을 향유할 수 있게 되는 것, 예컨대 이해관계를 초월한 호기심, 우아한 사고나 표현을 식별하는 안목, 진리나 정의에 대한 열정 등등을 배우게 되는 것을 포함한다.

판단은 정보처럼 쉽게 획득할 수 있는 것이 아니다. 판단은 지식의 묵시적 측면으로서 사람의 몸을 일종의 숙주(宿主)로 하여 존재하는 것이며, 바깥으로 객관적으로 드러내어 제시할 수도 없고 항목으로 나열할 수도 없기 때문이다. 판단은 그것을 구성하고 있는 정보들로 환원될 수 없다. 판단이 존재한다는 것을 알게 되는 것은 오직 판단을 가진 사람에 의하여 판단이 발휘되는 순간, 또는 판단의 활용 결과를 통해서만 가능하다. 판단은 인간문화재의 경우처럼 사람이 하나의 고유한 능력으로서 내면에 가지고 있는 지식을 의미하며, 유감스럽게도 그 사람이 죽으면 그의 몸과 더불어 사라지게 되는 것이다.

다. 정보와 판단의 관계

이상에서는 설명의 필요에서 정보와 판단을 가능한 한 확실하게 구분 지은 바 있다. 그러나 정보와 판단은 사실상 각각 별도로 존재하는 서로 다른 두 종류의 지식이 결코 아니다. 정보와 판단을 사실상 분리되어 있는 것으로 여기는 것은 잘못이다. 다음 절에서 본격적으로 다루게 되겠지만, 오우크쇼트가 정보와 판단의 구분을 통하여 드러내려고 한 것은 정작 지식의 두 가지 종류나 유형이 아니라 지식의 두 가지 '상이한 전달방식'이다(Peters, 1981: 96).

인류의 공동 유산으로서의 어떤 '능력'을 전달한다고 할 때 그 능력을 구성하고 있는 요소로서 '정보'와 '판단'이 각기 따로 전달되거나 획득될 수 있는 별종의 것이 아니다. 여기서 각기 따로 전달되거나 획득될 수 없다고 하는 것은 각각 별도의 수업 시간에, 별도의 학과를 통하여 전달되거나 획득될 수 없다는 뜻이다(Oakeshott, 1967: 번역본, 160). 물론 그렇다고 하여, 다음 절에서 다루려고 하는 바와 같이 정보와 판단이 모두 동일한 방식으로 전달되는 것은 아니다.

일반적으로 '정보(information)'는 의미상 학습자 내면의 겉 언저리에 위치한다. 물론 정보라고 하여 모두가 당장 활용되는 것은 아니고, 학습자 당사자와 무관할 수도 있으며, 당사자에게 매우 무기력한 것일 수도 있다. 반면에 '판단(judgement)'은 학습자 내면의 중심부에 깊숙이 자리 잡은 것으로서 위에서 설명한 것처럼 어떤 구체적인 일을 탁월하게 수행하는 데 기여한다. 이와 같이 학습자의 내면을 기준으로 하여 보면 정보와 판단은 단절이 아닌 연속선상에서 파악될 수 있다. 그렇기 때문에 정보를 교수하면서 판단을 전수 못하게 되는 사태는 있을 수 있어도, 판단을 전수한 경우에 거기에 정보가 들어 있지 않다고 하는 것은 있을 수 없는 일이다. 학습자 내면을 기준으로 하여 볼 때, 학습자 내면의 겉 언저리에 머물고 마는 경우는 있어도, 학습자 내면의 중심부에 도달했으면서 내면의 언저리를 거치지 않았다고 하는 것은 어폐가 있기 때문이다.

실지로 오우크쇼트는 일관되게 정보와 판단을 지식의 두 가지 '상이한 전달방식'에 의거하여 구분하고 있지만 정보와 판단을 '전달의 수준'뿐만 아니라 학습자의 '내면화의 정도'로 파악하게 되면 정보와 판단의 관련성과 관련하여 더욱 많은 시사를 얻을 수 있다. 예를 들어, 정보와 판단을 연속선상에서 학습자의 내면화의 정도로 파악하게 되면, 전달되는 방식, 또는 교사의 능력이나 역할에 따라서, 동일한 지식이라고 하더라도 그것이 학생에게 정보의 양태로서 전달될 수도 있고, 아니면 판단의 양태로 전달될 수도 있다는 점이 보다 쉽게 이해될 수 있을 것이다.

뿐만 아니라, 정보와 판단을 연속선상에서 학습자의 내면화의 정도로 파악하게 되면, 오우크쇼트가 앞에서 설명한 바 있는 판단의 징표로서의 '스타일(style)'의 발생도 어렵지 않게 이해될 수 있다. 스타일은 어떤 분야의 지식이 인간의 몸에 잘 내면화되어 판단 수준에 이르게 되었을 때 당연히 생기는 결과물이다. 어떤 사람이 어떤 분야의 대가라고 하면서 그 지식과 관련된 스타일을 지니고 있지 않다는 것은 그야말로 모순이다. 그 사람은, 오우크쇼트의 표현대로 그 지식과 관련된 가장 조야한 의미 이외에 표현할 능력이 없는 사람에 불과하다(Oakeshott, 1967: 번역본, 159). 부연하자면 스타일은 판단을 지닌 자의 징표 이전에 어떤 보편적 지식이 개별적 인격체와 혼연일체가 됨으로써 자연스럽게 외부로 드러나는 어조, 분위기, 태도 등과 같은 것이다.

3 교수·학습 이론: 정보의 '교수'와 판단의 '전수'

앞서 설명한 바와 같이 오우크쇼트에 의하면 정보와 판단의 구분은 지식 내용의 두 가지 유형을 가리키는 것이 아니라 지식 전달의 상이한 방식을 가리키는 것이며, 그 구분은 지식의 성격을 분석함으로써 얻어진 것이 아니라, 교수활동과 학습활동의 의미를 분석함으로써 얻어진 것이다. 이렇게 볼 때 교수는 '정보의 전달'과 '판단의 전수'라는 이중의 활동으로 이루어져 있으며, 이에 따라 학습 또한 '정보의 획득'과 '판단의 소유'라는 이중의 활동으로 이루어져 있다고 말할 수 있다(Oakeshott, 1967: 번역본, 160-161).

오우크쇼트는 '정보의 전달'을 가리켜 '일러 주기'라고 부르고, '판단의 전달'을 가리켜 '넣어 주기'라고 부른다(Oakeshott, 1967: 번역본, 160-161). 여기서는 김안중(1988)의 번역에 따라 '일러 주기'를 '교수(敎授: instruction)'로, 그리고 '넣어 주기'를 '전수(傳授: imparting)'로 바꿔 부르기로 한다. 이하에서는 정보를 전달하는 일로서의 '교수', 판단을 전달하는 일로서의 '전수'가 각각 무엇을 의미한지,

그리고 가르친다는 것이 교수와 전수라는 '이중의 활동'으로 이루어져 있다는 명제가 무엇을 의미하는지 탐색해 보고자 한다.

가. 정보의 '교수(instructing)'

일체의 지식에는 정보의 요소가 반드시 들어 있는 것과 마찬가지로 일체의 가르치는 활동에는 반드시 '교수(일러 주기)'의 요소가 들어 있다. '일러 주는 사람'으로서의 교사가 하는 일은, 그의 학생에게 노골적으로 공공연하게 식별될 수 있는 형태로 정보를 전달하는 일이다(Oakeshott, 1967: 번역본, 161). 물론 학생들은 어려서부터 일상생활 속에서 각각 자신의 수준에서 어떤 정보가 사실이며 어떤 정보가 사실이 아닌지 분간해 왔으며, 교사의 손에 맡겨지기 이전에 즉각적으로 유용한 정보를 얻는 데 이미 익숙해져 있다.

그럼에도 불구하고 정보의 교수자로서 교사가 하는 일은 무엇인가? 첫째, 그것은 그의 학생에게 당장의 실제적 유용성과는 전혀 무관한 사실들을 알려 주는 일이다. '정보의 교수자'로서 교사가 무엇보다도 먼저 해야 하는 일은, 인류의 문화유산 중에서 그것이 당장 유용하든 아니든 간에 관계없이 그의 학생에게 어떤 정보를 전달할 것인가를 심사숙고하여 결정하는 일이다. 다시 말하여, 교사는 학생에게 인류 문화유산의 어떤 부분이 전달되어야 하는가를 결정해야 한다(Oakeshott, 1967: 번역본, 162).

그 다음으로 정보의 교수자로서 교사가 할 일은, 그가 전달하고자 하는 정보가 학생에게 보다 쉽게 학습될 수 있도록 그것을 조직하는 일이다. 이 조직으로 인하여 '무기력한 사실들'은 조직되지 않은 상태와는 다른 새로운 양상을 띠게 된다(Oakeshott, 1967: 번역본, 162). 정보를 조직하는 방법에는 여러 가지가 있을 수 있다.

다음으로, 사전이나 백과사전처럼 정보를 조직하는 방법이 있는데 그것 또한 분명한 한계를 가진다. 그것은 학생의 학습이나 이해를 위주로 한 것이 아니라, 특정한 단어나 항목에 관하여 알고자 할 때 신속하게 찾아볼 수 있도록 만들어진

편의적인 조직 방법일 뿐이다. 이밖에 '철학', '문학', '윤리' 등과 같이 인류 문명의 가장 위대한 업적인 다양한 '사고의 양식', 또는 다양한 '언어'에 따라서 조직하는 방법도 있을 수 있지만, 그것은 사고의 양식이 아닌 다른 것으로 변질될 우려가 없지 않다(Oakeshott, 1967: 번역본, 163). 예를 들어, '철학'을 데카르트가 꿈에 관하여 말한 것을 기억하고 암송하는 능력을 가르치는 교과로 생각한다든지, '문학'을 어느 한 소설에 쓰인 어휘들을 분석하는 교과로 오인하다든지, '윤리학'을 조선시대 성리학자의 계보를 외우는 것을 가르치는 교과로 오해할 수도 있는 것이다.

이러한 점들을 고려할 때, 비록 최선은 아니라고 하더라도 지금처럼 다소 임의로 구분된 '교과'에 의한 조직도 충분히 고려해 볼 만하다. '지리', '영어', '화학', '산수', '시사(時事)' 등과 같이 초·중등학교나 대학의 교육과정에 나타나 있는 형태로 정보를 조직하는 방법이다. 이들 교과는 비록 각각 사고의 양식이 아니라 정보의 조직이지만, 그럼에도 불구하고 그 각각의 조직은 정보가 상황에 따라서는 도구로 쓰일 수 있다는 점을 드러내 줌으로써 정보가 원래 가지고 있는 무기력이라는 결함을 다소간 완화시켜 줄 수 있는 장점을 가진다(Oakeshott, 1967: 번역본, 162-163).

이상에서 살펴본 바와 같이 '일러 주는 사람'으로서의 교사가 해야 할 일은 '선정'과 '조직' 이외에 두 가지가 더 있다. 첫째로, 교사는 위에서 말한 다소 임의적인 조직 속에서 정보를 어떤 순서로 학생에게 전달할 것인가를 결정해야 한다. 교수요목을 작성하고, 교과서를 집필하고, 또는 교수기계의 프로그램을 제작하는 등의 일이 바로 이런 종류의 일에 속한다(Oakeshott, 1967: 번역본, 163). 보다 일반적인 교육과정 용어로 말하면 이것은 정보의 계열화를 고려해야 한다는 것이다. 둘째로, 교사는 그의 학생으로 하여금 자신이 획득한 정보를 연습할 수 있는 기회를 제공해야 한다. 그럼으로써 학생들은 정보를 정확하고 세밀하게 알고 있을 뿐만 아니라, 필요한 상황에 닥치면 즉각적으로 기억하고 활용할 수 있게 된다는 것이다(Oakeshott, 1967: 번역본, 163).

나. 판단의 '전수(imparting)'

우리가 물려받은 유산(遺産)의 진정한 핵심은 여러 경전들, 미술 벽화, 교향악 악보, 올림픽 스타디움 등과 같은 판단의 가시적 결과가 아니라, 그 속에서 보이지 않게 살아 숨 쉬고 있는 사고의 능력으로서의 판단 그 자체이다. 그것은 학습을 통하지 않고서는 도저히 물려받을 수 없으며, 고귀한 유산 중에서 교사가 진정으로 전수해야 할 것은 단순한 정보가 아니라 바로 판단이다.

오우크쇼트에 의하면 정보의 획득을 통해서 우리는 오로지 정보만 획득하는 것이 아니라, 그것과는 다른 어떤 것, 정보 그 자체도 아니요, 정보의 활용 가능성도 아닌, 그보다 더 가치 있는 어떤 것, 곧 판단을 동시에 학습하게 된다. 이 '정보와는 다른 어떤 것'이 무엇인가를 이해하려고 할 때 우리는 '정보'에서 '판단'으로, 다른 말로 '일러 주기'에서 '넣어 주기'로 넘어간다(Oakeshott, 1967: 번역본, 164).

학생은 단순히 정보의 조직에 의하여 전달되는 것 이상으로, 그보다 훨씬 많은 양의 본격적인 판단을 습득하지 않으면 안 된다. 물론 판단은 정보가 전달되는 것과 동일한 방식으로 전달될 수 없다(Oakeshott, 1967: 번역본, 164). 판단은 사고의 능력이다. 여기서 사고의 능력이라고 하는 것은 하등의 내용이 개입되지 않은, 이른바 '일반적인' 사고의 능력을 뜻하는 것이 아니라, 특정한 사고의 양식을 따르는 '특정한 내용에 관한' 사고의 능력을 뜻한다. 정보와 함께 인류의 문화유산을 구성하고 있는 사고의 능력을 학습하는 것은 기존의 정보 이외에 새로운 정보를 추가하는 것이 아니다. 따라서 사고의 능력은 정보를 획득하는 것과 동일한 방식으로 학습될 수 있는 것이 아니다(Oakeshott, 1967: 번역본, 165).

그러나 그렇다고 하여 판단이 교수의 대상이 될 수 없는 것은 아니다. 오우크쇼트에 의하면 판단을 가르치는 것은 교사의 엄연한 과업에 속한다. 물론 학생의 입장에서 보면 사고하는 방법은 정보처럼 규칙이나 명제의 형태로 표현될 수 없기 때문에 '일러 주기'에 의하여 전수받을 수는 없다. 그러나 교사의 입장에서 보면 판단은 분명히 교수의 내용이 될 수 있다. 다만, 판단은 정보를 전달하는 것과 별도로 전수되는 것이 아니라, 오로지 정보를 전달하는 것과 '동시에' 전달될 수 있다(Oakeshott, 1967: 번역본, 165). 판단은 예컨대 지리나 영어, 수학 등의 수업시간과는 별도의 수업 시간에, 별도의 학과를 통해서 전수될 수 있는 것이 아니다. 학생의 입장에서 보면 사고의 능력은 정보의 획득에 수반되는 부산물로서 학습되는 반면에, 교사의 입장에서 보면 그것은 '일러 주기'에 의한 전달을 하는 과정에서 그것과 동시에 '간접적으로' 전달('넣어 주기'에 의한 전달)된다(Oakeshott, 1967: 번역본, 165).

사실, 학생의 입장에서 보면 판단은 학습의 표면에 드러나는 일이 없으며, 학생이 판단이 존재한다는 것을 알게 되는 것은 오직 판단이 활용될 때이기 때문에, 그만큼 판단을 배우기는 쉽지 않다. 그러나 그럼에도 불구하고 문학 시간이나 과학 시간에서든, 가정 수업이 이루어지는 조리실에서든, 학습이 일어나고 있는 곳이면 그 어디서든지, 거기서 학습되는 내용을 통하여, 정보가 학습되는 것과 동시에 판단은 학습된다(Oakeshott, 1967: 번역본, 168). 판단의 특성상, 판단은 쉽게 배울 수 없는 반면에 일단 학습되면 결코 망각되는 일이 없으며, 따라서 그것을 발휘할 필요가 있을 때마다 새삼스럽게 기억을 되살릴 필요가 없다. 말하자면, 판단은 모든 것을 잊어버린 뒤에 남아 있는 것, '망각된 지식의 잔영'이다.

교사의 입장에서 보면 판단은 교수(敎授)가 일어나는 곳이면 어디서든지 거기서 교수되는 내용을 통하여, 그것이 교수되는 것과 동시에 교수된다. 판단은 정보가 전달될 때 그 전달되는 방식을 통하여, 정보의 전달에 수반되는 어조라든가 몸짓을 통하여, 슬쩍 한마디 하는 여담이나 간접적인 언급을 통하여, 그리고 정보를 다루는 교사 특유의 스타일이나 교사가 보여 주는 '모범(模範)'을 통하여, 표면에 드러나지 않게 은밀하게 부식(扶植)된다(Oakeshott, 1967: 번역본, 168). 최근 들어 '모범에 의한 교수'는 구태의연한 교수방법으로 비난받기도 하지만, 이것이야말로 학생으로 하여금 뜻도 모르고 규칙이나 지침을 줄줄 외는 상태에서 벗어나서 그것들을 살아 움직이게 하는 판단을 배울 수 있는 유일한 방법이다(Oakeshott, 1967: 번역본, 168).

교사가 보여 주는 시범을 '모방(模倣)'하는 과정에서 학생은 단순한 특정한 사례에 적용되는 모범을 배우는 것이 아니라, 모든 사례를 보편적 그 어떤 것으로서 식별하는 정신적 자질을 획득하게 된다. 교사를 모방함으로써 학생은 일체의 발언에서 살아 움직이고 있는 개인의 지성에 귀를 기울이는 습관을 획득하며, 그것은 교사가 바로 그 습관을 가진 사람이기 때문이다. 지성은 그것을 오직 그 자체로서 소중히 여기는 교사, 또한 그러면서도 그것을 직접 입에 올리는 조바심을 내지 않는 교사에 의해서만 전수된다(Oakeshott, 1967: 번역본, 168).

여기서 앞서 제기한 질문대로, 교수는 '정보의 전달'과 '판단의 전달'이라는 이중의 활동으로 이루어져 있으며, 학습 또한 '정보의 획득'과 '판단의 소유'라는 이중의 활동으로 이루어져 있다고 말했을 때, '이중의 활동'으로 이루어져 있다는 것이 무엇을 의미하는지 비로소 이해할 수 있게 된다. 그러나 아쉽게도, 흔히 가시적인 차원에서 이루어지는 신속한 '정보의 전달과 획득'이 마치 수업의 전부인 양 인식되는 오늘날, 수업은 정보의 전달과 획득이라는 일의적 활동일 뿐이며, 수업의 묵시적 측면에 속하는 '판단의 전달과 소유'는 별다른 주목을 받지 못하는 형편에 놓여 있다. 더불어 판단이 전수되는 데 결정적인 열쇠가 되는 '모범'과 '모방'은 그리 참신할 것도 신비할 것도 없는 흔하디흔한 교육방법으로 오인받고 있다. 지식을 전달하고 받는 가운데 동시에 이루어지는 모범과 모방의 의의가 지나치게 폄하되고 있다.

4 교사론: 문명의 대리인(代理人)

이상에서 살펴본 바와 같이, 수업에서 판단의 전달을 책임지고 있는 교사의 모범은 수업의 한 측면이 아니라 전부라고 말해도 결코 과언이 아닐 것이다. 수업은 정보를 가르쳐서 판단을 심어 주는 일이며, 현실에서 언뜻 보기에 서로 이질적인 이 두 가지 일이 모순 없이 동시에 가능한 것은 결국 '사람' 덕분이다. 구체적인 수업 사태에서는 교사가 바로 그 '사람'의 위치에 서 있다. 교사는 수업을 통해서 정보와 판단 사이의 간극을 메워 주는 역동적인 가교 역할을 수행한다(김승호, 2016: 17).

클라프키(W. Klafki)에 의하면 교사는 늘 자신이 가르치고 있는 수업 내용 또는 대상을 몸으로 대변하게 되어 있다(Klafki, 1995: 18). 수업 중에 교사는 자신의 몸을, 수업대상의 화신(化身), 또는 육화된 교육내용으로 만듦으로써 정보와 판단 사이의 간극을 메워 주는 역동적인 연결고리 구실을 하게 된다. 이때 교사의 몸 그 자체가 학생에게 전달되는 또 하나의 '언어'가 됨으로써 활자 또는 그밖에 상징으로 화석화되어 있던 교과서 내용들에 생기를 불어넣어 그것들을 살아 숨쉬는 판단의 모습으로 승화시켜 준다(김승호, 1998: 130).

보다 구체적으로 말하면 교사는 무기력한 여러 정보들이 사람의 몸속에 들어가서 어떻게 구체적인 맥락에서 살아 움직이는 판단으로 승화되는지를 학생들 앞에서 연시하는 존재이다. 교사는 여기저기서 획득한 정보들을 자신의 몸에 통합하여 이제까지 상상도 못했던 수준에서의 판단을 학생의 바로 눈앞에서 시범 보이는 존재이다. 그렇기 때문에 동일한 정보라 하더라도 교사의 몸을 거쳐 제시되는 정보는 그 의미가 크게 다를 수밖에 없다. 교사에 의하여 직접 제시되는 정보는 판단과 사실적인 간극이 없다. 교사라는 사람에 의해서 수업의 '모순'이 수업의 '신비'로 탈바꿈하게 된다(김승호, 2016: 17).

오우크쇼트에 의하면 교사야말로 문명을 보호하고 전수하는 '문명의 대리인'이라고 일컬을 수 있다. 역사상의 위인을 기술하면서 그가 다닌 학교와 그가 배운 스승을 언급하지 않는 것은 일종의 역사적 사기(詐欺)라는 말은 만고불변의 진리이다(Oakeshott, 1967: 번역본, 132). 교육에서 교사의 중요성을 강조하는 사람은 많이 있지만, 정작 어째서 그런 것인지 명확하게 설명할 수 있는 사람은 극히 드물다. 이상에서 살펴본 바와 같이 오우크쇼트는 교사의 존재 이유를 수업과 관련하여 인식론적으로 규명해 주었다는 점에서 후세에 미친 영향은 매우 크다고 사료된다.

5 평가론: '판단'의 평가

유감스럽게도 오우크쇼트의 논의에는 평가에 대한 이렇다 할 언급이 없다. 그러나 이상에서 고찰한 오우크쇼트 사상과 그의 강조점에 비추어 보면, 오우크쇼트 교육과정에서 평가가 어떤 성격을 가져야 하는지 충분하게 미루어 짐작해 볼 수 있다. 앞서 살펴본 바와 같이, 교수는 '정보의 전달'과 '판단의 전달'이라는 이중의 활동으로 이루어져 있으며, 이에 따라 학습 또한 '정보의 획득'과 '판단의 소유'라는 이중의 활동으로 이루어져 있다(Oakeshott, 1967: 번역본, 160-161)고 말했을 때, 평가 또한 '정보의 획득'과 '판단의 소유' 양 측면에서 고려되어야 한다. 특히 오우크쇼트의 교육과정에서는 정보에 대한 평가와 더불어 판단에 대한 평가가 필수적으로 요청된다. 오우크쇼트는 정보와는 별도로 판단을 어떻게 평가할 것인가 하는 과제를 우리에게 던져 준 셈이다.

먼저, '정보의 획득'의 측면에서 고려해 보면 정보는 그 성격상 명시적이기 때문에 기존의 평가방법이 충분히 적용되고 활용될 수 있다. 예를 들면 평가 시기와 관계없이 얼마나 정보를 획득했는가를 알아보기 위하여 '지필시험', '면대면 면접', '포트폴리오 평가' 등이 동원될 수 있다. 반면에 '판단의 소유'의 측면에서 보면, 판단은 그 성격상 묵시적이고 주관적인 차원에 속하기 때문에 판단을 평가하는 데에 지난한 어려움이 수반될 수밖에 없다.

판단을 평가할 때, 첫 번째 난점은 평가의 기준이나 척도를 명시적으로 제시할 수 없다는 데에 있다. 만약 어떤 판단이 명시적인 평가의 기준이나 척도로 충분히 파악될 수 있다면 그것은 이미 판단이 아니다. 두 번째 난점은, 판단은 획일적으로 제품화된 능력이 아니라 개인 고유의 예술적 기예와 같아서, 판단의 소유 여부를 판단하는 기준 또는 척도는 판단을 전달하는 전수활동 이전은 물론이고, 판단의 전수과정에도 분명하게 제시되기 어렵다는 것이다. 따라서 오늘날과 같이 판단을 전수하는 과정 중에 명시적인 평가의 기준이나 척도에 따른 평가도 겸하는 것은 어불성설이다. 마지막 세 번째 난점은 판단의 소유 여부에 대한 평가는 분석적인 평가 결과물들의 산술적인 총합 그 이상이어야 한다. 아무리 판단의 소유를 나타내는 징표들이 양적으로 많다고 하더라도 그것이 곧 질적으로 뛰어난 총체로서의 판단의 소유 그 자체를 보장해 줄 수 있는 것은 결코 아니기 때문이다.

결국 정보의 획득이 아닌 판단의 소유를 제대로 평가하기 위해서는 판단의 결과에 대한 평가뿐만 아니라 판단의 과정 또는 메커니즘에 대한 평가가 동시에 이루어져야 한다. 여기서 말하는, 판단의 과정에 대한 평가는 어떤 판단과 관련된 수행이 얼마나 당사자의 몸 또는 마음 전체가 반영되어 우러나온 것인지를 알아보는 것을 의미한다. 이러한 평가는 단순히 판단의 외관, 또는 판단의 결과나 영향에만 집착하지 않고 그 수행이 어떤 과정을 거쳐 내면의 깊은 곳으로부터 밖으로 드러나게 되었는가에 초점을 두어야 한다.

그러한 메커니즘을 알아차릴 수 있는 단서는 외화된 판단의 결과보다는 학생의 스타일, 어조, 분위기 등 여러 가지 용어로 표현되는, 도저히 명제의 형태로 언어화할 수 없는 판단 그 자체의 특징에서 찾아질 수 있다. 그 특징은 명시적으로 항목화하거나 척도화할 수 없음에도 불구하고 그것을 알아보는 것은 바로 교사이다. 교사는 이미 학생이 소유하려고 하는 판단을 몸에 지니고 있는 사람이기 때문이다. 사전에 명시적으로 제시될 수 없는 판단의 평가에 있어서 교사의 권위는 매우 중요하다. 그러나 그보다 더 중요한 것은 교사의 권위에 대한 학생을 포함한 교사 주변의 모든 사람들의 무한한 신뢰일 것이다. 그래야만 교사가 여유를 가지고 충분히 가르치고 난 후에 자연스럽게 평가할 수 있다. 또 그렇게 될 때 비로소, 오늘날과 같이 허울 좋게 수행평가나 과정중심평가를 시행한다고 하면서 실지로는 성급하게 판단의 전수과정에서부터 판단의 소유를 예단하고 평가하는 비정상적인 교육에서 하루빨리 벗어날 수 있을 것이다.

6 오우크쇼트 사상의 교육과정적 시사점

오우크쇼트 사상이 교육과정에 던져 주는 몇 가지 시사점을 모색해 보고자 한다. 오늘날 교육을 한낱 서비스로 보는 본말전도적 사고 때문인지, 혹은 아동중심 교육사조의 그릇된 수용 때문인지는 몰라도, 수업의 무게중심은 필요한 것 그 이상으로 학습자 축으로 지나치게 쏠려 있는 경향을 보인다. 아마도 그 극단에 서 있는 것이 요즘 유행하는 '원격교육'이나 '개별화 수업'이나 '배움 중심 수업'인지도 모른다. 이렇게 되면, 현재 우리가 가르치고 있는 교과에 담겨 있는 인류공동의 문화유산의 가치라든지, 그것을 온몸으로 대변하고 있는 교사의 권위, 그리고 인류공동의 문화유산을 학습함으로써 비로소 터득하게 되는 인간 됨됨이나 인간성은 당연히 지금과 같이 폄하되고 훼손되는 운명을 맞이하게 된다.

한편, 현대로 오면서 첨단 통신 기술의 발달과 더불어 '원격교육'이 필요 이상으로 횡행하고 있다. 원격교육이 마치 지난 수세기 동안 쌓여왔던 교육의 거의 모든 문제를 해결해 줄 수 있는 것처럼 과장되고 있다. 그러나 오우크쇼트가 강조한 '교사의 모범에 의한 판단의 전수'를 고려해 보면, 원격교육은 불가피하게 선택한 한 차원 낮은 교육에 불과하며, 결코 한낱 유행에 머물 수 없는 '인간성 형성'이라는 교육의 기본 과제에 비추어 보면, 적지 않은 위험성을 내포한 제한적인 수단으로 받아들여져야 마땅하다. 여기서 우리는 오우크쇼트 사상을 통하여 다시 기초로 돌아가서 진정으로 교육과정이 할 일, 더 나아가서 수업의 개념에 대해서 깊이 성찰할 필요가 있다.

우리나라 2015 개정 교육과정의 특징을 한마디로 요약하면 아마도 '창의·융합 인재 교육과정'이라고 부를 수 있을 것이다. 그리하여 창의·융합 인재를 길러내기 위해서 이른바 '역량중심 교육과정'을 도입하였다. 그러나 한편, 2015 개정 교육과정을 특징 짓고 있는 역량중심 교육과정은 지금 이 순간에도 적지 않은 논란에 휩싸여 있다. 아마도 그 원인 중의 하나는, 처음부터 역량중심 교육과정의 의도에 맞추어 초·중·고등학교 교육과정이나 교육내용을 전면 개정한 것이 아니라, 기존의 교육과정 체제와 교육내용은 그대로 놔둔 채 그것을 인위적으로 역량 중심 교육과정 취지에 가져다 맞추려고 했기 때문이다. 그 불협화음 내지 갈등의 핵심은 '개별 교과목에서 추구하는 교과역량이 과연 2015 개정 교육과정에서 제시한 6개 핵심역량(자기관리 역량, 지식정보처리 역량, 창의융합사고 역량, 심미적 감성 역량, 의사소통 역량, 공동체 역량)과 어떤 관련을 가지며, 또 그것들을 얼마나 충족시켜 줄 수 있는가' 하는 질문에 함축적으로 집약되어 있다.

이 점에 대해서 앞에서 다룬 바와 같이 오우크쇼트가 중요한 시사점을 제시해 줄 수 있다. 위에서 말한 여섯 가지 핵심역량은 일련의 교육내용이 통합된 결과로서 지니게 된 능력, 곧 오우크쇼트 용어로 '판단'으로 보아도 무방할 것이다. 오우크쇼트에 의하면 그의 인식론에서 판단은 사고의 능력으로서 하등의 내용이 개입되지 않은, 이른바 '일반적인' 사고의 능력을 뜻하는 것이 아니라, 특정한 사고의 양식을 따르는 '특정한 내용에 관한' 사고의 능력을 뜻한다(Oakeshott, 1967: 번역본, 165). 우리가 '능력'이라고 부르는 것은 개별적인 활동이나 사례와 떨어져 있는 추상(抽象)으로 존재하는 것이 아니라, 바로 그 개별적인 활동이나 사례 속에 존재한다(Oakeshott, 1967: 번역본, 159). 여기서 우리는 여섯 가지 핵심역량이 과연 구체적인 교육내용이나 활동과 상관없이 존재할 수 있는 것인지 면밀히 따져 볼 필요가 있다. 만약 여섯 가지 핵심역량과 개별 교과역량 간의 괴리가 생각보다 심각하다면 2015 개정 교육과정은 전체적으로 재검토되어야 할 것이다.

또한 앞에서 고찰한 바와 같이, 비록 최초는 아니라고 하더라도 오우크쇼트에 의하여 비로소, 그간 막연하게나마 중요하게 간주되어 오던 교사의 위상이 보다 뚜렷하게 부각되었다. 이때까지 교육에서 교사의 중요성을 강조하는 사람은 무수히 많이 있었지만 정작 그 이유를 명확하게 설명한 사람은 드물었던 가운데, 오우크쇼트는 교사의 존재 이유를 지식 전달과 관련하여 인식론적으로 규명해 주었다. 오늘날 '정보의 교수'와 '판단의 전수'라는 수업의 이중적 의미를 이해 못하고, 교사의 역할을 오로지 정보의 교수에만 한정시킴으로써 교사의 위상은 떨어질 대로 떨어져 있다. 이러한 시점에서 오우크쇼트는 수업을 정보의 교수와 판단의 전수라는 이중의 활동으로 구분한 후에, 정보의 교수라면 몰라도 판단의 전수에 있어서 교사의 존재와 역할은 필수불가결하다는 점을 입증해 주는 공헌을 했다. 또한 이 점에서 오우크쇼트는 오늘날 지나치게 학습자중심으로 편향된 교육과정 논리에 일종의 교정 작용을 할 수 있는 교사중심 교육과정의 이론적 기반이 될 수 있다.

교사에 의하여 직접 제시되는 정보와 판단 사이에는 사실적인 간극이 있을 수 없다. 교사는 수업 시간을 통하여 무기력한 여러 정보들이 어떻게 사람의 몸속에 들어가서 구체적인 맥락에서 살아 움직이는 판단으로 승화되는지를 학생들 앞에서 연시(演試)하는 존재이다. 교사는 여기저기서 획득한 정보들을 자신의 몸에 통합하여 이제까지 상상도 못했던 수준에서의 판단을 학생의 바로 눈앞에서 시범 보이는 존재이다. 교사야말로 학생들에게 판단을 넣어 준다는 점에서 인류의 문명을 보호하고 전수하는 진정한 '문명의 대리인'이라고 일컬을 수 있다.

참고문헌

『中庸』

김안중(1988). 학교학습의 철학적 기초: 오우크쇼트의 '학습과 교수' 리뷰. 이용걸 외. 학교학습 탐구. 서울: 교육과학사.

김승호(2007). 수업의 근본구조 탐색. 교육과정연구, 25(3), 193-214. 한국교육과정학회.

김승호(2016). 교사론: '수업하는 사람'. 통합교육과정연구, 10(1), 1-27. 한국통합교육과정학회.

권낙원·김동엽 공저(2006). 교수-학습 이론의 이해. 서울: 문음사.

유한구·김승호(1998). 통합교과 교육론. 서울: 교육과학사.

조영태(1998). 교육내용의 두 측면: 이해와 활동. 서울: 교육과학사.

차미란(2003). 오우크쇼트의 교육이론. 서울: 성경재.

Bruner, J.(1960). *The process of education*. Massachusetts: Harvard University Press.

Hirst, P. H.(1965). Liberal education and the nature of knowledge. In R. D. Archambault(Ed.), *Philosophical analysis and education*. London: R. K. P.

Klafki, W.(1995). Diadactic analysis as the core of preparation of instruction. *Journal of Curriculum Studies*, *27*(1), 13-30.

McTighe, J., & Wiggins, G.(2004). *Understanding by design: professional development workbook*. Virginia: Association for Supervision and Curriculum Development.

Oakeshott, M.(1967). Learning and teaching. In T. Fuller(Ed.)(1989). *The voice of liberal learning*. Yale University Press. 차미란 역(1992). 학습과 교수. 상·하. 교육진흥 봄·여름, 126-143, 155-169. 중앙교육연구소.

Oakeshott, M.(1972). Educational engagement and its frustration, In T. Fuller(Ed.)(1989), *The voice of liberal learning*. Yale University Press. 차미란 역(1993). 교육: 영위와 그 좌절. 상·하, 교육진흥 가을-겨울, 140-153, 165-179. 중앙교육연구소.

Oakeshott, M.(1975). A place of learning. In T. Fuller(Ed.)(1989). *The voice of liberal learning*. Yale University Press. 차미란 역(1992). 학습의 장. 상·하, 교육진흥 가을-겨울, 162-181, 156-171. 중앙교육연구소.

Oakeshott, M.(1996). *The politics of faith and the politics of scepticism*. Yale University Press. 박동천 역(2015). 신념과 의심의 정치학. 서울: 양지사.

Peters, R. S.(1981). *Essay on educator*. London: George Allen & Unwin.

Tyler, R. W.(1949). *Basic principles of curriculum and instruction*. Chicago and London: The University of Chicago Press.

제5장

아이즈너 교육과정 모형

아이즈너(Elliot W. Eisner)는 과학과 행동주의 위주의 교육학계의 풍토에 심미적 관점과 질적 평가의 관점을 도입한 학자이다. 그는 저명한 교육학자이자 미술교육자이며, '영교육과정(null curriculum)'과 '교육적 감식안(educational connoisseurship)', '교육비평(criticism)'이라는 질적 연구방법론을 제시하고, 심미적 관점에서 교육과정을 재개념화한 대표적인 학자이다.[1)]

1 아이즈너의 학문적 배경

아이즈너의 심미적 관점, 질적 평가를 강조한 입장은 그의 학문적 배경을 살펴볼 때 더 잘 이해할 수 있다. 아이즈너는 본래 미술과 미술교육을 공부하였으며, 박사학위논문도 "시각예술에서 창조적 표상의 개발과 활용(The Development and Use of a Typology of Creative in the Visual Arts)"이라는 주제로 썼다(박천환 외, 2017: 118-119). 그는 처음에 미술교사로 시작하여 미술교육과 교육학 강의로 경력을 쌓아(Smith, 2005), 시카고대학교 그리고 후에 스탠퍼드 대학교의 교육학과 교수가 되었다.

과학과 행동주의 일변의 교육학계의 풍토에 이의를 제기하게 된 배경은 화가로서 그가 갖고 있는 예술성과 교육 경험을 반추해 보면 쉽게 알 수 있다. 그가 주장한 '심미적 탐구'나 '질적 평가'는 기존의 과학적 접근이 미술교육에 맞지 않기 때문에 제기된 것이었다. 교육현장에서 계획적으로 예단된 수업목표와 실제 교육의 과정은 완전히 맞지 않았다. 또한 학생의 성장과 발전에 대한 평가도 학업성취의 점수 측정만으로 한계가 있었다.

그는 타일러의 '행동적 목표(behavioral objectives)'를 강도 높게 비판하면서 이와 대비되는 개념으로 '표현적 목표(expressive objectives)'를 제시하였다. 이것은

1) 이 장은 김은정(2018)의 "아이즈너 이론의 주요 개념에 나타난 질적 예술적 특성", 교육논총 55(2), 1-21의 글을 수정 및 보완하였음.

교육목표를 진술하는 방식에서뿐 아니라 교수행위(teaching)나 학생을 파악하는 방식이 타일러와는 전혀 다르다. 타일러가 행동적 목표를 먼저 제시하고 그것을 기준으로 수업이 진행된 후 학생이 성취한 것을 평가하는 반면, 아이즈너는 학생이 실제로 성취한 것을 보기 전에 기준을 세울 수 없다는 점을 지적한다. 예컨대, <신과 함께>라는 영화를 보러 들어갈 때 '이 영화를 보고 어떤 감동을 느끼도록 한다'라는 목표를 세울 수 없다. 왜냐하면, 실제로 그 영화를 보고 생각하거나 느끼는 것은 사람에 따라 매우 다양하기 때문이다. 영화라고 하는 표현적 활동이 진행된 후에 학생들이 갖게 되는 표현적 결과야말로 표현적 목적이라고 할 수 있다. 이러한 맥락에서 그는 표현적 목적 대신 표현적 결과라는 용어를 사용한다.

그는 '예술의 중요성, 그리고 교육과정과 교수에 관한 심미적 인식'에 관심을 기울였다(Pinar et al., 1995: 724, 734). 그의 저서, 『교육적 상상력(1979)』, 『교육평가의 예술(1985)』에서 아이즈너는 자신의 연구 접근방식을 '예술' 혹은 '예술 및 인문학(artistic and humanistic approaches)'이라고 하였다. 그는 수업을 예술이라고까지 주장하였다. 교육적 실천적 측면에서 기예(craft)로서의 특성과 교사가 재능과 기예를 활용하여 수업에서 생산적인 템포를 창조해 내는 예술(art)적 측면을 강조하였다. 또한 교육 사태를 읽어내고 이에 대처할 수 있는 '교육적 감식안'이 필요하다고 역설하였다.

따라서 아이즈너의 모형은 예술과 관련하여 해석되는 것이 바람직하다. 이에 대해 아이즈너는 다음과 같은 명언들을 인용하고 있다(Eisner, 1979: 154).

> "예술가는 자기가 찾고 있는 것이 무엇인지도 모르면서 찾아 헤매다가, 그것을 찾고 나서야 비로소 자기가 찾아 헤맸던 것이 무엇인지 알게 된다."
>
> "화가는 마음속에 이미지를 가지고 그림을 그리기 시작하는 것이 아니다. 그는 자기 앞에 놓인 재료들을 가지고 그림을 그리기 시작한다. 이미지란 그 결과이다."

아이즈너 이론의 특징을 관통하는 핵심적 가치는 예술적 접근과 질적 접근으로 볼 수 있다. 이러한 가치는 그의 이론에 여러 가지 형태로 나타난다. 그의 이론은 행동적 목표 비판으로 시작되며, 표현적 결과라는 개념을 주장하기에 이른다. 이러한 이론과 개념은 질적 접근을 대표하지만, 예술적 접근에 기초한 것이다. 따라서 그의 이론에서 표상, 표현매체라는 개념을 이해하여야 한다. 또한 그의 질적 접근은 참평가, '교육비평'과 같이 질적 평가 및 질적 연구방법으로 특징 지어진다.

2 행동적 목표에 대한 비판과 '표현적 결과'

가. 행동적 목표 비판

아이즈너의 '표현적 목표'는 행동적 목표에 대한 비판과 연결하여 이해될 수 있다. 그는 1966년 2월 시카고에서 개최된 미국교육연구협회(AERA)의 제13차 연차학술대회에서 "교육목표: 조력자인가 방해꾼인가"라는 논문에서 행동적 교육목표의 기능을 다음과 같이 네 가지로 비판하였다(Eisner, 1967; 박승배, 2007: 204-206; 이원희 외, 2006: 168-169).

첫째, 수업은 매우 역동적인 과정이며 복합적인 요소들의 상호작용을 통해 진행되는 것인데, 수업 시작 전에 미리 수업 후 학생에게 나타날 수 있는 '모든' 것을 행동적 목표의 형태로 구체화하여 진술하는 것은 불가능하다. 왜냐하면 수업은 매우 복잡하고 역동적인 과정이기 때문에 이 과정을 거친 후 학생에게 나타날 수 있는 결과를 다 예상할 수 없기 때문이다.

둘째, '행동적 목표' 진술은 과목의 특성을 전혀 고려하지 않고 있다. 수학, 과학, 언어 등의 과목은 학생이 수업 후에 보여야 할 행동을 상세하게 구체화할 수 있을지 모르지만, 창의성을 중시하는 예술 영역에서는 이러한 구체화가 가능하지도 않고 바람직하지도 한다. 오히려 학생의 독창적인 반응을 격려한다.

셋째, 행동적 목표 옹호자들은 행동목표가 학생들의 성취도를 측정할 때 필요한 측정 기준으로 사용될 수 있다고 하지만, 이는 '기준을 적용하는 일'과 '판단하는 일'을 구분하지 못하고 있기 때문에 빚은 착각이다. 학교에서 학생에게 가장 강조하는 것은 호기심, 창의성, 독창성의 계발인데, 이러한 특성이 학생에게 길러졌는지는 어떤 '기준을 적용하여' 측정할 수 있는 것이 아니다. 이는 교사의 '질적인 눈으로' 판단할 수밖에 없는 것이다.

넷째, 행동적 목표를 중시하는 학자들은 교육목표를 세분화할 것, 그리고 교육목표가 교육내용을 선정하기 전에 결정되어야 한다고 주장하지만 이는 옳지 않다. 우리는 교육과정이 구성되기 전에 목표가 설정되어야 그것도 아주 상세하게 설정되어야 어디로 가야 할지 그 방향을 알 수 있다고 생각할 수 있다. 그러나 실제로는 교사가 교육적으로 유익하리라고 생각되는 활동을 선정하여 학생들에게 적용해 보고, 그 결과를 토대로 그 활동의 목표나 결과를 확인할 수 있다. 현실적으로 수많은 교사들이 이런 식으로 수업을 하고 있다. 따라서 교육목표를 교육내용 선정 및 조직하기 전에 미리 명시해야 한다는 것은 자연스럽지 않은 것이다.

우리가 학교에서 무엇을 배울 때 과연 행동적 목표를 정해 놓고 모든 것을 그 순서에 따라서만 가르치고 배웠는가를 돌이켜 보라. 또한 모든 것에 분명한 목표를 가졌는가? 실제로 우리는 목표를 설정하지 않은 것도 배울 때가 있으며, 원래 생각했던 순서를 바꾸어 가르친 적이 부지기수이다. 이렇게 아이즈너가 행동적 목표에 대해 가한 비판은 표현적 목표(표현적 결과)가 탄생하게 된 계기가 되었을 뿐 아니라, 그의 예술적 접근 및 질적 평가에 대한 기초가 되었다.

나. 표현적 결과

아이즈너는 행동적 목표에 대한 비판을 기초로 자신의 생각을 다듬어서, 『교육적 상상력(1994)』에서 다음과 같이 주장한다. 아이즈너에 따르면 수업목표는 세 가지 유형으로 제시될 수 있다.

첫째, 행동적 목표에 따른 행동적 활동이다. 행동적 목표에 따른 행동적 활동은 타일러류의 행동적 목표진술과 같은 것이다.

둘째는 문제해결 목표로서 수업 시 문제해결을 요구하는 형태로 수업목표가 진술될 수 있음을 지적하였다. 문제해결 목표는 앞의 행동적 목표와 달리 문제해결의 조건은 명시하더라도 그 해결 상태는 제한하지 않는다. 학습자마다 다양하게 창출할 수 있는 잠재적 해결방안을 인정하는 것이다. 지적 탐구의 인지적 융통성(cognitive flexibility)을 최대한으로 추구함으로써 목표 진술을 비명시적으로 하게 된다(이성호, 2004: 367).

셋째는 표현적 결과로서 목표를 미리 설정하지 않고 어떤 활동이나 경험을 할 수 있고 그 가운데서 무엇을 배울 수 있다고 하였다. 처음에는 표현적 목표라고 불렸으나, 목표라는 말은 성격상 미리 정해진 것을 의미하기 때문에 나중에 표현적 결과라고 바꾸어 불렀다(박승배, 2013: 30).

아이즈너는 타일러 모형을 '행동적 목표'를 추구하는 모형으로, 자신의 모형은 '표현적 목표'를 따르는 모형이라고 주장한다. 이 두 모형은 교육 목표의 진술에서뿐 아니라, 가치의 문제, 그리고 교수활동과 학생을 바라보는 방식 모두에서 상이한 견해를 보인다. 타일러의 관점은 교육을 공장에서 제품을 생산하는 것과 같이 생각하는 데 비할 수 있다. 아이즈너에 의하면, 행동적 목표란 평가단계에서 학생이 그 행동을 하였을 때 평가자가 그것을 알아차릴 수 있을 정도로 분명하고 상세하게 진술해 놓은 목표이다. 즉 진술된 목표만을 보고 교육프로그램을 개발할 수 있으며 교수를 실행할 수 있을 정도로 상세하게 진술된 목표를 의미한다. 아이즈너는 그러한 행동적 목표는 이른바 '수단-목적 모형(means-ends model of thinking)'의 '목적'에 해당한다고 보았다(조영태, 2009: 36). 이는 일방적-선형적(linear)인 모형이다(Eisner, 1979: 100).

이에 반해 아이즈너의 '표현적 목표'는 예술 작품의 창작 활동과 같다고 묘사된다. 그는 표현적 목표의 예로 다음과 같은 것들을 제시하고 있다.

① 철사와 나무를 사용하여 3차원의 형태를 만든다.
② 동물원을 방문한 후 재미있었던 것에 대해 얘기한다.
③『노인과 바다』를 읽고 그 의의에 대해 평가한다.

아이즈너는 타일러처럼 학생들이 성취해야 할 것(행동적 목표)을 분명히 제시하는 것이 아니라, 학생들이 활동을 하는 과정에서 학생들이 우연히 성취하는 것을 보고 감탄하면 된다고 말한다. 학생들이 실지로 성취하는 것은 참으로 다양하게 나타나므로 미리 예측하기가 어렵기 때문이다. 따라서 그는 학생들이 실제로 성취한 것을 보기 전에는 기준을 세울 수가 없다고 생각한다. 예컨대 동물원 구경하기와 같은 표현적 활동의 경우, 그러한 활동을 통해 학생들이 무엇을 어떻게 성취하게 될지 교사의 예측은 한계가 있을 것이 분명하다. 이는 마치 뉴턴이 사과나무 옆의 벤치에 앉아 있을 때, 만유인력의 법칙을 발견하게 될 것을 알지 못했던 것과 마찬가지이다. 혹은 영화관에 영화를 보러 갈 때, 사전에 목표를 설정하고 들어가지는 않는 것과 같다. 그냥 얼마나 재미가 있을까, 주인공이 얼마나 멋있을까를 기대하고 들어간다. 그러나 영화를 보고 나오면(표현적 활동이 먼저 이루어짐) 우리는 여러 가지 느낀 점에 대해 비평을 하게 된다(이성호, 2004: 368). 음악과 영상이 얼마나 아름다웠는지, 주인공이 혹은 조연이 연기를 기가 막히게 잘했다든지, 스토리 전개가 슬펐다든지, 혹은 어떤 감동을 얻었는지 등등에 대해 얘기하게 된다. 이런 경우, 표현적 활동을 먼저 하고 나서 표현적 결과를 얻게 된다. 이를 그림으로 나타내면 다음과 같다.

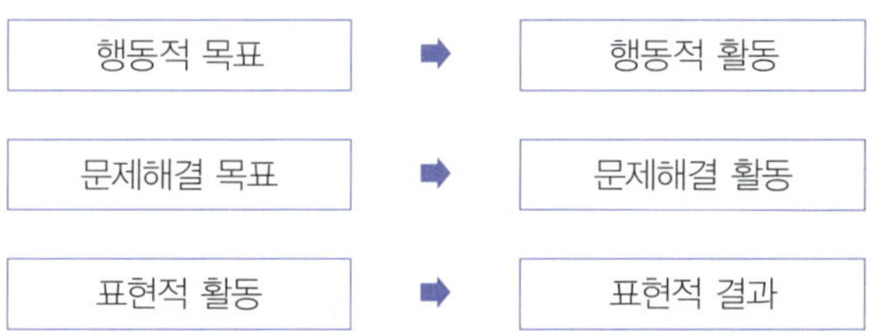

[그림 5-1] **아이즈너의 수업목표 분류(이성호, 2004)**

이러한 맥락에서 아이즈너는 행동적 목표보다 표현적 목표가 사실상 더 많이 사용되고 있다고 주장하였다. 특히 박사과정의 세미나 등 지적인 성격이 분명히 드러나는 경우에는 더욱 그러하다고 강조하고 있다(조영태, 2009: 37). 과연 표현적 목표가 일반적으로 더 많이 사용되고 있는 것이 사실일까?

우리가 수업이나 학교의 교육활동을 수행할 때, 이것이 계획대로 되지 않는 경우가 무수히 많은 것이 사실이다. 또한 교육적 활동이나 수업을 통해 예상치 못했던 효과나 성과를 얻게 되는 경우 또한 많다. 학생들의 사고, 상상력, 접근방법, 느낌, 성취 등이 매우 다양하고 기발한 경우도 종종 발견되므로, 수업에서 이 모든 예상되는 것을 몇 개의 행동적 목표로 한정짓는 데는 한계가 있는 것도 사실이다.

그렇다면 이러한 경우 다양한 사고, 상상력, 접근방법, 느낌, 성취 등을 모두 표현적 목표라고 하는 것이 적절한가에 대한 의문을 갖게 된다. 앞서 언급한 바와 같이 먼저 표현적 활동이 이루어진 뒤에 얻어지는 것을 표현적 결과라고 하는 것이 어떨까 생각하게 된다. 아이즈너는 표현적 목표를 넓고 두루뭉술하게 경계선을 모호하게 제시하고, 표현적 활동을 한 후에 표현적 결과라고 진술하는 것은 어떠할지에 대한 아이디어를 제기하기도 하였다. 따라서 아이즈너는 '표현적 목표' 대신 '표현적 결과(expressive outcome)'라는 용어를 사용하겠다고 하였다(Eisner, 1979: 100).

아이즈너의 '표현적 결과'는 수업 전에 미리 제시되는 구체적이고 명확한 행동주의적 목표와 대비되는 개념이라고 볼 수 있다. 이는 수업시간에 이루어지는 학생 한 명 한 명이 가지는 다양한 사고와 느낌, 그들의 상상력 등으로 이루어내는 활동과 구성원 간의 상호작용, 그 과정에서 이루어지는 활동과 수업 전에는 예상할 수 없었던 에피소드들까지 포함하여, 수업 후에 얻어진 결과이다. 이러한 '표현적 결과'는 한 명 한 명의 경험과 사고를 반영하므로 질적으로 표현되어야 한다. '표현적 결과'는 또한 예술적 행위를 반영한다.

3 '표상의 형식'에 드러난 예술성과 질적 특성

가. 표상의 형식

우리가 가지는 표상의 형식은 다양하다. 언어를 통해 우리는 서로의 생각과 감정을 표현하지만, 몸짓이나 표정을 통해서도 의사를 전달할 수 있다. 어떤 사람들은 음악을 통해 감정을 더 깊게 교류할 수 있다. 미술작품을 통해 우리는 감동을 받는다. 아이들의 그림을 통해 우리는 그 아이가 겪고 있는 세계와 감정을 알 수 있다. 어떤 사람들은 자신의 경험과 세계를 몸의 움직임과 동작을 통해 춤으로 표출한다. 혹은 백 마디의 말보다 몇 줄의 수학기호와 수식으로 자신의 논리를 표현하는 것이 더 간단하다고 말하는 사람들도 있다. 이러한 예들은 모두 표상의 다양성을 말해 준다.

표상의 형식 즉 표현매체를 통해 우리는 우리의 경험과 생각 및 감정을 표현한다. 아이즈너는 우리의 감각을 통한 경험이 어떻게 표상의 형식을 통해 나타나는지 다음과 같이 말하고 있다.

> 시각, 청각, 촉각은 우리가 환경을 읽을 수 있도록 하고 우리의 경험이 상징으로 변형되도록 하는 자원으로 기능한다. '표상의 형식'은 바로 그것들로부터 만들어진다. 표상의 형식은 청각적인 것일 수도 있고 시각적인 것 혹은 미각적인 것일 수도 있다. 표상의 형식은 음악, 미술, 무용, 연설, 글, 수학 등에서 잘 나타난다. 우리가 상징으로 표현하고자 하는 내용은 우리의 경험으로부터 나오고, 이 경험에는 우리의 감각기관이 가진 민감함에 영향을 받는다(Eisner, 1994: 54).

노철현(2012)에 의하면 아이즈너의 이러한 입장은 듀이의 『경험으로서의 예술(1934)』에 의거하고 있다. 그가 다룬 경험과 감각의 문제가 듀이의 경험이론에 의존하고 있다는 것이다. 듀이의 이론에서 경험이란 특정한 환경 속에서 당사자가 상호작용을 통해 온 몸과 마음과 생각으로 느끼고 행동한 것을 말한다. 예컨대, 작년 어느 비 내리는 여름날 연인과의 호숫가에서의 '빗속 데이트'에는 여러 가지 요소들이 어우러져 있다. 눈부신 햇살 속 구름과 함께 흩뿌리는 비, 비에 씻겨 내려간 대기와 풀잎들의 냄새, 호수에 부딪히는 빗방울들, 비를 피해 황급하게 뛰어가는 사람들, 연인과 함께 웃으며 손잡고 뛰어가던 장면 등 그 '빗속 데이트'에는 많은 요소가 들어 있다. 이러한 경험은 '그 데이트'라고 부를 수 있는 '질적' 속성을 가진다. 이러한 속성 때문에 '경험'은 '심미적' 성격을 갖는다.

아이즈너가 관심을 갖는 부분은 이러한 '질적' 특성이다. 그는 어떤 개념도 감각적인 정보 없이 형성될 수 없으며, 개념의 종류와 정교성은 구체적인 감각이 구분되는 정도에 의해 결정된다고 말한다. 또한 이미지로 형성되지 않은 개념은 의미가 없다고 본다(Eisner, 1985: 440). 그는 개나 의자, 붉은색 등과 같은 구체적인 개념은 물론이요, 정의, 국가, 무한대 등과 같은 추상적인 개념 또한 그 지시대상이 상상되지 않는 이상 그것은 무의미한 철자에 지나지 않는다고 본다. 요컨대, 경험이나 개념은 우리의 감각과 감각기관이 우리에게 가져다주는 것 이상을 넘어서지 못하며, 이 점에서 경험과 개념은 '언어적인' 성격을 띤다기보다는 '감각적인' 성격을 띤다(노철현, 2012: 38). 우리가 했던 '경험'의 질을 추상적 언어로 표현하는 데는 제한이 따른다. 아이즈너는 이를 '우리가 경험한 질을 언어로, 특히 시나 문학적인 언어가 아니라 명제적인 언어로 기술할 때에는 축소가 발생한다(1994: 81)고 하였다(노철현, 2012).

'그 데이트'의 특성은 각 개인의 감각을 기초로 하여 형성된다. 아이즈너에게 있어서 '감각'은 우리가 가지고 있는 여러 감각기관과 그들 사이의 연결체계로서의 감각체계를 말한다. 이 '감각'을 통하여 개념이 형성되므로, 감각이 마비된 상태에서는 개념다운 개념을 가지기 어렵다. 감각은 개념을 형성하는 데뿐 아니라 개념을 표현할 때에도 대단히 중요한 역할을 한다(노철현, 2012). 예를 들어, 앞서 예를 든 '빗속 데이트'를 모차르트나 쇼팽이라면 언어보다 음악이라는 감각으로 자신의 경험과 느낌을 표현할 것이다. 피카소라면 자신만의 미술적 감각으로 그 경험을 표현할 것이며, 강수진이라면 신체적 감각을 통해 무용으로 표현해 낼 것이다. 물론 윤동주나 고은과 같은 시인은 그것을 미학적 언어로 표현할 것이다. 이렇게 감각을 통한 표현은 아이즈너가 말한 '표상(표현)의 여러 형식들(forms of representation/expression)'을 통해 이루어지게 된다.

나. 표상의 형식이 갖는 예술성과 질적 특성

'감각'은 개인의 경험을 형성하는 통로이며, 이 감각적 경험을 '표상의 형식'을 통해 표현한다. 그러기에 각자의 경험, 즉 '그 데이트'는 각 개인의 감각을 기초로 형성된다. 감각을 통해 각 개인이 형성하게 된 개념은 개인적이며 사적인 특성을 갖는다. 이는 각 개인의 것이며 타인과 공통적으로 동일하게 형성되거나 표현되는 것은 아니다. '그 데이트'는 두 연인만의 것이며 타인의 데이트와는 구분되는 개인적인 경험이다. 더 깊이 본다면 그 두 연인 간에도 감각적 느낌과 표현은 다를 수 있다. 그 경험을 통한 느낌을 다른 사람에게도 전하거나 공유하고 싶다면 그 느낌을 어떤 '표상의 형식' 즉 객관적인 '표현매체'를 통해 전달해야 할 것이다. 각자의 '표상의 형식'을 통해 표현되는 그 경험은 질적인 것이며 심미적인 것이다. 이를 아이즈너는 다음과 같이 설명하고 있다.

> 시각, 청각, 촉각은 우리가 환경을 읽을 수 있도록 하고 우리의 경험이 상징으로 변형되도록 하는 자원으로 기능한다. '표상의 형식'은 바로 그것들로부터 만들어진다. 표상의 형식은 청각적인 것일 수도 있고 시각적인 것 혹은 미각적인 것일 수도 있다. 표상의 형식은 음악, 미술, 무용, 연설, 글, 수학 등에서 잘 나타난다. 우리가 상징으로 표현하고자 하는 내용은 우리의 경험으로부터 나오고, 이 경험에는 우리의 감각기관이 가진 민감함에 영향을 받는다(Eisner, 1994: 54).

이렇게 본다면, 아이즈너의 '표상의 형식'은 감각성과 예술성을 대표해 주는 개념이라고 할 수 있다. 개개인의 경험이 표상의 형식을 통해 표현되는 것은 지극히 질적이며 개인적이다. 각자의 경험은 양적으로 계량화되거나 일반적인 언어로 서술되기에는 한계가 있다. 이는 그들만의 유일하고 특별한 경험이다. 이것이 예술적인 '표상의 형식'을 통해 그들의 호흡과 맥박의 박동의 감각, 감정의 세기와 농도, 생각의 느낌과 결, 색채와 정서를 표현해 내는 것, 그것이 그 경험의 질적 표현을 가능하게 해 줄 수 있을 것이다. 따라서 개개인의 경험과 생각 혹은 감동을 표현하고자 할 때, 일반적인 언어보다는 각자의 '표상의 형식'을 통해 표현되는 것이 그 깊은 의미와 울림을 전해 주기에 더 용이할 것이다. 이렇게 볼 때, 아이즈너의 '표상의 형식'을 통함으로써 경험의 표현을 더 예술적이고 질적으로 깊이 있게 해 줄 수 있음을 알 수 있다.

4 '교육비평'을 통한 질적 접근

가. 참평가

아이즈너는 미리 정해진 기준을 가지고 학생의 수행을 평가하는 타일러식 평가를 비판한다. 마치 공장에서 생산된 완제품을 평가할 때 그 제품의 설계도를 참고하듯이 학교에서 학생의 성취도를 판단하기 위해 정해진 목표에 비추어 보는 것과 유사하다. 학생의 성취도를 공정하게 판단하기 위해 동일한 잣대를 사용한다. 교사의 질적 판단은 최소화하고 학생의 성취도를 양적으로 파악하기 위해서는 선다형 시험이 정답이 되게 된다. 타일러의 논리를 기반으로 하는 수업은 선다형 시험 형태를 보편화시켰고, 이는 학생들이 교과서에 실린 단편적 지식을 효과적으로 암기하고 재생하도록 하는 학습 풍토를 유도하였다(박승배, 2007: 209-210).

아이즈너는 이를 참된 평가가 아니라고 비판하였다. 학생들에게 단편적인 지식 암기가 아닌 실생활과 관련된 지식과 기능을 재미있게 학습하도록 참평가(authentic assessment)가 되려면 다음과 같은 여덟 가지 기준을 따라야 한다고 주장하였다(Eisner, 1994: 203-210; 박승배, 2007: 211-215).

① 학생들이 알고 있는 것, 할 수 있는 것을 평가하기 위한 과제는 학교 내에만

국한된 것이 아닌 학교 밖의 세계에서 부딪힐 수 있는 것이어야 한다.

② 학생들을 평가하기 위해 사용된 과제는 결과뿐만 아니라 문제를 해결하는 과정도 보여 줄 수 있는 것이어야 한다.

③ 평가에 사용된 과제는 그 과제를 만든 지적 공동체의 가치를 반영하여야 한다.

④ 평가 과제는 한 사람의 활동에만 국한될 필요는 없다. 우리가 부딪히는 많은 과제는 집단의 노력을 필요로 한다.

⑤ 평가의 과제는 그 문제 또는 질문에 대한 해결책 또는 답이 한 가지 이상이 될 수 있게 구성되어야 한다.

⑥ 평가의 과제는 수업시간에 배운 것을 그대로 측정하는 것이어서는 안 되고, 학생이 배운 것을 새로운 상황에 적용하도록 하는 것이어야 한다.

⑦ 평가의 과제는 단편적인 사실과 함께 보다 전체적인 맥락에 신경을 쓰게 하는 것이어야 한다.

⑧ 평가의 과제는 학생들이 배운 것을 표현하기 위해 사용하는 제시 형태를 다양하게 선택할 수 있도록 허용하는 것이어야 한다.

나. 교육비평

아이즈너는 교육연구방법과 교육평가방법으로 비평을 제시한다. 이 모형은 예술에 기반을 두고 있으며, 질적 판단에 기초한 것이다. 실제로 우리 삶에서는 양적 판단보다 질적 판단을 하게 되는 경우가 많다. 예컨대, 친구나 배우자를 선택할 때 양적 데이터를 근거로 판단하기보다는 질적 판단에 따르게 된다. 이성 친구를 만나러 가거나 면접을 보러 갈 때 우리는 어떤 옷을 입을까 고민한다. 이러한 고민의 과정을 통해 우리는 질적 판단을 내리게 된다.

이렇게 고민의 대상 즉 지각 대상들 사이에 존재하는 미묘한 질적 차이를 잘 구별하는 능력을 아이즈너는 '감식안'이라고 부르고 있다(박승배, 2013: 69). 비평을 하기 위해서는 먼저 '감식안'을 발휘하여 감식해야 한다. 감식은 미술품의 감식이나 포도주의 감식, 혹은 음악에 대한 감식과 같이, 보통 사람들이 보지 못하고 느끼지 못하는 것을 보고 느끼는 것을 말한다. 비평가는 비평 대상에 대한 지식과 경험을 지녀야 하며, 일어나고 있는 현상을 식별하고 비평할 만한 기술을 겸비해야 한다(장인실 외, 2007: 537-538; 조영태, 2009). 와인감별사가 와인에 대한 지식만을 가지는 것이 아니라 냄새와 풍미에 대한 예민한 감각을 가져 다양한 와인을 감별해 낼 수 있는 것처럼, 교육자는 교육과정과 수업에 대한 지식을 가지고 있어야 하며, 무엇을 관찰하고 어떻게 조사할지 방법에 대한 안목을 가져야 하며, 교육에서의 가치까지도 판단할 수 있어야 한다.

'교육비평'과 '감식'은 언어로 포착되지 않는 것, 즉 양적인 것이 아니라 질적인 것을 포착해 내는 일이다. 감식은 객관적이기보다 질적인 행위이며 그 대상에게 가치를 부여하는 일이다. 비평은 감식한 것을 공적으로 드러내는 일이다. 이는 새로운 프로그램의 결과로 도출된 교육적 삶을 풍부하게 또는 질적으로 기술하는 것을 목적으로 한다(Eisner, 1993; 장인실 외, 2007: 537-538). 또한 그 대상을 볼 줄 모르는 보통사람들이 그것을 잘 볼 수 있게 도와주기 위해, 언어로 표현하기 어려운 것을 언어로 묘사해 내는 일이다. 그러기에 아이즈너는 '교육감식안'을 '교육적으로 의미 있는 것을 이해하고 식별하는 예술'이라고 언급한 바 있다. 그러기에 그는 과학적 타당도보다는 개인적 관찰, 전문가의 의견, 그리고 집단의 협력에 의지한다. 아이즈너는 '감식안'이란 '감상하는 기술'이고 개인적인 특성이 강한 반면, 비평은 '남에게 전달하는 기술'이고 공적인 성격이 강하다고 하였다(박승배, 2007: 217).

아이즈너에 의하면 '교육비평'의 절차를 도입하기 위해서 평가자는 다음과 같은 질문을 해야 한다.

- 새로운 프로그램을 실시한 학교에서 어떤 일이 일어났는가?
- 핵심 사건은 무엇인가?
- 그 일은 어떻게 발생하게 되었는가?
- 학생과 교사는 어떻게 이 사건에 참여하였는가?

- 참석자의 반응은 어떠하였는가?
- 그 사건을 더 효과적으로 만들 방법은 무엇이었겠는가?
- 새로운 프로그램을 통해 학생들이 배운 것은 무엇인가?

이러한 질문들은 결과보다는 과정과 학교 생활 및 학교의 질에 초점을 맞춘다는 면에서, 양적 연구 방법에서 제기되는 질문들과 매우 다르다.

또한 아이즈너의 모형을 따르는 평가자는 학생들의 과제물을 자세히 분석한다. 그는 관련된 학생 및 교사의 비디오테이프, 사진, 오디오 자료, 영화 등을 참고한다. 그는 관찰할 때, 교사와 학생이 무슨 말을 하고 행동하였는지 나아가 무슨 말을 하지 않고 행동하지 않았는지까지 주의한다. 바디랭귀지나 말하는 어조까지도 파악한다. 아이즈너는 평가에 있어 학교에서 일어난 일과 진행되는 일에 대해 부모, 학교운영위원회, 지역 기관과 같은 관련자들과도 커뮤니케이션이 이루어져야 한다고 주장한다(장인실 외, 2007: 538).

아이즈너에 따르면 '교육비평'은 세 가지 주요한 기능을 발휘하고 있다(이성호, 2004: 477-478).

첫째, '교육비평'은 교육적 삶의 다양함을 질적으로 묘사, 기술해 준다. 이때 질적이라 함은 겉으로 보여지거나 보이는 것만이 아니라 숨겨져 있는 미세한 특성들까지를 포함하여 지칭하는 것이다. 이는 환경, 지식, 태도, 기능, 가치관, 사회적 규칙 등등 모든 것을 포함한다.

둘째, '교육비평'은 앞에서 기술된 것을 해석하는 기능을 갖고 있다. 즉 기술된 현상에 대해 해석하고 의미를 부여하는 것이다. 해석은 결국 교육현상에 대한 우리의 이해와 지식, 감상의 과정과 방식을 더 세련되게 하고 정련해 준다. 해석을 위해서는 사회과학에서 활용하는 여러 가지 개념체계들이 활용된다.

셋째, '교육비평'은 기술되고 해석된 교육적 현상, 사건, 대상에 대해 교육적 중요성과 의미를 평가한다. 교육은 가치 평가와 밀접하게 관련되어 있다. 따라서 단순한 감상으로 끝나는 감식가의 한계를 벗어나 연구자의 사고와 가치평가를 노출시키는 것을 말한다.

이와 같이 '교육비평'은 '기술(記述)', '해석', '평가'의 세 가지 활동으로 구성된다. 기술은 수업과정에서 관찰한 것을 그대로 적는 일이라면, 해석은 '공감적 이해'를 추구한다. 수업시간에 이루어진 학생의 행위와 교사의 대응, 표정이나 제스쳐, 언어와 행동 등이 어떤 의미를 가지는지 기술하는 것이 해석이다. 이는 문화기술(ethnography)과 유사하나, '평가'가 이루어진다는 점에서 차이가 있다. '교육비평'에서는 기술된 것의 교육적 의미나 교육적 가치를 언급하게 된다. 이 세 가지에 더해 아이즈너는 1997년에 주제화(thematics)라는 활동을 새로 추가하였다(조영태, 2009: 43-44).

이러한 아이즈너의 탐구방법은 '미학적 탐구법'으로 불리기도 한다. 아이즈너의 제자인 밸런스는 아이즈너가 교육과정학 내의 여러 문제를 이해하기 위한 하나의 도구로서 발전시킨 '미학적 탐구법'이 '현상의 이해'를 위해 노력하고 있다고 하였다. '미학적 탐구법'은 구체적이고 특수한 사상에 초점을 맞추고 있다. 기존의 양적 연구방법이 일반화할 수 있는 규칙을 찾는 것과는 매우 다른 점이다. 따라서 그녀는 '미학적 탐구법'을 통하여 교육현실을 그대로 파악할 수 있다는 점, 이것이야말로 '미학적 탐구법'의 큰 장점이라고 본다(이원희 외, 2005: 165). 실험중심의 전통적인 연구방법론에서는 '기준'을 설정하고 이 기준에 맞추려고 노력하지만, 예술 분야에서는 전시회에서 한 그림을 관람한 평론가들에게 동일한 비평을 기대하지 않는다. 오히려 평론가들이 서로 다른 통찰을 우리에게 제공하도록 하여 우리가 그 작품을 가능한 한 다양하게 파악할 수 있도록 하는 것을 더 환영하는 것과 같다.

이와 같이 학교에서 일어나는 교육 활동 및 수업 활동에 대해 전문가적인 '감식안'을 가지고 관찰하여, 기술, 해석, 평가를 하는 행위가 '교육비평'이다. '교육비평'에서 기술되고 해석된 것은 우리에게 이해와 울림을 주며, 여기에서 평가된 것을 통해 우리는 교육적 의미를 알게 된다. 이러한 '교육비평'은 일반적인 교육이론이나 통계분석 결과 혹은 관찰기록에서 알 수 없는, 깊이 있는 이해와, 통찰, 울림을 준다. 이것이 '교육비평'이 갖는 질적 특성이며, 미학적 탐구방법이다. 아이즈너는 이러한 질적 접근방법을 연구방법론으로까지 확대하였다.

다. 질적 탐구

아이즈너의 업적 중의 하나는 질적 탐구방법을 연구방법론으로 주장하여 확산시켰다는 점을 들 수 있을 것이다. 질적 탐구방법은 기존에 주로 행해져 온 양적 연구방법의 한계를 보완할 수 있는 방법으로 제기되어 왔다.

양적 연구방법은 다양한 사회현상이나 교육현상을 통계적인 방법을 통해 분석하고 해석하는 방법이다. 혹은 실험을 통하여 변인 간의 인과관계나 상관관계를 밝히기도 한다. 예컨대, 동일한 학업성취도를 보이는 두 집단 중 한 집단에는 새로운 수업방법을 처치하고, 다른 집단에는 전통적인 수업방법을 처치한 경우, 일정 시간 후 두 집단 간에 성취도의 변화에 차이가 있는지 측정하도록 한다. 그 결과 새로운 수업방법을 처치한 집단이 전통적 수업방법을 처치한 집단보다 성취도 평균이 높이 향상되었다면, 그 두 반의 성취도 평균의 차이가 통계적으로도 유의미한지 분석하는 것이다. 통계적 분석의 결과 즉 양적 데이터를 근거로 새로운 수업방법의 효과를 증명하는 것이 양적 연구방법이다. 양적 연구에서는 이와 같이 실험이나 설문조사 등을 통해 양적 분석을 실시한다. 새로운 수업방법이 효과 있다는 것이 양적 데이터를 통해 증명되었으므로, 다른 학교에서도 새로운 수업방법을 더 널리 사용하도록 권장하게 된다.

그러나 아이즈너는 양적 연구가 불필요한 것은 아니지만, 실제로 교육현장을 개선하는 데에는 별 도움이 되지 않았다고 비판하였다. 그는 학교 현장을 개선하려면 학교 현장에 직접 들어가서 실제로 무슨 일이 일어나고 있는지 자세히 관찰하는 '질적 탐구'가 필요하다고 역설하였다. 질적 탐구란 문화인류학 등의 분야에서 널리 쓰이는 연구방법론으로서 '자연적 탐구(naturalistic inquiry)', '해석학 연구(interpretive inquiry)', '문화기술지(ethnography)' 등의 이름으로도 불린다. 그 특징은 연구자가 연구하고자 하는 대상을 인위적으로 조직하지 않고 있는 그대로 존재하는 현장에 직접 들어가서 그곳에서 일어나고 있는 일들을 질적인 시각으로 관찰하고 판단하는 것이다(박승배, 2007: 219).

최근에는 이러한 질적 탐구방법이 훨씬 일반화되었으며, 경우에 따라서는 양적 연구방법과 함께 질적 연구방법을 병행하여 사용하기도 한다.

5 '영교육과정'과 '기예와 예술로서의 수업'

가. 영교육과정

여러분은 어떤 지식이나 학문을 학교에서 배웠으면 더 좋았을 것이라고, 인생에서 사회생활에 더 도움이 되었을 것이라고 생각해 본 경험이 있는가? 대화의 기술, 리더십, 사회성 발달, 이성교제의 실제와 사례, 부모 교육, 초등학생의 학교 적응 등의 내용이 실제 사회생활에 더 요긴하게 사용되지는 않는가? 저자들의 경우, 이러한 주제나 내용을 학교에서 과목으로 개설하여 가르쳐 주었으면 좋겠다고 생각한 경우가 있다. 이렇게 실제생활에 도움이 되고 필요하지만 학교 교육과정에 포함되어 있지 않아 학생들이 배우지 못하는 내용이나 기능, 과목을 '영교육과정'이라고 할 수 있다.

아이즈너는 '영교육과정'의 개념을 제시하였다. 아이즈너는 그의 대표적인 교육과정학 저서인『교육적 상상력』에서 모든 학교에서는 세 가지 교육과정을 가르치고 있다고 말하고 있다(1994: 87-107: 박승배, 2007: 220-222).

첫째, 명시적(공식적) 교육과정으로서, 이는 학교가 목표를 세우고 의도적으로 가르치는 교육과정, 국어, 영어, 수학, 과학, 사회, 음악, 미술, 체육 등의 과목을 가리킨다.

둘째, 잠재적 교육과정으로서, 학교에서 의도적으로 학생들에게 가르치고자 하지는 않았으나 학생이 학교를 다니면서 배우게 되는 것을 말한다. 이는 예컨대 권위에 복종하는 태도, 경쟁 등 교육과정을 통해 가르친 것이 아니지만 학생들이 교사나 학교 환경을 통해 자연스럽게 배우게 되는 특성이다. 아이즈너는 딱딱한 학교의 건축물이나 학교 기자재의 디자인, 일렬로 배치된 형태 등은 교육에 대한 우리의 가치관을 반영하고 있고, 그 건물이 완성되었을 때 우리의 가치관은 그 건물에 의해 더 강화된다고 말하고 있다. 혹은 학교에서 교과 배당 시간의 차이를 통해, 그리고 시간표를 배치하는 시간대를 통해 학생들이 예체능교과와 주지과목의 중요도를 다르게 평가하게 되는 것도 한 예이다. 교과서에 삽입되어 있는 삽화나 예시를 보고 남녀 성 역할에 대한 관념을 갖게 되는 것 등도 잠재적 교육과정에 포함시킬 수 있다. 학교가 사용하고 있는 상벌제도, 학교를 유지하기 위한 조직체계, 학교 건물의 외형적 구조, 학교 건물 내의 집기물 등에 의해 총체적 교육이 이루어진다. 이러한 특징들은 학교의 잠재적 교육과정의 중요한 부분을 형성한다(이해명, 1991: 123-124).

셋째는 '영교육과정'이다. 이는 가르칠 만한 가치가 있는 것이지만 학교 교육과정에 포함되어 있지 않아서 학생들이 배우지 못하는 기능이나 과목을 말한다. 우리는 보통 지적, 정서적, 신체적 세 영역에서의 행동목표를 설정하는 분류법에 의해 학교 교육을 발달시켜 왔다. 그런데 지적 영역에서조차 인지 자체를 넓은 의미에 있어서의 생각을 의미하는 것이 아니라 숫자나 낱말을 다루거나 조직하는 논리적 과정 자체로 한정짓는 경향이 있다. 학교의 프로그램이 강조하는 것은 제한된 의미에서의 사고의 발달이다. 그러나 가장 효과적인 사고의 형태는 비언어적인 것과 논리 이전의 논리이다. 이는 시각적, 청각적, 은유적, 그리고 심미적 방법으로 이루어지며, 여기에서는 수학적이거나 논리적으로 설정된 카테고리의 한계를 훨씬 넘어서는 표상의 형식이 활용된다(이해명, 1991: 126-127). 그럼에도 불구하고 학교에서는 이렇게 한계를 넘어서는 표상의 형식과 개념은 매우 소홀히 다루어지고 있다.

뿐만 아니라 학교에서는 주로 좌뇌를 사용하는 과목이나 기능을 중시하기 때문에 학생들은 우뇌를 발달시킬 수 없다. 그러나 우리가 일상생활을 하면서 부딪치는 많은 문제는 우뇌의 기능과 관련되어 있다(박승배, 2013: 28-30; 이해명,

1991: 127). 예컨대, 우리는 학교에서 언어를 배운다. 단순한 읽기나 논리적 언어, 혹은 예술적 언어를 배우지만, 진정 문학이나 시를 쓰는 것을 배우지는 않는다. 시의 감성과 상상력, 이를 즐기는 능력은 학교에서 배울 수 없다. 뿐만 아니라 정서적인 과정이라고 명명된 기능은 분명 소홀히 취급되어 왔다. 학생들은 이로 인해 학교 밖에서 생활하는 데 실질적으로 필요한 기능이나 과목을 배우지 못한 채 학교를 떠날 수밖에 없다.

'영교육과정'을 포함하여 아이즈너가 바라보는 교육과정에 대한 접근은 인간 경험의 본질적 특징, 개념 획득과 표현에서 감각의 위치, 개념의 표상방식과 그 적용에 대한 문제를 주 내용으로 한다(노철현, 2012: 36-37). 이는 전통주의적 관점의 교육과정 개발이 교육목표 설정, 교육내용 선정과 조직, 학습경험, 평가로 이어지는 일련의 절차를 밟고 있는 것과 차별된다. 이러한 접근방식이 교육과정 활동에서의 외적 측면에 대한 고찰이라고 한다면, 아이즈너의 접근방식은 교육과정 활동 내적 측면에 대한 고찰이라고 하겠다.

나. 기예와 예술로서의 수업

아이즈너는 『교육적 상상력』에서 가르치는 일이 일종의 예술이라고 정의하고 있다. 그는 가르치는 일은 그 일이 예술적 경험이며, 수업의 질에 대한 조절은 예술적 감각에 의존한다고 말한다. 수업은 일상적 행위가 아니라 창조적 행위이며, 목표가 이러한 과정 속에서 이루어지기 때문에 예술이라고 설명하고 있다(Eisner, 1979: 217).

가르치는 일이 예술이라고 이해될 수 있는 데에는 적어도 다음과 같은 네 가지 의미가 있다(이해명, 1991: 216-217).

첫째, 가르치는 일은 높은 기술과 사랑으로써 이루어질 수 있는 것이기 때문에, 교사에게나 학생에게는 그 경험은 예술적인 것이 된다. 교사가 교실에서 강의를 하거나, 질문을 받거나, 수업을 진행시키는 것은 곧 예술적인 표현의 한 형태이다. 수업을 통해서 교사는 내적 충족감을 만끽할 수 있다.

둘째, 교사는 마치 조각가, 작곡가, 배우, 혹은 무용가처럼 행위 중에 나타나는 현상을 가지고 평가하기 때문에, 가르치는 일은 예술의 일종이다. 템포, 톤, 분위기, 토론의 속도 같은 학급에서의 학습을 조직하고, 학생의 의견과 교실에서 일어나는 일들을 조정하며 선택하기 위해 우리는 지능의 질적인 측면을 사용한다.

셋째, 교사의 행위는 일상적인 일에 의해 지배받지 않고, 예측하지 못하는 우연한 일에도 대비해야 한다는 측면에서 가르치는 일은 예술이다. 예술적인 표현을 하기 위하여, 교사는 일상적인 수업에 필요한 자료를 충분히 갖고 있어야 한다.

넷째, 수업목표가 그 과정에서 이루어진다는 의미에서 가르치는 일은 예술이다. 가르치는 일에서 학생과 교사의 만남 속에서 자연스럽게 많은 목표가 달성된다. 이는 미리 설정해 놓은 어떤 목표를 달성하는 것이 아니다. 제임스(H. W. James)가 "예술가란 목표를 달성할 때까지는 그들이 목표로 하고 있는 것이 무엇인지도 모르고 술래잡기를 하는 사람들"이라고 표현한 것과 같다.

가르치는 일은 그것이 예술적인 경험이라는 의미에서, 수업의 질에 대한 조정이 예술적인 감각에 의존하고 있다는 점에서, 일상적인 행위가 아니라 창조적인 활동이라는 점에서, 그리고 목표가 그 과정 가운데 이루어진다는 점에서 예술이다.

6 아이즈너 이론의 시사점

아이즈너는 행동적 목표 비판을 바탕으로 하여 '표현적 결과', '표상의 형식', '감식안', '교육비평', '영교육과정', '질적 탐구' 등의 중요한 개념을 제시하였고, 이는 교육과정에서의 예술적 접근과 질적 연구방법을 이끌어내는 데 큰 역할을 하였다.

아이즈너는 타일러, 블룸, 메이거 등의 교육목적에 대한 진술이 행동적 목표로 진술되는 것에 대해 비판하였다. 아이즈너는 행동적 목표가 지닌 난점을 다음 네 가지로 제시하고 있다. 수업 이전에 구체화된 목표는 첫째, 수업의 복잡성과 역동성을 도외시한다. 둘째, 수학이나 과학과 같은 교과와 음악 미술과 같은 예술 교과 간의 차이를 고려하지 않는다. 셋째, 판단(judgment)의 준거를 적용하여야 할 '질적'인 학습결과가 있는데도 불구하고 모든 학습결과를 측정기준(standard)이 적용되는 '양적'인 것으로 본다. 넷째, 논리적으로 타당할지 모르나 심리적 혹은 경험적으로는 타당하지 않을 수 있음을 간과한다(Eisner, 1967: 455-458; 노철현, 2012: 33에서 재인용).

이러한 아이즈너의 지적은 타일러를 중심으로 전통주의적 접근에서 이루어진 선형적인 교육과정 개발이나 행동적 수업목표 진술, 양적 연구방법들의 한계를 벗어나, 현재 교육과정 및 수업에서 주요 논의의 대상이 되는 수업의 역동성을 중시하는 질적인 접근들 즉 서술-해석-평가, 예술적·미학적 접근 등에 대한 새로운 방향을 제시하였을 뿐 아니라, 그 모태가 되었다는 점에서 의미가 크다.

이 장에서 주로 다룬 논의에 따른 결론은 네 가지로 요약할 수 있다.

첫째, 아이즈너의 '표현적 결과'는 수업 전에 미리 제시되는 구체적이고 명확한 행동주의적 목표의 한계를 지적하면서 제기된 개념이다. 수업이나 학교의 교육활동에서 목표를 설정하여도 계획대로 되지 않는 경우나 예상치 못했던 결과를 얻게 되는 경우가 빈번하다. 또한 학생들이 보이는 다양한 사고나 상상력, 접근방법, 느낌, 성취 등을 모두 예상하여 목표로 제시하는 것도 불가능하다. 오히려 활동이 이루어진 후 얻어진 것을 '표현적 결과'로 하여 '표현적 목표' 대신 사용하는 것이 바람직하다고 본다. 이 아이디어는 미술을 포함한 예술 활동에서 미리 어떤 경험이나 느낌을 가질 것인지 사전에 정할 수 없는 것과 마찬가지로, 교육에서도 표현적 활동을 할 때 사전에 행동적 목표를 정하기 어렵다는 점에 착안한 것이다. 따라서 '표현적 결과'는 그의 예술적 경험과 사고가 반영되어 있는 개념이며, 경험·과학적이며 양적인 사고가 아니라 질적 접근에 따라 탄생된 것이라고 볼 수 있다.

둘째, 아이즈너의 '표상의 형식'은, 교육상황에서 개인이 느끼고 경험하는 것을 일반화되고 공식적인 언어로만 표현하는 것에 한계가 있으므로, 각자의 개인적이고 특별한 경험을 잘 표현해 낼 수 있게 예술적이고 질적으로 표현해 낼 수 있는 형식을 말한다. 청각, 시각, 신체, 혹은 수학기호나 언어와 같은 표현의 전달 매체를 예로 들 수 있다. '표상의 형식'은 감각성과 예술성을 대표해 주는 개념이라고 할 수 있다. 개개인의 유일하고 특별한 경험은 각자의 '표상의 형식'을 통해 그들의 감각과 감정과 생각의 결과 느낌, 색채와 정서를 표현해 내는 것, 그것이 그 경험과 그 상황을 감각적으로 상세하게 알려 주고, 그 깊은 의미와 울림을 전해 주기에 더 용이할 것이다.

셋째, 아이즈너는 지금까지 많은 교육학자들은 경험적 과학만이 지식을 획득하고 사용하는 데 의존할 수 있는 최선의 절차로 믿도록 사회화되어 왔기 때문에 교육연구에 가장 신뢰할 수 있는 탐구방법은 경험 · 과학적이어야 한다는 생각이 지배되어 왔다고 본다. 그러나 교육현상은 이러한 방법보다는 '감식안'을 통해 질적으로 포착하고 해석하여 그 대상에게 가치를 부여하여 묘사해 낼 필요가 있다고 말한다. 그는 이에 대한 대안으로 '교육비평'을 제안하며, 이는 '기술', '해석', '평가'의 단계를 거쳐 제시된다. 이 과정을 통해 교육비평에서는 기술되고 해석된 교육현상에 대해 교육적 의미와 가치를 알려 주게 된다. 교육비평에서의 질적 서술과 평가방법은 질적 연구방법으로 확산되었다.

넷째, 아이즈너는 '영교육과정'과 '기예와 예술로서의 수업'에 대한 개념을 제시함으로써 우리가 간과하고 잃어버린 교육의 내재적 측면, 추상적이고 객관적인 지식이 아니라 실생활에서 요구되지만 놓쳐 버리거나 배제된 교육과정이 있음을 일깨워 주었다. 이는 실제 수업 현장에서 이루어지는 다양한 사고와 감성의 교류, 행위들을 감각적으로, 예술적으로, 질적으로 표현할 수 있게 해 주었다. 이는 노철현(2012: 36-37)이 표현한 바, 인간경험의 본질적 특징, 개념 획득과 표현에서 감각의 위치, 개념의 표상방식과 그 적용에 대한 문제를 포함하는 것이다. 행동주의적 접근방식이 교육과정 활동에서의 외적 측면에 대한 고찰이라고 한다면, 아이즈너의 접근방식은 교육과정 활동 내적 측면에 대한 고찰이라고 하겠다.

아이즈너는 교육과정과 수업에서 외적이고 객관적인 틀, 교육목표 설정, 교육내용 선정과 조직, 학습경험, 평가로 이어지는 추상적인 틀 속에서 놓쳐 버린 삶의 실제, 역동성, 우연, 관계, 느낌의 문제들을 표면으로 이끌어내어 예술적이고 질적으로 표현해냈다고 할 수 있다. 절차로만 인식되어 온 교육과정과 수업을, 객관화되고 추상적으로만 기술되어 온 교육을, '표상의 형식', '감식안', '교육비평', '영교육과정'과 '기예와 예술로서의 수업'의 개념을 통해 살아 움직이는 교육현장을 질적으로 예술적으로 기술하고 해석함으로써, 대중이 교육현장에서 이루어지는 일들을 쉽고 현장감 있게 느끼고 바라볼 수 있도록 해 주었고, 대중에게 그 교육의 의미를 울림 있게 예술적으로 전해 줄 수 있는 지평을 새로 열어 주었다는 점에서 아이즈너가 교육학적으로 끼친 의의는 지대하다고 할 수 있다.

참고문헌

김영천(2007). 우리나라 "교육과정 개발"담론: 그 다섯 가지 비평과 시사점. 중등교육연구, 55(2). 113-150.

노철현(2012). 교육과정의 예술적 측면: 아이즈너의 교육과정이론 일 고찰. 교육과정연구, 30(4), 29-50.

박승배(2007). 교육과정학의 이해. 서울: 학지사.

박승배(2013). 교육평설: 엘리어트 아이즈너의 질적연구방법론. 서울: 교육과학사.

박천환 · 박채형 · 노철현(2017). 교육과정 담론. 서울: 학지사.

이원희 · 박영무 · 오경종 · 허숙 · 박천환 · 한승희 · 장성모 · 조주연 · 황윤환 · 박승배 · 조영남 · 김영천 · 권혁일 · 조재식(2005). 교육과정과 수업. 서울: 교육과학사.

이해명 역(1991). 교육적 상상력: 교육과정의 구성과 평가. 아이즈너 저. 서울: 단국대학교 출판사.

조영태(2009). 예술과 교육: 아이즈너의 교육과정 모형 검토. 도덕교육연구, 21(1), 31-90.

장인실 · 한혜정 · 김인식 · 강현석 · 손민호 · 최호성 · 김평국 · 이광우 · 정영근 · 이흔정 · 정미경 · 허창수 공역(2007). 교육과정: 기초, 원리, 쟁점. 서울: 학지사. Ornstein, A. C. & Hunkins, F. P. Curriculum: Foundations, Principles and Issues(4th ed.).

Eisner, E. W.(1979). *The educational imagination: on the design and evaluation of school programs*. New York: Macmillan.

Eisner, E. W.(1985). *The art of educational evaluation: a personal view*. London: Falmer Press.

Eisner, E. W.(1994). *Cognition and curriculum reconsidered*(2nd ed.). New York: Teachers College Press.

Pinar, W. F., Reynolds, W. M., Slattery, P., &Taubman, P. M.(1995). *Understanding Curriculum: An Introduction to the Study of Historical and Contemporary Curriculum Discourses*. New York: Peter Lang.

Smith, M. K.(2005). 'Elliot W. Eisner, connoisseurship, criticism and the art of education', the encyclopaedia of informal education, www.infed.org/thinkers/eisner.htm.

제6장

교육과정의 재개념화

교육과정 개발은 교육과정이 교육학의 한 가지 학문 분야로 태동된 이후부터 약 60년 동안 교육과정 탐구의 지배적인 전통으로 군림해 왔다. 교육과정 재개념화 운동은 그러한 지배적인 전통에 저항하면서 그것에 관한 대안적 탐구 방안을 모색하려는 일련의 시도를 가리킨다. 즉, 종전까지 '교육과정을 탐구한다'라는 말을 '장차 적용될 교육과정을 개발한다'라는 뜻으로 사용해 왔다면, 교육과정 재개념화 운동은 문자 그대로 그 말의 의미를 '기존의 교육과정을 이해한다'라는 뜻으로 돌려놓으려는 의도에서 시작되었다. '개발에서 이해로'라는 구호는 이러한 교육과정 재개념화 운동의 의도를 압축적으로 보여 주고 있다(박채형, 2016: 324).

교육과정 재개념화 운동은 전통적 교육과정이론의 근본적인 가정과 연구방법론이 지닌 결함을 비판하고, 그러한 결함을 극복하려는 방안을 모색하는 데 관심을 둔다. 전통적 교육과정이론은 교육과정의 실제적인 개발과 개선을 위한 절차만을 제시하거나, 교육과정을 투입과 산출의 관계로 파악하여 효율적인 생산을 위한 법칙과 원리를 탐색하는 데 초점을 맞추고 있었다(허숙, 1995). 이처럼 전통적 교육과정이론은 교육과정 탐구를 투입과 산출의 가치 중립적인 과학이나 공학의 방법으로 다루는 '개발 패러다임'이라는 실증주의 연구 경향을 가지며, 교육과정을 학교 외부에서 따로 만들어서 학교로 투입하는 객관화된 문서로 간주한다.

재개념주의자들은 전통적 개념으로서의 교육과정 계획과 평가를 포함한 협소한 의미의 개발과 관리의 문제를 벗어나 정치적, 문화적, 역사적 차원에서의 교육적 경험을 이해하기 위한 학문적 노력에 관심을 가지며, 교육과정 탐구를 '개발 패러다임'에서 '이해 패러다임'으로 전환하려는 부류의 학자들을 지칭한다(윤병희, 1991: 102-103). 이 장에서는 교육과정 재개념화 탐구 영역, 파이너의 실존적 재개념화 이론, 애플의 사회적·문화적 재개념화 이론, 반 매넌의 현상학적 재개념화 이론에 대하여 살펴보았다.

1 교육과정 재개념화(Reconceptualization) 탐구 영역

교육과정 재개념화 운동의 시작은 1973년 재개념주의자들이 교육과정의 이론화를 위하여 로체스터대학에서 열린 학술대회라고 할 수 있다. 이 학술대회에서는 재개념주의 연구를 위한 기본적인 아이디어들이 개진되었다. 파이너(W. F. Pinar)는 학술대회의 내용을 정리하고 편집하여 『고조된 의식, 변화하는 문화, 그리고 교육과정이론』이라는 책을 1974년에 출판하였다. 그리고 파이너(Pinar)는 1974년에 열린 2차 학술대회의 발표 자료를 정리하여, 1975년 『교육과정의 이론화: 재개념론자들의 관점(Curriculum Theorizing: The Recoceptualists)』을 출판함으로써, '재개념주의자'라는 용어를 공론화하였다. 휘브너(Huebner), 그린(Greene), 애플(Apple), 지루(Giroux), 애니온(Anyon), 몰나르(Molnar), 반 매넌(van Manen), 그리고 맥도널드(MacDonald)와 파이너(Pinar) 등으로 구성되는 이 집단은 그동안 교육과정연구를 압도해 왔던 탈정치적, 탈역사적, 기술공학적 접근에서 벗어나 교육과정 탐구의 개념적 지평을 확대하려고 시도하였다(윤병희, 1991: 102-103).

재개념주의들은 교육과정연구에 대한 기존의 전통적인 방식에서 벗어나, 자신들의 관심 영역과 탐구영역에 따라 각기 다른 접근방식으로 교육과정 문제에 대한 해결책을 모색하였다(소경희, 2017; 허숙, 1995; Pinar et al., 1995). 재개념주의자들은 탐구영역과 이론적 배경에 따라 그 성격이 다양하지만, 인간의 내적 주관에 관심을 가지며 모순된 구조나 체제를 해체하고자 한다는 점에서 공통점을 갖는다. 이 책에서는 재개념주의자의 탐구 영역을 일곱 가지로 구분하여 살펴보았다.

가. 사회적·문화적 재생산 이론/정치적 텍스트

이 접근은 사회·문화와 학교 교육 간의 관계를 분석하는 데 관심을 두고, 사회에서의 학교의 역할을 탐구한다. 학교 교육이 사회의 불평등한 구조를 재생산하고, 이러한 교육 체제 속에서 취약 집단들이 억압되고 있음을 비판한다. 교실 실제에 관심을 두고, 학교와 사회 간의 일상적 관계에 내재해 있는 문제를 논의하였다. 이러한 접근의 대표적인 인물로는 애플(Apple), 지루(Giroux), 프레이리(Freire) 등이 있다.

나. 실존적 재개념화/전기적 텍스트

이 접근은 학습자가 교육과정을 어떻게 경험하고 있는지를 탐구한다. 파이너는 교육과정의 어원인 쿠레레(currere)의 관점에서 자서전적 방법론을 제시하였다. 쿠레레란 제도적 구성물에 대한 개인의 실존적 경험을 의미한다. 쿠레레는 개인이 자신의 경험을 좀 더 충분하고 더 명확하게 직면할 수 있게 하는 자아 성찰 전략이다. 이러한 접근의 대표적인 인물로는 파이너(Pinar), 구드슨(Goodson), 코넬리(Connelly) 등이 있다.

다. 현상학적 이론화/현상학적 텍스트

이 접근은 개인이 갖는 경험 그 자체, 즉 개인이 경험한 교육과정이 무엇인지를 밝히는 데 관심이 있다. 각 개인은 자신이 경험한 구체적 상황에 대한 개인적이고 특별한 의식을 형성하게 된다. 그리고 개인의 경험에는 상황에 대한 정의적이고 인지적이며 생리적 반응을 수반한다. 이 접근은 연구 대상이 되는 개인들에게 스스로 보고, 느끼고, 믿는 것에 대해 깊이 성찰할 기회를 제공함으로써, 개별적인 경험을 드러낸다. 이러한 접근의 대표적인 인물로는 아오키(Aoki), 반 매넌(van Manen), 휘브너(Huebner) 등이 있다.

라. 미학적 이론화/심미적 텍스트

이 접근은 미학적인 관점에서 교육과정을 분석하고 비판한다. 이들은 교수와 학습의 과정이 단순히 목표와 방법을 연결하는 기계적이고 공학적인 관계가 아니라, 개인의 의미 형성을 통한 실존적이고 창의적인 과정이라는 것을 강조한다. 이러한 접근의 대표적인 인물로는 아이즈너(Eisner), 발란스(Vallance), 피긴스(Figgins) 등이 있다.

마. 페미니스트 이론화/젠더 텍스트

이 접근은 젠더와 성적 지향으로 인한 불평등한 취급방식을 분석하고, 젠더에 대한 사회의 지배적인 가정에 따라 지식과 가치가 어떻게 개발되었는지를 분석하는 데 관심을 둔다. 이 접근에서는 젠더와 성적 지향에 따른 불평등을 명확히 드러냄으로써 궁극적으로 정의를 위한 이론을 창출하고자 한다. 이러한 접근의 대표적인 인물로는 그루멧(Grumet), 밀러(Miller), 파가노(Pagano) 등이 있다.

바. 인종적 이론화/인종적 텍스트

이 접근은 학교 교육에서 인종에 따른 불평등한 취급을 이론화하는 데 관심을 둔다. 이 접근에서는 인종 및 이와 관련된 개념들, 즉 다문화주의, 정체성과 억압, 인종적 재현, 교육과정 정치학, 주변화, 차이 등과 같은 개념들을 교육과정과 관련지어 논의한다. 이러한 접근의 대표적인 인물로는 왓킨스(Watkins), 맥카트니(McCarthy), 영(Young) 등이 있다.

사. 포스트모던 이론/포스트모던 텍스트

이 접근은 학교 교육 및 교육과정에 대한 근대적인 가정이나 접근을 해체하고 새롭게 재구성하는 데 관심을 둔다. 포스트모더니즘에서는 세계를 유동적이고 생성적이며 혼란스럽고 개방적인 실재로 이해하며, 세상사는 지속적으로 해체되고 재구성되는 과정으로 간주한다. 이 접근에서는 교육과정을 한 가지 방식으로 해석하거나 이론화하지 않으며, 고정화하지 않고 생성적인 것으로 간주한다.

이러한 접근의 대표적인 인물로는 돌(Doll), 킨체로(Kincheloe), 스텐버그(Steinberg) 등이 있다.

2 파이너의 실존적 재개념화

가. 쿠레레로서의 교육과정

쿠레레(currere)는 교육과정을 '목표 또는 학습결과를 기술하거나 규정하는 활동'이 아니라, '코스에서 학생이 달리면서 갖게 되는 교육적 경험'으로 재해석한 것이다(정성아, 2006). 파이너(Pinar)는 교육과정의 라틴어 어원인 쿠레레에 주목하고 교육과정을 의미하는 쿠레레는 '달리는 경주로'라는 명사적 의미뿐만 아니라 실제로 '그 경주로를 달리는 행위나 과정'을 뜻하는 동사적 의미도 포함하고 있음을 강조하였다(이근호, 2006; 정미화, 2011; Pinar et al., 1995).

쿠레레는 교육활동 속에서 학생 개개인이 갖는 경험의 본질로 해석된다. 쿠레레는 외부에서 제공된 교육내용을 단순히 수용하는 것이 아니라, 자신이 살아온 경험 속에서 지식을 발견하도록 하는 교육과정 재개념화의 과정이다. 그러므로 교육과정은 학생들이 경주로를 달리는 과정에서 경험하고 성장하는 인생의 여정에 비유될 수 있다(이근호, 2006; 최연주, 2011).

동사적 의미로서의 쿠레레는 교육과정연구에서 자기 소외 및 연구 대상들과의 분리 문제의 극복을 시도하였다(정미화, 2011). 개인의 경험은 고유하고 반복할 수 없는 가치 있는 것으로, 쿠레레는 학교 안과 밖 나아가 우리의 인생 경험 그 자체라고 할 수 있다(김영천, 2004). 이에 따르면 교육과정은 계획된 실체로서보다는 삶의 경험에 대한 분석과 사적인 경험을 탐구하는 분야가 된다. 즉 교육과정은 개인의 경험을 특수한 사회적 맥락 속에서 느끼고 생각하는 매우 사적이고 개인적인 것으로 이해될 수 있다(이흔정, 2002).

나. 인간의 실존적 해방

파이너의 교육과정이론은 오늘날 우리가 처하고 있는 사회적, 문화적 현실 속에서 개인이 갖는 경험과 그 의미를 탐색하여 이해하는 것에 초점을 둔다. 우리가 처한 사회적 현실이란 1900년대 후반의 기계문명 발달과 산업화에 따른 인간 소외, 경제적 불안정, 사회적 갈등, 그리고 관료 체제의 문제 등을 의미한다.

파이너는 억압된 사회 속에서 인간의 실존적 해방을 목표로 삼았다. 그가 말하는 해방(liberation)이란 "정치적, 경제적, 심리적 불공정성으로부터 자신과 타인을 자유롭게 하는 과정"을 의미한다. 해방의 과정은 다면적이고 연속적인 과정이기 때문에 어느 한 가지 조건이 해결된다고 해서 한순간에 완성되지 않는다. 개인이 자신을 구속하고 있는 거짓된 현상이나 인식을 걷어내고 자신의 진실한 본래의 모습을 회복할 때 해방될 수 있다. 인간의 해방은 추상적으로 이론화하고 표준화해 놓은 관념에서 벗어나, 생동적이고 구체적인 개인의 직접적 경험의 세계를 회복할 때 가능하다.

파이너는 교육과정연구를 실존적 접근을 통해 인간의 경험을 이해하고자 하였으며, 각 개인이 갖는 경험의 개별적 특수성을 강조하였다. 파이너의 교육과정연구에서 '개인(individual)'에 관심을 두고, 각 개인이 교육 속에서 갖는 내적 경험의 탐구를 중시하였다. 교육과정 이론가나 실천가에게는 자신이 갖는 편견과 가치 그리고 개인적인 행동에 대한 자기 비판적인 성찰이 요청된다. 이러한 자기성찰(self-critical awareness)의 과정은 자신의 생활이나 교육 경험을 되돌아보는 기회를 제공하고, 이것은 자기 자신의 진정한 내적 의식의 세계를 깨닫게 해 준다. 또한, 이것은 자기를 구속하는 여러 가지 문화적, 사회적 제약들을 깨닫게 하고, 자기 자신뿐만 아니라 타인까지도 진정한 인간의 모습으로 해방하는 데 기여한다. 이때, 인간의 정신적, 실존적 해방이 이루어진다(Pinar, 1974).

다. 학교 교육의 정신 분석

파이너는 『Sanity, madness, and the school(1975a)』에서 학교 교육이 학생들을 어떻게 비인간화하고, 정신적인 파괴를 초래하는지 설명하였다. 파이너가 지적한 학교 교육의 열두 가지 문제점은 다음과 같다(허숙, 1995).

① 공상적인 세계로의 도피와 거부: 학교 교육의 특성인 통제성과 엄격성은 모든 아동에게 획일적으로 적용된다. 따라서 그러한 제약에 견딜 수 없는 일부 아동들은 학교생활 중에 많은 시간을 개인적인 공상의 세계로 도피하게 되는 경험을 갖게 되고, 또 다른 일부 아이들은 자신의 자연스러운 공상까지도 억누르면서 억지로 현실에 집착하려고 애쓰게 한다. 그 어떤 경우이든 아동들이 완전한 개인으로 성장해 가는 데 도움이 되지 못한다.

② 타인의 모방을 통한 자아의 분열과 상실: 학교생활을 통하여 아동들은 끊임없이 타인을 모방하도록 강요받는다. 한 아동이 다른 사람을 모방하는 일은 자기 자신에 대한 불만족과 거부를 강화한다. 아동들은 학교에서 자신을 타인의 눈으로 보는 법을 배운다.

③ 자율성의 위축과 의존성의 증대: 아동들이 학교에서 가장 먼저 배우게 되는 것은 자기 자신은 아무것도 모른다고 생각하도록 하는 것이다. 따라서 아동들은 당연히 교사로부터 교육을 받아야 한다고 생각하게 되고, 그러한 생각은 자기 자신의 필요나 욕구 자체도 잊어버린 채 맹목적인 의존과 복종의 심리만을 증대시키도록 만든다.

④ 타인으로부터의 평가와 자기애의 상실: 학교생활은 끊임없는 평가와 비판의 연속으로 이루어진다. 학생들은 시험에서 자신이 옳다고 생각하는 답을 찾는 것이 아니라, 선생님이 옳다고 생각하는 답을 찾아내야만 한다. 학교 교육의 체제는 모든 아동이 모든 분야에서 동시에 '수(A)'를 받을 수 없게 되어 있으므로, 아동들은 학교에서 실패를 경험할 수밖에 없다. 계속된 실패의 경험 때문에, 결국 아동들은 자아 존중감, 자기애(self-love)를 상실하

게 된다.

⑤ 인간관계 욕구의 왜곡: 아동들이 갖는 자연스러운 인간관계의 욕구는 학교생활 속에서 무참히 억압되고 있다. 교사와 학생 간의 인간관계는 수직적이고 제한적이며, 협동보다는 경쟁이 강조된다. 교육활동 속에서는 애정보다는 훈육이나 벌이 더 좋은 교육방식으로 여겨지기도 한다. 이러한 상황은 결국 분노를 표출하고, 반대로 표출될 수 없는 분노는 자기 자신과 동료에 대한 심리적 공격으로 전환된다.

⑥ 자기 소외와 감각마비 현상: 학교생활은 아동들에게 신체적, 정신적인 고통을 유발한다. 끝없이 계속되는 이러한 고통은 아동들의 신체적, 정신적 감각을 마비시키고 결국 잠재적인 불안을 생성하게 된다. 지적 긴장은 아동들의 감정을 무시하고 머리만을 중시하게 함으로써 자신의 내면세계로부터 들려오는 소리에 무감각하게 한다.

⑦ 자기 기준의 상실과 타인 지향성: 학교생활을 통하여 아동들은 자기 기준을 버리고 타인 지향적인 행동을 배우게 된다. 따라서 행동의 내적 동기는 사라지고 외적 동기가 지배하는 동기의 전도 현상이 발생한다. 그 결과로 아동들은 부모나 선생님을 위해서 공부하고, 점수를 얻기 위해 책을 읽는다. 상대방의 재력을 보고 결혼하고, 출세를 위해 공부해야 한다고 생각하는 것은 이러한 타인 지향성이 누적된 학습결과이다.

⑧ 참된 자아의 상실과 객관화된 자아의 수용: 학교생활 속에서 아동들은 참된 '자기'가 되기보다는 '착한 학생', '공부 잘하는 학생', 또는 '문제아' 등으로 불리고 취급된다. 이러한 분류와 명칭은 참된 주관적 존재로서의 아동을 객관화된 사물로 전환한다. 한 사물로서 객관화된 인간은 자기 자신의 주체적인 목적을 갖지 못하고, 오직 다른 사람의 지시에 따라 움직일 뿐이다.

⑨ 지배자의 논리 수용과 거짓된 자아 정체감의 형성: 학교생활 속에서 아동들은 교사와의 사이에서 생기는 갈등과 마찰을 피하고 그로부터 자기 자신을 보호하기 위해 교사의 논리를 일방적으로 받아들이거나, 혹은 가면을

쓰고 거짓된 행동을 해야 한다. 아동들에게 있어서 이것은 교사와 벌이는 한판의 게임과도 같은 것이다. 학교생활의 이러한 연속적인 게임적 특성은 아동들에게 거짓된 자아 체제를 형성하도록 만들며, 나아가 인생 전체를 진지한 참여의 관계가 아닌 하나의 가식적인 게임으로 여기게 만드는 원인이 된다.

⑩ 학교 교육의 집단성과 개인적 세계의 상실: 아동들의 학교생활은 교사에 의해 주도되는 집단 속에서 이루어진다. 이러한 집단 속에서 아동들은 개인적인 세계를 가질 수 없으며, 집단에서 맘대로 벗어날 수도 없다. 무리 속에서 조용히 외롭게 부지런히 쫓아다녀야만 하는 아동들로서는 자신을 되돌아볼 겨를도 없고, 동료들과 친근한 관계를 맺는 일도 어렵게 된다.

⑪ 무관심과 존재 확인의 기회 상실: 한 인간이 타인으로부터 인정을 받을 때, 그것은 자기를 알고 자기에 대한 애정을 갖도록 하는 데에 결정적인 도움이 된다. 그러나 학교생활은 아동을 무시하고, 의심하며, 일방적으로 지시하거나 심지어 체벌을 가하는 일이 빈번히 일어난다. 아동들은 교사로부터 관심을 끌기 위하여 전략적인 행동을 하지만, 그것은 자신의 참된 모습이 아니다. 학교에서는 아무도 자신을 알아주지 않으며, 아동들은 심지어 벌을 받으면서 자신의 존재를 확인하기도 한다.

⑫ 미적, 감각적 지각 능력의 둔화: 미적 측면을 고려하지 않고 효율성만을 고려하여 만든 학교 건축물, 딱딱한 의자와 직선들, 획일적이고 기계적인 교과 학습 등의 계속적인 반복은 아동들의 미적이고 감각적인 감수성을 둔화시킨다. 오늘날 학교 교육은 모든 것을 생명 없는 객관화된 사물로만 취급하고, 모든 지식은 죽어 있는 돌과 같은 것으로만 다루고 있다.

이렇게 획득된 학교교육의 누적적 결과는 인간의 파괴, 즉 상실을 유발한다. 학교 교육이 이러한 인간 파괴적인 '광기(madness)'로부터 벗어나기 위해서는 먼저 우리 자신의 의식 속으로 관심을 돌려야 한다. 자기 이해를 바탕으로 할 때만

이 자신을 둘러싸고 있는 사회적, 정치적, 교육적인 문제에 대한 보다 종합적인 이해가 가능해진다(Pinar, 1975a: 384).

라. 자서전적 방법론

자서전적 방법론은 파이너가 학교 교육의 병폐를 치유하려는 방법으로 제안한 것이다. 파이너는 학교 교육 병폐의 근본적 원인을 "객관성 강조로 인한 주관성 혹은 참자아의 상실로 규정하고, 이것의 치유는 교육 출발점의 전환, 즉 '안으로부터 시작'이 요구된다(Pinar, 1975b: 10)."고 제안하였다. 이때까지 학교 교육이 학생들 자신과 동떨어진 객관적인 지식을 가르치는 데에서 출발했다면, 이제는 각 학생들의 '주관적 내면'에서 출발해야 한다. 학생들의 주관적 내면에서 출발하여 학생들이 자신의 주관성을 회복하기 위해서는 자서전적 방법이 필요하다. 자서전적 방법은 회귀(regressive), 전진(progressive), 분석(analytic), 종합(synthetical)의 4단계로 이루어진다.

첫 번째 단계는 회귀이다. 회귀는 과거의 경험을 되돌아보는 기회를 제공하는 것을 의미한다. 이것은 학생들에게 현재 가지고 있는 생각과 성향이 과거의 어떤 경험을 통하여 형성된 것인지, 다른 방법으로 유도될 수는 없었는지, 가치 없다고 버려진 경험들은 없는지, 어떤 점이 왜곡, 억압, 은폐되었는지 등을 알도록 유도한다. 이처럼 회귀 단계에서는 과거의 모든 경험을 의식의 표면으로 하나하나 끄집어 올리며, 이를 위해 인간의 삶 혹은 실존적 경험을 회귀의 자료로 사용한다. 학생들은 자유로운 연상을 통하여 과거를 회상하고 자신의 기억을 확장한다. 과거 속에서 일어나는 것을 관찰하는 것이 이 단계의 핵심이다.

두 번째 단계는 전진이다. 이것은 과거의 경험들을 현재로 불러서, 그 과거의 경험과 현재 자신이 가지고 있었던 지적 관심을 자신의 의식 속에서 자유롭게 생각하게 한다. 전진의 단계에서는 아직은 존재하지 않지만, 현재에 스며 있는 미래에 주목한다. 자신의 1년 후, 10년 후, 30년 후의 모습을 연상한 후 아직 현실화되지 않는 모습, 즉 미래가 현재가 되는 장면을 조망해 본다.

세 번째 단계는 분석이다. 이것은 회귀와 전진 단계에서 가져온 개인적 경험들을 제도와 역사의 배경 위에 놓고, 그것을 개념화함으로써 과거와 현재와 미래가 어떻게 복잡하게 얽혀 있는지를 이해하는 단계이다(한혜정, 2005). 이 단계는 과거, 현재, 미래라는 세 장의 사진을 동시에 펼쳐놓은 후 이들을 연결하고 있는 복잡한 관계를 분석하는 과정이다. 그리고 과거의 교육적 경험으로 인해 형성된 자신의 삶을 분석하게 한다(Pinar, 2004).

네 번째 단계는 종합이다. 종합은 자신의 과거 경험과 현재의 지적 관심, 앞으로의 비전에 대한 새로운 안목을 얻는 단계이다. 자신의 생생한 현실로 돌아가 내면의 목소리에 귀를 기울이고, 자기에게 주어진 현재의 의미가 무엇인지를 자문하는 단계라고 할 수 있다.

3 애플의 사회적·문화적 재개념화 이론

가. 인간의 정치적 해방

학교에서 가르치는 지식·문화 등은 보편적인 지식이나 비정치적인 성격의 문화 자산이 아니라, 특정 계층이나 범주에 소속된 집단의 이익을 옹호하는 정치적 성격을 띠고 있다. 교육과정은 더 넓은 문화의 부분을 선택하여 가르치게 되는데 이때 학교에서 전수하는 지식·문화 등은 보편적인 지식이나 성격의 문화 자산이 아니라 특정 계층이나 범주에 속하는 집단의 이익을 옹호하는 정치적 성격을 갖게 된다. 교육과정은 보편적이며 불변의 진리·사실로 구성된 학습 내용이 아니라, 특정한 시대적 상황 속에서 형성되어 온 지배 계층의 이익과 관심을 반영한 역사적 산물이다.

애플은 신마르크스주의 이론에 바탕을 두고 의식을 형성하게 하는 외부적인 조건과 제약이 무엇인지를 따지는 데에 더욱 관심을 두고 있다. 인간 활동의 이해는 그를 둘러싸고 있는 정치적, 경제적, 사회적, 이념적 상황과 갈등을 고려할 때 가능해진다. 따라서 교육의 문제를 해결하기 위한 노력은 교육과 관련되는 지식의 문제, 이데올로기의 문제, 경제 체제의 문제, 그리고 권력 관계의 문제 등에 대한 상호 관련을 분석하는 일에서 시작해야 한다(Apple, 1978).

이러한 분석을 통하여 우리는 학교의 교육과정 속에 있는 지배적 이데올로기가 무엇이며, 그 이데올로기는 우리의 사회적, 경제적 삶을 어떻게 통제하고 있는지, 그리고 그것이 학교 교육을 통하여 어떻게 재생산되고 있는지를 이해하게 된다. 그리하여 교육과정의 이론과 실제에 대한 숨은 의미를 사회와의 관련 속에서 평가하게 함으로써 교육 문제의 사회적-정치적 배경을 이해하는 도구를 발견하게 되고, 우리를 지배하는 신화적인 믿음들을 비판적으로 볼 수 있게 된다. 이것은 결국 불평등한 사회 구조 속에서 정치적, 경제적, 사회적으로 구속받고 있는 인간의 삶을 해방시키는 중요한 과제가 되는 것이다.

나. 학교 교육과 교육과정에 대한 비판

애플(1979)은 『이데올로기와 교육과정(*Ideology and curriculum*)』에서 오늘날의 학교는 기성세대가 갖는 사회 체제와 권력 관계를 다음 세대에 그대로 전달해 주는 '문화 재생산'의 기능을 하고 있다고 비판한다. 애플이 보기에 현대의 사회 질서는 자본과 경제력이 지배하는 체제이다. 따라서 자본주의 사회는 자본을 갖는 대기업의 이익을 위해 움직이게 되고, 대기업들은 매체를 통제하고 재화의 생산은 물론 분배와 소비까지도 조정할 수 있게 된다. 이러한 자본의 힘은 자신들의 이익을 위해 지배나 권위를 의미하는 '헤게모니(hegemony: 주도권)'를 행사함으로써 그 사회의 구성원들에게 큰 영향력을 미치게 되는데, 학교가 그 역할을 대행하고 있다고 가정한다.

애플은 오늘날의 학교가 불공정하게 왜곡된 사회 권력의 배분 관계를 그대로 유지 계승시키는 역할을 하고 있다고 비판한다. 즉 학교 교육은 권력을 가진 사람에게는 그 권력을 더 오래 유지할 수 있도록 도와주고, 권력을 갖지 못한 사람에게는 그들의 무능함을 스스로 인정하고 받아들이도록 훈련시키고 있다는 것이다. 이러한 일은 학교에서 지식을 선택적으로 배분하여 가르침으로써 이루어지는데, 부분적이고 편파적인 지식이 마치 완전하고 중립적이고 진리인 것처럼 제공되기도 한다. 예컨대 역사 과목을 통해 지도자를 따르는 사람은 찬양하고 그렇지 않은 사람은 비방하도록 가르치고, 과학을 통해, 과학은 기술공학적인 경제 체제에 적합한 노동자를 양성하도록 가르친다.

학교의 조직 구조 자체도 은연중에 이러한 기능을 수행하고 있다. 교사와 학생들이 일상적인 일로 바쁘게 움직이다 보면 자기도 모르게 관료적인 통제 속에 익숙해지게 되고, 권위의 주체가 요구하는 대로 행동하게 된다. 만약 이러한 맡은 바 임무와 지위에 대해 의문을 품거나 도전하는 학생이 있다면 그들에게는 곧 제재와 훈육이 가해지고, 나쁜 평점이 매겨지거나 징계가 주어진다. 따라서 학생들은 학교로부터 인간의 사회적 관계를 형성하는 근원적인 논리를 배우기보다는 기존의 권위 체제 속에서 자신에게 주어진 역할이 무엇인지를 배우게 되고, 그로 인해 그들은 다시 그 사회의 기계적인 한 부분이 되고 만다.

애플에 의하면, 지식은 문화적 자본에 해당한다. 학교는 형식적인 교육과정을 통하여 특정한 지식을 적법화하는 기능을 한다. 교육과정은 모든 사람이 배우도록 요구되는 지식을 선정하면서 지배 집단의 이익에 도움이 되는 지식에는 특수한 지위를 부여하고, 그렇지 않은 지식은 하찮은 것으로 규정하여 무시해 버린다. 따라서 오늘날 학교의 교육과정에서는 예술이나 공예보다는 과학이나 직업교육 교과가 중시되고, 역사나 사회과학의 내용에서는 갈등 상황보다는 조화와 합의가 강조된다. 그 결과 학생들은 사회의 모든 사람이 만족스럽게 행복하며 거의 모든 문제에 있어 의견의 일치를 보인다고 믿게 된다. 학교는 결국 이러한 식으로 그 사회의 지배적인 경제 세력이 갖는 문화 자본을 유지 · 계승시키는 일에 핵심적인 역할을 하고 있다.

학교는 잠재적 교육과정을 통하여 그 사회가 갖는 기존의 권력 관계를 유지하는 데 기여한다. 아동들이 학교에서 처음으로 배우게 되는 중요한 기능은 역할을 분배받는 일, 조용히 듣는 일, 물건을 제자리에 치우는 일, 그리고 학급의 일과를 따르는 일이다. 이러한 역할과 기능은 아동들에게 가르쳐야 할 표면적인 내용이라기보다는 이들을 통제하고 사회화시키기 위한 통제 과정이라고 할 수 있다. 아동들은 학급 활동을 조직하는 일에 참여하는 경험을 제공받지 못하였으며, 아동들에게 흥미로운 자료가 제공되더라도 교사가 지시하는 시간과 활동의 통제 속에서 개인적인 의미를 상실하게 된다. 학생들은 시간이 지나면서 학급에서의 일과 놀이를 다음과 같이 구분한다. 놀이는 자기가 원해서 자유롭게 선택한 활동이며, 일은 누군가가 시켜서 감독을 받아가며 마지못해서 하는 것으로 간주한다.

애플은 『교육과 권력(*Education and power*, 1982)』에서 교육과정의 내용과 형식의 문제를 사회의 정치적, 경제적 구조와 관련하여 분석하였다. 교사는 기업 경영의 이데올로기와 실제가 교육과정에 어떻게 침투되어 있는지에 대해 세심한 자각이 있어야 하며, 그것이 어떻게 우리의 사고와 행동을 기술적으로 통제하고 있는지에 대하여 의문을 제기해야 한다. 애플은 비판적 대화를 통하여 학교를 포함한 여러 사회적·문화적 기관들이 민주적으로 재건되어야 함을 제시하였다.

다. 기술공학적 논리의 비판과 교육과정 탐구

학교 교육과정의 설계나 연구에서 많은 사람의 사고와 행동을 지배하고 있는 무의식적 가정은 소위 '과학적 방법'이라고 일컬어지는 실증주의적이고 기술공학적인 논리이다. 이러한 기술공학적 논리에 따르면 인간의 모든 행동은 일정한 법칙 관계로 이해되고 설명된다. 그러므로 교육의 중요한 역할은 학생들의 행동을 결정하는 일반적인 원리를 찾아 그것을 과학적으로 조직하고 통제하는 일로 간주된다. 교육연구에서는 가치 중립적인 객관성이 강조되며, 실증적이고 수량적인 방법이 선호된다. 교육에서 기술공학적 논리를 가장 잘 대변하고 있는 것이 '체제적 관리'이다. 체제적 관리에서는 학생들이 성취해야 할 학습경험의 결과가 목표로서 사전에 분명하게 제시되고, 그러한 목표 달성을 위한 최적의 환경과 조건, 행동들을 찾아 조직적으로 통제함으로써 최상의 목표 달성의 추구를 강조한다. 기술공학적 논리에서는 주어진 목표 달성을 위한 효율성과 생산성의 추구가 유일한 중요 관심사이기 때문에, 그 자체가 가지는 논리나 가치에 대해 성찰하거나 비판하는 일은 허용되지 않는다. 애플은 인간의 허구적인 의식과 제도에 대한 비판을 통해 인간 해방을 목적으로 하는 비판적 과학을 중시하였다.

애플은 학교 교육 속에서 갈등의 역할을 중시하였다. 갈등은 사회의 변화와 발전, 그리고 교육의 개혁을 위해 중요한 요소로 간주된다. 그러나 오늘날의 학교 교육과정 속에서는 자연과학이나 사회과학 모두가 이러한 갈등을 무시하거나 배척하도록 명시적 또는 묵시적으로 강조함으로써 기존 사회 체제의 유지와 조화만을 꾀하고 있다. 즉 오늘날 학교의 교육과정은 가치 수용적이고 가치 전달적인 측면은 강조하지만, 가치 변화적이고 가치 창조적인 측면은 도외시하고 있다. 이러한 가치 전달적인 교육과정에서는 지식은 학생들에게 판매되는 상품으로 여겨지며, 가르치는 일은 지식을 전달하는 단순 노동으로, 그리고 학생들의 학업성취는 제품 생산의 결과로 이해되기도 한다. 이러한 생각은 기업의 경영이나 공장의 생산 논리가 교육에 그대로 적용되어 나타난 결과인데, 특히 현대 산업사회에서는 기업의 요구와 논리가 단지 교육과정의 내용뿐만 아니라 교육과정이 조직되고 운영되는 형태까지 지배하고 있다.

기업에서는 생산성의 제고를 위하여 노동자를 통제한다. 이러한 통제는 탈기술화와 재기술화의 과정을 거쳐 이루어지게 되는데, 학교에서도 이러한 과정이 그대로 적용되고 있다. 국가에서 개발된 표준화된 교육과정의 학교 현장의 도입과 사용이 여기에 해당한다. 표준화된 교육과정은 사전에 제시된 목표에 따라 외부 전문가가 교육 내용을 선정 및 구성하고 그것을 프로그램하여 교사에게 제공하면, 교사는 규정된 절차에 따라 이를 학생들에게 제공하고, 미리 마련된 기준에 의하여 학생들의 성취도를 평가한다. 이러한 과정에서 교사는 교육과정에 대한 지식이나 관점이 불필요하게 되는 탈기술화의 기제를 경험하게 되고, 과학적 교수활동이란 미명하에 외부에서 마련된 지침에 따라 자료를 전달하는 기법으로 재기술화된다. 이러한 과정에서 교사는 스스로 교육의 실천자가 되기보다는 일종의 관리자로 전락하여 학생들이나 동료 교사들로부터 소외되고, 심지어는 교육 자체로부터 점점 소외되고 있다.

이러한 기술적 통제와 탈기술화의 현상은 학생에게도 나타난다. 기술적 통제를 받는 교육과정 자료에서는 학생들의 반응과 행동도 사전에 상세하게 계획되고 명시된다. 구체적으로 명시된 교육의 목표와 학생의 활동은 곧 일정한 능력이나 기술의 습득으로 생각되고, 그것은 교육과정 자료를 생산하는 기업체의 중요한 상품이 된다. 만약 교육과정에 제시된 모든 지식이 상품화될 수만 있다면, 경제적 자본처럼 지식도 자본이 될 수 있다. 따라서 이러한 교육과정의 기술적 통제 과정의 관점에서 우수한 학생이란 다양한 지식과 기술을 축적한 결과 많은 자본을 소유한 상태이다.

이러한 문제를 해결하기 위해서는 한 사회 속에서 이루어지는 교육의 구조와 그 속에 있는 이데올로기나 권력 관계를 밝히는 것이 중요하다. 학교의 사회적, 경제적 체제 분석을 넘어서, 학교 교육 속에 존재하는 계층 간, 성별 간 또는 세대 간의 불평등을 확인하고 개선하는 일이 요구된다. 왜냐하면, 갈등과 모순의 원칙에 입각한 비판적 교육과정 탐구만이 사회 현실 속에서 인간에게 주어지는 억압의 굴레를 벗어날 수 있는 길이기 때문이다(Apple, 1986).

4 반 매넌의 현상학적 재개념화 이론

가. 현상학적 탐구와 의식 이해

현상학적 탐구는 인간의 지각과 경험, 그중에서 인간 경험의 심미적인 질을 중시하는 설명적 탐구방식이다. 현상학적 탐구의 가장 기본적인 형태는 개별적 인간의 독특한 인식을 탐구하는 것이고, 다른 사람의 인식에 직접 나타나는 인식에 대한 진술이다. 따라서 현상학과 해석학은 서로 분리할 수 없는 형태이다(김복영 외, 2001: 510).

현상학은 경험을 더욱 깊이 있고 진실되게 이해하려고 하는 체계적이고 엄격한 노력이다. 현상학은 현실의 기반은 논리라는 '합리주의'와 통계에서의 수학적 표현이라는 '경험주의'를 거부한다. 왜냐하면, 그것들은 인간에 의하여 경험된 세계를 설명하는 데 부적절하기 때문이다. 합리주의와 경험주의는 '내적' 시간 또는 살아 있는 그 자체로서 일어나는 사고를 표현할 수 없다. 현상학자들은 어떻게 현상(그 자신)이 개인의 살아 있는 경험 안에서 그들을 나타내는지, 특히 바로 그 시각에 그들 자신을 드러내는지에 관심이 있다.

의식은 현상학자들에게 매우 중요한 영역이다. 의식이란 용어는 대상, 사건, 그리고 다른 인간 존재들의 인식, 판단, 믿음, 기억 그리고 상상 등의 분명한 인간의 과정을 통하여 나타내는 다양한 방법이다. 의식이라는 현상학적 개념은 '경험되는 맥락' 또는 생활 세계를 의미한다(김복영 외, 2001: 510-511). 현상학은 우리가 실제로 먹고, 마시고, 슬픔을 느끼고, 관심을 기울이는 공간으로서의 세계와의 직접적인 소통을 도모한다. 이러한 소통을 통해서 세계의 본질, 그 세계와 우리 인간 사이의 관계 맺음의 양상에 관하여 심도 깊은 통찰을 획득하고자 노력한다. 이와 같이 우리 삶의 일상적 맥락이면서 또한 우리의 모든 지식과 이해와 통찰의 근원이기도 한 세계를 '생활세계'라고 한다(이근호, 2006: 9).

반 매넌(M. van Manen, 1984)은 현상학적인 연구의 특징을 다섯 가지로 제시하였다(김복영 외, 2001: 512-513).

첫째, 현상학적 연구는 살아 있는 경험을 탐구한다. 현상학적 탐구자들은 우리가 그것을 무의식적으로 개념화하기 이전에 즉각적으로 경험한 대로의 생활 세계를 연구한다. 현상학자들은 더욱 직접적인 경험과 세계를 만나기를 원한다.

둘째, 현상학적 연구는 '자연적 태도'를 '괄호 치기(bracket)' 하거나 사물에 대한 개인의 당연시되고 상식적인 견해를 고찰하기 위하여 '주관적 직관상의 환원(eidetic reduction)' 경험의 본질을 추구한다. 자연적 태도란 세계는 우리와 별 상관없이 당연히 존재하는 것이며 그 세계를 인식하는 데도 일상적이고 상식적인 견해, 즉 당연시함을 특징으로 한다. 반면 현상학적 태도란 인간과 세계의 관련을 완전히 드러내기 위해서 자연적 태도를 일단 유보하고, 관성적 사고를 잠시 묶어 두려는 태도를 의미한다. 환원은 일상적이고 자연적인 태도 속에서 이루어지는 모든 종류의 앎과 이해를 자명한 것으로 받아들이지 않고 그러한 앎과 이해 자체에 대해 심각하게 숙고하고 검토하는 일을 뜻한다. 환원은 일체의 편견과 선입견을 중지하고, 모든 상정들을 괄호로 묶고, 제반 주장들을 해체하며, 우리가 관심을 두는 현상과 경험에 대한 개방적 태도를 회복하는 것이다(이근호, 2006: 6-7).

셋째, 현상학적 연구는 '사려 깊음'의 의식적 실천이다. 사려 깊음이란 무엇처럼 느끼는 어떤 것 그리고 그것이 살아 있도록 만드는 어떤 것으로 정의된다.

넷째, 현상학적 연구는 인간에게 무엇을 의미하는가를 드러내기 위한 지식을 만든다. 현상학적 연구자는 세계 속에서의 존재의 의미를 남자로서, 여자로서, 아동으로서 이해하고자 노력한다.

다섯째, 현상학적 연구는 언제나 시와 같은 특징을 갖는다. 시를 이해하려면 '시가 무엇을 의미하느냐'에 대하여 참여해야 한다. 현상학적 언어는 세계를 '노래하는 것'이라고 할 수 있다.

현상학적 연구는 어떤 사태가 일어나는 맥락의 즉시성을 넘어서 복잡하게 촘촘히 짜인 순간들에 대한 주의 깊은 탐구에 참여할 때 가능하다. 반 매넌(1984)은 다음의 네 가지 절차적 활동을 통하여 현상학적 연구가 가능하다고 제시하였다.

첫째, 현상학적 탐구자들은 그에게 심각하게 흥미가 있고 동시에 그를 세상 안으로 끌어내리는 현상을 선택해야 한다. 둘째, 현상학적 연구자는 그 현상이 단지 이론화되는 것이기보다는 살아 있는 것으로 정의되는 현상을 탐구한다. 셋째, 현상학적 연구자는 현상을 특징짓는 본질적 주제나 구조를 재고한다. 넷째, 연구자는 현상을 글쓰기라는 작업을 통하여 묘사한다(김복영 외, 2001: 513).

나. 교육과정과 수업의 현상학적 탐구

반 매넌은 아오키(Aoki)와 함께 교육과정을 현상학적으로 이해하려고 노력한 학자이다. 반 매넌은 교육과정의 전통적인 영역인 교육과정 개발의 측면의 문제점을 비판하고, 교육의 실제에 주도적인 역할을 담당하는 교사의 교육과정 실행, 즉 수업을 현상학적 관점에서 탐구하였다. 또한, 기술공학적인 연구방법에서 벗어나 현상학적 글쓰기를 통하여 교육의 실제에 참여하는 교사, 학생, 학부모의 의식을 분석하고 이해하였다.

반 매넌은 현상학적 관점에서 가르치는 행위를 '존재를 향한 지향'으로 간주하였다. 이러한 관점에 의하면 모든 학생에게 같은 수업목표를 설정하고, 획일적인 교육 내용을 제공하는 것은 좋은 수업이 될 수 없다. 즉 수업을 '하는 것(교수 행위)'으로서 가르치는 것과 '존재하는 것(사람됨)'으로서의 가르치는 것은 차이가 있다. 교사가 '존재'에 초점을 두고 수업을 진행하면, 과목의 내용을 가르치는 것뿐만 아니라 학생과 동료 그리고 자신이 무엇을 경험하는가에 관심을 두게 된다.

반 매넌은 교육적 사려 깊음을 중시한다. 대다수 교사나 예비교사들은 일반적인 교수학습의 원리를 익히는 데 시간을 투자하지만, 교육의 실제 장면에서 학생들을 올바르게 대처하는 교수 민감성, 즉 사려 깊음을 소홀히 한다. 사려 깊음은 학습자 개개인의 주관적 특성과 독특성, 주변 환경을 고려하여, 교사가 학생의 교육적 요구에 올바르게 반응하고 대체할 때 발생한다. 따라서 이것은 상황 맥락적이고 즉각적이기 때문에 교수법에 대한 이론적 원리를 학습한다고 해서 달성되는 것은 아니다.

교육적 순간에 행해지는 교사의 행위는 실천적이고 체험적인 성격을 지니는 것으로 언제나 상황 특수적인 인간 경험들을 내포하고 있다. 실천적 교육행위를 잘하는 훌륭한 교사는 아이와 그 아이의 삶의 관계 속에서 아이의 구체적인 존재를 깊고 완전하게 느끼며, 그 속에서 아이의 삶 전체에서 나타나는 개별적이고 구체적인 현상의 의미를 의식하고 숙고할 수 있다. 이때 교사에게 요구되는 능력은 개별적인 사례에서 적용할 수 있는 일반적이고 추상적인 법칙이 아니라 아이들 삶의 내용 전체에 대한 감수성이며, 체화된 존재(whole embodied being)를 의미하는 반성적 사려 깊음과 즉각적이고 민감한 대처 능력인 '감각(tact)'으로 충만한 행위 능력이다. '감각'으로 충만한 교사는 교육적 순간에 즉각적으로 행동할 수 있다. '감각'은 교육적 이해와 교육적 공감을 실천하는 것이며 사려 깊은 숙고를 하는 것을 의미한다. 따라서 '감각'을 지닌 교사는 교육에 대한 해박한 지식을 소유하고 있는 존재라기보다는 학생과 함께 존재하고 인식하는 존재, 즉 특정한 상황에서 특정한 아동을 위해 가장 적절한 교육행위가 무엇인지를 인식하는 존재이다. 따라서 교육적 '감각'으로 충만한 교육행위는 가르침의 본질이다(Aoki, 1992; van Manen, 1991). 교육적 감각에는 아동의 공간을 확보하고, 방어하고, 상처받는 것을 방지하고, 개인적 성장과 학습을 지원하는 것을 포함한다. 이러한 교육적 감각은 언어, 침묵, 눈, 동작, 환경, 사례들을 통해서 학생들에게 전달된다. 교사와 학생 사이의 실존 관계를 형성하려면 아동의 시각에서 현상을 관찰하는 것이 중요하다. 아이의 시각에서 관찰하게 되면, 특정 상황에서 학생 개개인이 선호하거나 필요한 것을 발견할 수 있기 때문이다.

반 매넌은 『교수의 어조(*Tone of Teaching*)』에서, 교육 내용과 교수법에 대한 지식과 함께 학생을 위한 사려 깊음의 중요성을 제시하였다. 학생들은 기계적으로 가르치는 교사를 진심으로 받아들이지 않는다. 교과를 안다는 것은 교과가 알려지는 방식, 교과가 사랑받고 존중받을 수 있는 방식으로 교과의 지식을 습득한다는 것을 의미한다. 교사는 자신이 가르치는 과목을 체험하고, 내면화하며, 그 과목에 대한 감각이 있는 사람으로 존재해야 한다. 우리는 다양한 교과로부터 수많은 지식을 습득하지만, 우리가 체화한 지식만 우리 존재의 일부가 된다. 이러한 체화된 지식이 바로 앞에서 이야기한 '존재'에 초점을 두고 하는 수업을 의미한다. 좋은 국어 교사는 읽고 쓰는 것을 사랑할 뿐만 아니라 그 사랑 자체가 국어처럼 느껴진다. 학생들의 반응을 살피고 좋은 교육을 하려면, 교사는 학생과 관계하는 방법을 알아야 한다. 관계하는 방법을 안다는 것은 학생을 한 사람의 인격자로 대해야 한다는 것을 의미한다. 교사는 학생이 요구하는 것을 알아야 하고, 숙제를 도와주어야 하고, 학생들을 위한 시간을 주어야 한다. 교사는 학생들에게 학습지만 제공하고 교실을 나가거나, 학생들을 오래 기다리게 하거나, 아이를 포기해서는 안 된다(정광순 · 김선영, 2012: 98-106).

다. 해석학적 현상학

반 매넌(1997)은 학문적 패러다임이 행동주의적, 기술공학적, 실증주의적 접근으로 치우치면서, 인간과 삶과 앎의 문제에 근본적으로 접근하여 그 의미를 해석하려는 학문적 지향이 모호해졌음을 인식하였다. 그리하여 그는 현상학적 연구방법을 그 어떤 '가치중립적인' 것으로 가정되는 기법으로 제시하기보다는, 경험사태에 대한 의미를 물어가며 해석하고 그것을 자신의 삶으로 여기며 살아가는 연구자의 민감한 존재론적 감각과 학문 탐구자의 실존적 자세를 강조하였다.

반 매넌(1997)의 현상학적 연구방법론은 단지 현상을 드러낼 뿐만 아니라 의미를 해석하고 가치를 논하는 '해석학적 현상학'의 특성을 보이게 된다. '사태가 드러나는 방식'에 주의를 기울임으로써 '사태가 스스로에 관해 무엇인가 말할 수 있도록' 사태를 기술한다는 점에서 현상학적이다. 한편 하이데거(Heidegger, 1962)의 해석학적 현상학에서 주장되듯이 모든 현상은 해석된 것으로 드러난다는 것, 즉 '스스로 드러나는 것'은 '현상 자체의 의심할 여지없는 해석으로서 드러나는 것(Spiegelberg, 1984)'이라고 본다는 점에서 이미 해석적이며 이는 곧 해석학의 관심사임을 말한다. 다시 말해서 체험되는(현상학적) 사실들은 항상 이미 어떤 형태의 의미이든, 그 어떤 의미로 체험된다고 본다는 점에서 해석학적이라는 뜻이다. 더욱이 연구자는 이를 인간의 '언어'로 포착하여야 하는데, 언어가 지닌 근본적인 해석적 기능으로 인하여 현상학적 연구는 필연적으로 해석학적 성격을 띠게 된다.

해석학적 현상학은 '실천 현상학(phenomenology of practice)'을 표방한다. 해석학적 현상학은 크게 세 가지 특징이 있다(이근호, 2006: 16-18).

첫째, 해석학적 현상학은 체험에 관한 연구이다. 해석학적 현상학의 출발점은 실제로 우리가 겪어 나가는 것으로서의 '체험(lived experience)'의 세계이다. 해석학적 현상학은 모든 지식, 앎의 기반으로서의 일상생활의 세계로 돌아가 우리가 그 세계와 맺고 있고 본래적이고 원초적인 접촉을 되살리려고 노력한다. 이것은 우리가 세계와 더욱 직접 접촉할 수 있는 통찰을 가능케 해 준다.

둘째, 해석학적 현상학은 연구 실제가 갖는 해석적, 기술적 측면 모두에 충실히 하고자 하는 시도이다. 사물이 드러나는 방식에 주의를 기울임으로써 사물이 스스로에 관해 무엇인가를 말할 수 있도록 내버려 두기를 원한다는 점에서 '기술'을 지향하는 현상학적 방법론이다. 한편 이 세상에 해석되지 않는 현상은 없다고 주장한다는 점에서 해석학적 방법론이다. 여기에 함축된 갈등의 요소는 우리가 체험에 관한 현상적 사실들을 항상 의미 있게 해석학적으로 경험된 것을 일컫는다는 점을 수긍한다면 해결할 수 있다.

셋째, 해석학적 현상학은 반성적 실천으로서 글쓰기 활동을 통해서 수행되며 텍스트가 가진 호소력을 극대화하고자 한다. 해석학적 현상학은 세계와의 직접적이고도 원초적인 관련을 회복하고자 하는 노력이며, 환원이라는 방법론적 원리를 통해서 세계와의 매개되지 않은 만남을 성사시키고자 한다. 체험 연구를 통해 얻어지는 현상학적 이해는 명백한 용어로 표현되거나 분명하게 파악할 수 있는 것들이 아니다. 오히려 현상학적 이해는 실존적, 정의적, 상황 의존적, 그리고 체화된 것으로 드러나며, 실제적 또는 직관적 능력에 호소하는 경우가 많다. 현상학적 글쓰기는 텍스트가 가진 공명하는 힘에 의지하여 '보여 주고자' 하는 시도로 나타난다. 그러므로 해석학적 현상학에서는 어떻게 하면 그 의미를 텍스트를 통해서 표현할 수 있을 것인가를 고민하도록 요구한다.

해석학적 현상학에서 사용되는 연구방법으로는 경험 요소의 분석과 일화 분석이 있다(이근호, 2006: 18-19). 이들에 대하여 살펴보면 다음과 같다.

첫째, 해석학적 현상학에서는 반성의 지침에 작용하는 네 가지 경험 요소들을 중시한다. 이것은 체험된 것으로서의 공간, 시간, 몸, 인간관계이다. 즉 체험의 실존체는 개별적이고 특수한 행위 주체의 활동을 포괄하는 개념인데, 그것은 체험적 공간, 체험적 신체, 체험적 시간, 체험적 관계로 나뉜다(김영진 · 현남숙, 2017: 152-153).

① 체험적 공간(공간성)은 우리가 직접 지각하고 느끼는 공간이다. 공간이라고 하면 일반적으로 수학적 공간이나 길이, 높이, 깊이의 차원을 먼저 떠올

리지만, 체험적 공간은 언어나 개념에 앞서서 우리가 그 안에 실제로 거주하면서 활동하는 원초적 장이다.

② 체험적 신체(신체성)는 우리가 언제나 세계 속에서 신체적으로 존재한다는 현상학적 사실을 가리킨다. 어떤 사람을 만날 때, 우리는 무엇보다도 먼저 그의 신체를 통해 세상과 만난다.

③ 체험적 시간(시간성)은 시계가 나타내는 객관적이고 물리적인 시간과 정반대되는 주관적 시간이다. 예컨대 과거에 겪은 일은 기억으로든 혹은 그 어떤 방식으로든 나의 존재에 자취를 남기는 경험으로서 현재의 나에게 들러붙어 있다.

④ 체험적 타자성(관계성)은 한 자아의 삶이 본래적으로 타인과의 관계 속에서 이루어진다는 점을 일컫는다. 체험적 타자성은 우리가 타자와 공유하는 대인적 공간에서 타자들과 유지하는 체험적 관계이다. 우리는 눈앞의 타자들만이 아니라 공동체, 신과 같은 다양한 타자들과 관계를 맺는다. 이들 네 가지 경험 요소들은 시대, 역사, 사회적 문화, 문화를 뛰어넘어 인간의 생활세계 전반에 스며들어 있다. 우리의 체험은 더욱 실존적인 영역에 속해 있으며, 따라서 각각의 경험들이 놓여 있는 실존적 상황을 드러내고 파악하는 일은 체험 연구의 기본 과제이다.

둘째, 일화 분석을 활용한다. 해석학적 현상학은 구체적이면서 의미 있는 일화를 제공함으로써 독자들의 주의를 환기하고, 후속되는 해석적 노력에 어떤 맥락성을 부여한다. 그러므로 어떤 의미 있는 일화를 구성할 것이며, 그 소재를 어디에서 발견할 것인가 하는 문제는 해석학적 현상학에서 중요한 방법적 고려사항이 된다.

라. 해석학적 현상학 글쓰기

반 매넌(1990)은 인간 과학에서 해석학적 현상학적 연구가 지향하는 방법들을 네 가지 단계로 구조화시키고, 이들 사이의 역동적인 상호작용을 강조하였다. 그가 제시하는 연구 과정을 간략하게 소개하면 다음과 같다. 이 연구 과정은 ① 체험의 본질에 집중, ② 실존적 탐구, ③ 해석학적·현상학적 성찰, ④ 해석학적·현상학적 글쓰기와 고쳐 쓰기의 단계로 이루어진다.

첫째, 체험의 본질 단계에서 연구자는 관심이 있는 현상에 주목하고 그 현상에 대해 현상학적으로 질문한다. 예를 들어, '어떤 것이 정말로 어떤 것인가?', '그것이 무엇인가?'라는 물음을 제기하면서 체험에 꾸준히 관심을 쏟는 과정이다. 현상학적 연구가 결코 현실과 동떨어져 이루어지는 것이 아니라 특수한 개인적, 사회적, 역사적 생활환경 속에 내던져진 인간실존을 이해하려는 태도와 연결된다.

둘째, 실존적 탐구 단계에서 연구자는 연구하고자 하는 현상을 실제로 조사하고 다양한 형태의 체험 자료를 수집한다. 경험을 개념화하기보다는 겪은 대로 탐구한다. 즉 체험의 현상으로 돌아간다는 것은 세계에 대한 기본적인 경험을 다시 일깨움으로써 세계를 보는 법을 다시 배운다는 것을 의미한다. 후설(Husserl)의 표현대로 그것은 '사태 자체'로 돌아가는 것이다. 현상학적 연구를 진행할 때 연구자는 타인과 더불어 살아가는 공동세계에 그 자신을 던지고 거기에서 발생하는 사태들을 경험한 대로 기술해야 한다. 연구자 자신의 체험을 기술하거나 현상 관련 어원 및 관용 어구를 탐색한다. 현상을 경험한 연구 대상자를 심층 면담하고 관찰하며, 현상학적 문헌과 문학 및 예술로부터 자료를 수집하는 과정을 통해 그 현상에 대한 깊은 이해와 통찰을 얻는 과정으로 현상의 포괄적 이해를 돕는다. 이 단계는 현상학적 기술은 '나'의 체험이 '너' 혹은 '우리'도 체험할 수 있다는 상호주관성, 보편성을 지닌다는 전제를 기본으로 한다.

셋째, 해석학적·현상학적 성찰의 단계에서 연구자는 주제 분석 과정을 통해 현상의 본질적인 주제를 파악한다. 반 매넌(1990)에 의하면, 다차원적, 다층적 본질의 의미구조는 주제 분석을 통해 획득된다고 하였다. 주제는 체험의 의미를 파악하게 하는 수단이고, 다양한 방식으로 체험의 본질을 표현한다. 그러나 주제는 개념을 환원시킨 것으로, 어떤 개념의 경험적 의미의 깊고 완전한 모습을 드러내지는 않는다(정우정, 2015). 어떤 현상의 주제에 대한 측면을 드러내기 위해서는 세 가지 접근방법, 즉, 전체론적 글 읽기방법, 선택적인 글 읽기방법, 그리고 세분법 혹은 추행법이 사용된다. 이 단계 활동은 수집된 자료를 분류하고, 그 속에서 묘사된 주제를 노출하여 주제 진술을 분리하며 언어적 변형구성 과정을 거친다. 그 후 예술작품에서 주제 진술을 수정하여 비로소 본질적 주제를 추출하게 된다(김명자, 2015). 인간의 실존을 구성하는 신체, 타자, 공간, 시간에 관한 경험에 대해서 과연 이러한 체험의 본성이 무엇인지를 성찰적으로 접근하는 것이다.

넷째, 해석학적 · 현상학적 글쓰기와 고쳐 쓰기는 핵심 연구방법으로 연구의 마지막 단계이자 연구 과정의 목적이다. 이 단계에서는 참여자의 일상 언어에 집중, 다양한 예제, 그리고 글 고쳐 쓰기를 통하여 연구 참여자의 경험 의미를 밝히는 과정으로 체험의 실존적 구조 발견을 가능하게 한다. 또한, 생활 세계 체험을 추상화시키고 체험의 핵심을 드러냄으로써 일상세계에 대한 이해를 구체화한다. 글쓰기는 단지 연구결과를 작성하는 기술방법에 지나는 것이 아니라 본연의 모습대로 자신을 보여 주는 것, 즉 현상에 언어를 적용하는 것이다. 하이데거(Heidegger, 1962)의 말처럼, '우리가 사물을 사물이 자신을 스스로 보여 주는 그대로 보게 하는 것'이 바로 현상학적 글쓰기의 주된 활동이다.

해석학적 현상학적 글쓰기는 체험의 본질, 실존적 탐구, 해석학적 · 현상학적 성찰, 해석학적 현상학적 글쓰기와 고쳐 쓰기 단계를 통하여 교육과정과 수업의 문제를 탐색하고, 이에 대한 대안을 제시하는 데 기여할 수 있다. 해석학적 현상학적 글쓰기는 학교현장과 연계되지 않는 교육과정과 수업의 이론적 성향에 대한 교사와 학생들의 비판과 개선에 대한 요구를 제공하며, 이러한 글쓰기는 교육과정과 수업의 실천 가능성과 그 의미를 밝히는 데 기여할 수 있다.

참고문헌

김명자(2015). 기독교대안학교 교사의 교육체험에 대한 질적 연구: van Manen의 해석학적 현상학을 중심으로. 백석대학교 기독교전문대학원 박사학위논문.

김영진·현남숙(2017). 자기성찰에 기반한 자전적 글쓰기 교육: 체험 서술과 그 의미 해석에 대한 밴 매넌의 이론을 중심으로. 교양교육연구, 11(2), 149-174.

김영천(2004). 생애사 텍스트로서의 교육과정연구. 교육과정연구, 22(4), 49-81.

박채형(2016). 교육과정 재개념화 운동의 역사적 의의와 한계. 학습자중심교과교육연구, 16(4), 311-330.

소경희(2017). 교육과정의 이해. 경기: 교육과학사.

윤병희(1991). 재개념주의자들의 한계와 가능성. 이영덕 편(1991). 인간교육을 위한 교육과정과 수업의 탐구, 97-134. 서울: 교육과학사.

이근호(2006). 현상학과 교육과정 재개념화 운동. 교육과정연구, 24(2), 1-25.

이흔정(2002). Pinar의 쿠레레(Currere) 교육과정 탐색. 교육방법연구, 14(1), 6.

정미화(2011). 한 초등학교 담임교사의 한 해 살이: 자서전적 성찰. 이화여자대학교대학원 박사학위논문.

정성아(2006). 쿠레레(Currere) 방법의 도덕과 수업 적용에 관한 연구. 부산대학교대학원 박사학위논문.

정우정(2015). 뇌전증 자녀를 둔 어머니의 돌봄 체험에 관한 해석학적 현상학 연구. 서울대학교대학원 박사학위논문.

최연주(2011). 예비교사교육에서의 자서적적 방법 적용 연구. 건국대학교대학원 박사학위논문.

한혜정(2005). 자아성찰과 교수방법으로서의 '자서전적 방법(Autobiographical Method)'. 교육과정연구, 23(2), 117-132.

허숙(1995). 교육과정의 재개념화를 위한 이론적 탐색: 실존적 접근과 구조적 접근. 교육학연구, 33(5), 217-242.

Aoki, T.(1992). Layered voices of teaching: The uncannily correct and the elusively true. In Pinar, W. and Reynolds, W.(Eds). *Understanding curriculum as phenomenological and deconstructed text*. New York: Teachers College Press.

Apple, M. W.(1975). Scientific interests and the nature of educational institutions. In Pinar, W. F.(Ed.). *Curriculum theorizing: The reconceptualists*. California: McCutchan Publishing (pp. 120-130).

Apple, M. W.(1978). Ideology, reduction, and education reform. *Comparative Educational Review*, *22*(3), 367-389.

Apple, M. W.(1979). *Ideology and curriculum*. Boston: Routledge and Kegan Paul.

Apple, M. W.(1982). *Education and power*. Boston: Routledge and Kegan Paul.

Apple, M. W.(1986). *Teacher and text: a political economy of class and gedner relations in education*. London: Boston: Routledge and Kegan Paul.

Heidegger, M.(1962). *Being and Time*(First English Edition.). Translated by John Macquarrie & Edward Robinson. London.

Pinar, W., Reynolds, M., Slattery, P., & Taubman, P.(1995). Understanding curriculum: An introduction to the study of historical and contemporary curriculum discourses. New York: Peter Lang Publishing. 김복영·박순경·조덕주·석용준·명지원·박현주·소경희·김진숙 역(2001). 교육과정 담론의 새 지평. 서울: 원미사.

Pinar, W. F.(Ed.) (1974). *Heightened consciousness, cultural revolution, and curriculum theory: The proceedings of Rochester conference*. California: McCutchan.

Pinar, W. F.(Ed.)(1975a). *Curriculum theorizing: The reconceptualists*. California: McCutchan Publishing.

Pinar, W. F.(1975b). The method of currere. Autobiography, Politics, and Sexuality. Peter Lang Publishing, Inc, 19-27.

Pinar, W. F.(1981). The abstract and the concrete in curriculum theorizing. In Giroux, H. A., Penna, A. N., & Pinar, W. F.(eds.). Curriculcum and instruction, 431-454.

Pinar, W.(2004). What is curriculum theory?. New Jersey: Lawrence. Erlbaum Associates. 김영천 역(2005). 교육과정이론이란 무엇인가?. 서울: 문음사.

Spiegelberg, H.(1984). The phenomenological movement. 최경호 역(1992). 현상학적 운동. 서울: 이론과 실천.

van Manen, M.(1984). Practicing phenomenological writing. *Phenomenology+Pedagogy*, *2*(1), 36-69.

van Manen, M.(1986). The tone of teaching. Richmond Hill, Ont.: Scholastic. 정광순·김선영 역(2012). '가르친다는 것'의 의미. 서울: 학지사.

van Manen, M.(1990). *Researching lived experience: Human science for an action sensitive pedagogy*. London: Routledge.

van Manen, M.(1991). *The tact of teaching: The meaning of pedagogical thougthfulness*. London: Althouse Press.

van Manen, M.(1997). *Researching lived experience: Human science for an action sensitive pedagogy*(2nd Ed). London: Routledge.

제7장

백워드 교육과정 모형

백워드 교육과정 모형은 맥타이와 위긴스(J. McTighe & G. P. Wiggins, 1998)가 제안한 모형으로서, 학습의 결과로서 학생들의 이해력을 강조한다. 백워드 교육과정 모형은 학생들의 이해력을 달성하기 위하여 제안된 모형으로서, 단편적인 사실과 지식의 기억에서 벗어나 학습 내용에 대한 이해를 바탕으로 실제 생활의 문제를 해결할 수 있는 능력을 강조한다. 백워드 교육과정 모형은 이해에 기반한 설계(UbD: Understanding by Design)라고 하는데, 이것은 교육과정과 수업의 설계 목적과 관련된다. 백워드 교육과정 모형은 2015 개정 교육과정의 핵심 개념과 일반화된 지식을 통한 교과 역량, 핵심 역량 개발을 형성하는 데 유용하게 사용할 수 있는 교사수준의 단원 설계 모형이다.

1 이해중심 교육과정의 도입 배경

이해중심 교육과정 운동은 학교에서 만연되어 있는 단편적인 지식과 기능 습득 중심의 수업방법과 평가방법을 개선하기 위한 방안으로 시도되었다. 학교성적은 높지만, 실생활 문제를 해결하는 데 어려움을 겪는 학생들을 주변에서 종종 볼 수 있다. 이러한 현상은 학교의 교육과정과 수업이 기본적인 사실과 기능 습득에 국한되어, 고차원적인 개념 이해, 문제해결, 사고를 강조하지 않은 것과 관련이 있다(Porter, 1989: 9). 학생들은 수업시간에 교사가 말하는 것을 수동적으로 듣기만 하고, 개념, 상상, 의미 있는 탐구 등의 활동을 하지 않는다(Cuban, 1984: 661). 이러한 현상은 평가에서도 나타난다. 학교 시험에서 단편적인 지식은 중시되지만, 문제해결력, 고차원적 사고력 등은 시험에서 자주 제외된다.

단편적인 지식과 기능 습득 중심의 수업은 학생들이 학습한 지식과 기능들을 상호 연결하지 못하는 문제를 야기한다. 이러한 수업은 학생들에게 새롭게 습득한 정보를 개개의 파편으로 저장시키고, 이전에 학습된 자료와 관련시키지 못하게 한다. 학생들이 이러한 방식으로 지식을 습득하게 된다면, 실생활에서 이들을 적절하게 활용할 수 없다(Markle et al., 1990: 53). 학생들이 학교에서 배운 지식과 기능을 실생활에 적용하기 위해서는, 단편적인 지식과 기능을 강조하는 수업 방법과 평가방법에서 벗어나 학생들의 이해를 조장하는 방향으로 교육과정, 수업, 평가가 전환되어야 한다.

이해중심 교육과정은 이러한 문제를 해결하기 위한 교육 개혁 운동이라고 할 수 있다. 이해중심 교육과정은 학생들의 이해력을 향상시키기 위하여, 교육내용, 수업방법, 평가방법의 개선을 강조한다. 이해중심 교육과정에서는 전이성이 높은 핵심적인 지식과 기능을 강조하고, 학습자가 적극적인 의미구성을 할 수 있도록 수업환경을 제공한다. 또한 학생들의 문제해결력과 창의력을 평가할 수 있도록 실생활 과제 중심의 수행과제와 프로젝트 과제를 중시한다(박일수, 2014).

학생들의 이해력 향상을 위하여 미국에서 시도된 대표적인 프로젝트에는 TfU(Teaching for Understanding)와 UbD(Understanding by Design)가 있다. TfU에서는 포괄적인 목적, 생성적 주제, 이해 목표 설정, 이해 수행하기, 지속적인 평가 등을 핵심요소로 설정하고 있다. TfU에서는 수행으로서의 이해력을 강조하며, 이러한 방향에서 수업과 평가를 설계한다(이지은, 2011: 39). 한편, UbD에서는 바라는 결과의 확인, 수용 가능한 증거 결정, 학습경험과 수업계획 등을 핵심요소로 설정하고 있다. UbD에서는 학생들의 영속한 이해를 강조하며, 이러한 방향으로 교육과정과 수업을 설계한다(이지은, 2011: 45).

2 '이해'의 의미

이해중심 교육과정의 의미를 명료하게 파악하려면, '이해'의 의미를 명확하게 규정할 필요가 있다. 인간 학습에 대한 연구에서는 이해를 네 가지 관점에서 논의한다(Morocco, 2001: 6-7). 첫째, 이해는 다양한 유형이 존재하며, 각 교과마다 강조하는 이해의 유형이 다르다. 그러므로 각 교과는 개별 교과의 우선순위에 따라 지식의 영역이 상이하게 조직된다. 학생들은 여러 교과를 배움으로써, 이해의 여러 가지 유형을 학습할 수 있다. 예를 들어, 국어는 의사소통능력을 강조하고, 사회는 사회현상에 대한 이해를 강조한다. 학생들은 서로 다른 교과를 학습함으로써, 각기 다른 관점에서 현상을 바라보는 안목을 형성하게 된다. 둘째, 이해는 본질적으로 기술과 정보를 통합시킨다. 이해중심 학습에서는 기술, 지식, 이해의 상호의존성을 중시한다. 셋째, 개념은 복잡한 속성을 갖고 있기 때문에, 학생들은 한 번의 학습 경험으로는 이것을 온전하게 이해할 수 없다. 그러므로 교사는 학생들에게 보다 많은 응용과 탐구를 제공함으로써, 학생들이 개념을 습득할 수 있도록 지원한다. 넷째, 깊은 이해는 자신이 습득한 지식을 다른 상황에서 적절하게 활용할 수 있어야 한다. 교사는 전이 가능하고, 행동으로 표출될 수 있는 과제를 학생들에게 지속적으로 제공한다.

한편 구성주의에 의하면, '학습은 새로운 아이디어와 이전 지식을 결합하는 구성적이고 능동적인 행위'로 규정한다. 그러므로 학습자가 지식을 조직하고 통합하는 과정에서 이해가 발생한다. 학생들에게 새로운 것과 이미 형성된 아이디어를 관련지을 수 있도록 조직화된 개념의 틀을 제공할 때 이해가 달성될 수 있다. 이와 같이, 이해는 새로운 정보가 선행 지식과 관련될 때 습득이 가능하다. 그리고 이해는 학생들이 이전에 학습한 아이디어를 새로운 정보와 관련시키고, 문제를 생각하고 해결하는 경험을 통하여 달성될 수 있다. 왜냐하면 개별적인 사실은 스키마와 같은 조직된 구조와 연결될 때, 문제해결력이 형성되기 때문이다(Markle et al., 1990: 53-54). 그러므로 학생들은 정보를 활용할 수 있는 형태로 부호화할 수 있어야 한다.

퍼킨스(D. Perkins, 1983)는 이해를 유연하게 생각하고 행동할 수 있는 능력으로 규정하였다. 이해는 융통성 있게 수행하는 능력이다. 수업에서 이해를 강조하는 것은, 학생들의 삶을 보다 효과적으로 기능할 수 있도록 준비시키기 위한 것이다. 이해는 주제 학습에 관하여 다양한 사고와 수행을 필요로 한다. 여기에는 설명, 증거 제시, 사례 발견, 일반화, 개념 적용, 분석, 새로운 방식으로 표현하기 등이 포함된다. 이해는 단지 아는 것 이상을 의미하며, 사고를 요구하는 수행, 즉 이해로서의 수행을 의미한다. 그러나 이해가 단지 행동한다고 해서 형성되는 것이 아니다. 이것은 이미 알고 있는 것 이상의, 사고가 수반될 때 가능해진다. 반복 연습, 퀴즈, 연습 문제해결과 같은 수행은 이해를 수행하는 것이 아니다. 이해는 새로운 상황에 지식을 활용하는 능력인데, 이러한 행위에는 이들 요소가 반영되지 않기 때문이다. 문제해결력, 생산물, 이야기를 생산하는 것 등이 이해의 수행에 해당된다. 따라서 학생들은 정보를 수집하는 것 이상으로, 그들이 살고 있는 지역사회에서 가치 있는 수행을 경험할 수 있어야 한다. 수행의 관점에서 볼 때, 이해는 단지 자신의 마음에 있는 세상을 재현하는 것이 아니라, 지식과 함께 사고하는 능력을 의미한다.

가드너와 보익스 만실라(Gardner & Boix-Mansilla, 1994: 200)는 '이해'를 새로운 문제와 예상할 수 없는 쟁점을 조망하는 문제 상황에서, 자신이 소유하고 있는 현재 지식, 개념, 기술을 활용하는 능력으로 정의하였다. 이해는 학생들의 자발성과 융통성에 의하여 발생한다. 위긴스와 맥타이(Wiggins & McTighe, 2005)는 이해를 추론 과정으로서의 지식의 습득 과정, 전이의 능력, 자신의 지식을 조직하여 가진 상태로 규정한다(온정덕, 2013a: 27). 온정덕(2013b: 104)은 '이해'를 학습자들이 새로운 지식을 기존의 지식과 관련지어 파악하여 구성하고 일반화한 것으로 정의하고 있다.

이상을 종합하면, 이해란 이전에 획득한 지식과 기술을 바탕으로 새로운 정보를 받아들이고 확장하는 내재적이고 조직된 틀이라고 할 수 있다. 이해는 지식과 기술을 다른 맥락과 상황 속에서 적용하여 문제를 해결하는 능력으로서, 적극적이고 능동적인 사고 과정과 수행성을 포함하는 심리적 작용이라고 할 수 있다(박일수, 2014).

3 백워드 교육과정 모형의 개요

백워드 교육과정 모형은 1980년대부터 2000년대 초반까지의 미국의 교육개혁 운동과 밀접한 관련이 있다(조재식, 2005). 1985년에 발표된 IEA(International Association for Evaluation of Education Achievement) 결과에 의하면, 미국 학생들의 수학 및 과학 성취도가 다른 나라의 학생들에 비하여 현저하게 낮았다. 또한 시간이 지남에 따라, 백인과 유색 인종의 학력 격차가 심화되었다. 이에 따라 미국 정부는 학생들의 학력 향상을 위한 다양한 방안을 마련하였다. 이 중 대표적인 것이 2000년대 초반 미국 부시 정부가 발표한 낙오학생방지법(NCLB: No Child Left Behind)과 연간진보계획(AYP: Adequate Yearly Progress)이다. 이 정책들은 학생의 학업성취도에 대한 학교와 교사의 책무성을 강조한다. 이에 따라 미국의 학교와 교사는 학생들의 학업성취도 향상을 위한 다양한 노력을 시도하였다. 위긴스와 맥타이는 평가 전문가로서, 성취 기준을 기반으로 한 교육과정과 수업의 설계에 관심을 갖고, 학생들이 영속한 이해를 달성할 수 있는 이해중심 교육과정 개발 모형, 즉 백워드 교육과정 모형을 개발하였다(조재식, 2005).

백워드 교육과정 모형은 두 가지 의미가 있다(Wiggins & McTighe, 2005). 백워드 교육과정 모형의 첫 번째 의미는 교육목적과 관련이 있다. 백워드 교육과정 모형에서는 학생들의 영속한 이해(enduring understanding)를 추구한다. 이것은 무의도적으로 이루어지는 활동중심의 수업과 교과서 중심으로 이루어지는 피상적인 수업의 두 가지 문제(twin sins)를 개선하려는 의도에서 개발되었다. 이러한 문제를 해결하기 위해 백워드 교육과정 모형에서는 교사들에게 단원 수준에서 교육과정을 체계적이고 효율적으로 개발하고 실행할 수 있는 양식(template)을 제공한다. 백워드 교육과정 모형은 성취 기준의 교육개혁 운동에서 비롯된 것으로서, 단원 전체에서 추구하는 빅 아이디어(big ideas)에 기초하여, 학생들의 영속한 이해를 목표로 설정하고, 궁극적으로 학생의 학력 향상을 강조한다.

백워드 교육과정 모형의 두 번째 의미는 전통적인 교육과정과 수업의 설계 절차와 관련이 있다. 전통적인 설계방식에서는 교육과정과 수업의 설계의 순서가 수업계획, 평가계획의 순서로 이루어진다. 그러나 백워드 교육과정 모형에서는 수업계획에 앞서 평가계획이 먼저 이루어진다. 전통적인 교육과정 단원 설계의 절차와 구분되는 백워드 교육과정 모형의 절차는 [그림 7-1]과 같다(박일수, 2018).

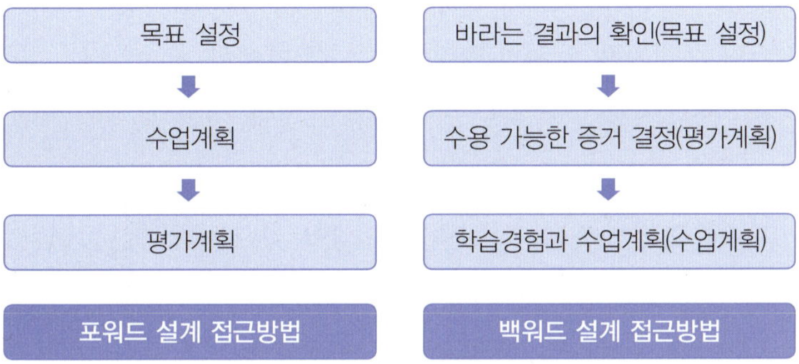

[그림 7-1] **포워드 설계 접근방법과 백워드 설계 접근방법의 비교(박일수, 2018)**

4 백워드 교육과정 모형의 기본 가정 및 특징

백워드 교육과정 모형은 학생들의 영속한 이해를 추구하는 이해중심 교육과정 단원 설계 모형이다. 영속한 이해란 단편적이고 분절적인 지식과 기능의 습득이 아닌, 교과에서 다루는 빅 아이디어, 즉 핵심 개념과 원리를 학습함으로써 이것을 교과 이외의 장면에서 수행할 수 있는 능력, 즉 수행으로서의 이해를 의미한다. 따라서 영속한 이해의 달성 여부는 실제 수행 장면에서 판단된다. 즉 학생들이 이해했다고 한다면, 단지 알고 끝나는 것이 아니라 실제 상황 및 맥락에서 적시적소에 활용할 수 있어야 한다. 이러한 것들을 종합적으로 고려하여, 위긴스와 맥타이(2005)는 [그림 7-2]의 백워드 교육과정 모형을 제시하였다.

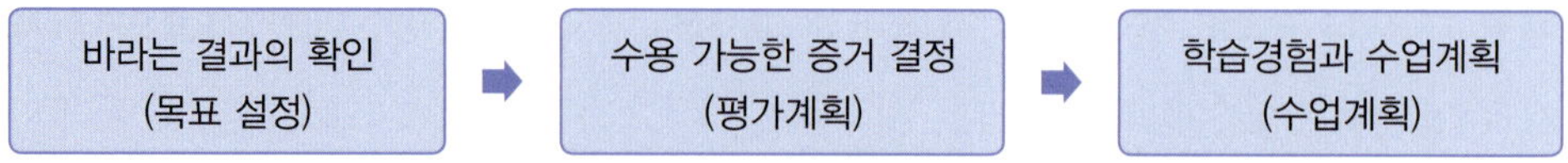

[그림 7-2] **백워드 교육과정 모형의 절차**(Wiggins & McTighe, 2005)

[그림 7-2]에서 볼 수 있듯이, 백워드 설계방식은 평가계획이 수업계획에 앞서서 이루어진다. 이러한 절차상의 특징은 수업과 평가의 일관성을 높이는 데 기여하며, 결국 수업과 평가의 일체화를 구현하는 데 기여한다.

그러나 단원 설계자들이 백워드 교육과정 모형에 대한 절차에만 관심을 갖게 될 경우, 백워드 교육과정 모형에서 추구하는 단원 설계의 목적, 즉 영속한 이해와 관계없이 교육과정 단원이 설계될 가능성이 있다(박일수, 2013; McTighe & Wiggins, 2015). 예비교사 및 현직교사들이 백워드 교육과정 모형을 적용하여 단원을 설계한 사례를 살펴보면, 백워드 교육과정 모형의 절차 및 기법을 사용하였으나, 영속한 이해와 관계없이 단원이 설계되는 사례가 종종 발견된다. 맥타이와 위긴스(McTighe와 Wiggins, 2015)는 백워드 교육과정 설계 과정에서 나타나는 단원 설계의 오류와 그에 따른 해결방안을 제시하기도 하였다. 따라서 백워드 교육과정 모형을 적용하여 단원을 설계하려는 교사들은 백워드 교육과정 모형의 기본 가정 및 특징에 대한 이해가 선행되어야 한다. 백워드 교육과정 모형의 기본 가정 및 특징을 살펴보면 다음과 같다(박일수, 2018).

첫째, 백워드 교육과정 모형은 성취 기준을 중시한다. 백워드 교육과정 모형의 첫 번째 단계는 '바라는 결과의 확인하기'이다. 이것은 교육과정에 대한 다양한 정의 중에서 '의도된 학습 성과(ILO: Intented Learning Outcome)'에 해당된다. 교육과정에 대한 ILO 관점은 교육과정의 세 가지 국면, 즉 계획, 전개, 성과 중에서 성과, 즉 학생들의 학습 결과를 강조한다. 이것은 기준(standard) 중심의 교육과정 개선 운동과 밀접하게 관련이 있으며, 성취 기준은 수업계획과 평가계획의 나침반 역할을 한다(백남진 · 온정덕, 2014). 따라서 백워드 교육과정 모형에서는 성취 기준에 기반하여 단원을 설계한다. 그러므로 백워드 교육과정 모형을 적용하여 단원을 설계할 경우, 단원 설계자에게 성취 기준 해석 능력과 교육과정 문해력이 강조된다(박일수, 2017).

둘째, 백워드 교육과정 모형은 단원 중심의 설계 모형이다. 학교 현장에서는 차시를 중심으로 수업을 설계하는 경향이 강하다. 차시 중심의 수업은 매우 구체적이고 명료하게 전개된다는 장점이 있으나, 개별 차시 간의 연결성이 보장되지 않는다는 문제점이 제기된다. 개별 차시의 수업이 흥미 있고 매력적이지만 개별 차시 수업 활동 및 단원 전체의 내용과 일관성이 없이 진행되는 경우가 종종 발견된다. 백워드 교육과정 모형에서는 빅 아이디어(big idea)를 중심으로 모든 차시가 연결되기 때문에, 차시와 차시 간에 일관성이 확보된다는 장점이 있다. 그러므로 교사들에게 교육내용 재구성과 교육과정 설계에 대한 전문성이 중시된다(박일수, 2017).

셋째, 백워드 교육과정 모형은 학생들의 영속한 이해를 추구한다. 백워드 교육과정 모형에서는 학생들의 영속한 이해를 달성하기 위하여 성취 기준과 관련 있는 이해의 여섯 가지 측면, 본질적 질문, 핵심 지식 및 핵심 기능을 중심으로 교육과정과 수업을 설계한다. 그러므로 백워드 교육과정 모형을 적용하려는 단원 설계자는 '이해'의 의미와 유형을 명확하게 파악하고, 단원 목표 설정에 필요한 기법을 습득하여 적용할 뿐만 아니라 학생들의 능동적인 사고과정과 수행성을 고려하는 방향으로 단원을 설계해야 한다.

넷째, 백워드 교육과정 모형은 평가의 타당도를 중시한다. 평가문항에 대한 타당도가 중요하다는 것은 누구나 인식하고 있으나, 실제로 잘 지켜지지 않는다. 평가의 타당도는 '무엇'에 해당되는 것으로서, 백워드 교육과정 모형의 2단계, 즉 수용 가능한 증거에 해당된다. 위긴스와 맥타이(Wiggins & McTighe, 2005)는 백워드 교육과정 모형의 두 번째 절차를 '수용 가능한 증거 결정하기'로 명명하였는데, 이것은 평가의 타당도가 중요함을 역설적으로 표현한 것이다. 위긴스와 맥타이(2005)는 학생들의 영속한 이해의 습득 여부를 확인하는 방법으로서, 학생들이 학교에서 습득한 지식과 기능을 실제적인 생활 장면과 맥락에서 수행하고 활용하는지에 근거하여 판단해야 함을 제안하였다. 따라서 백워드 교육과정 모형에서는 평가방법으로 객관식 위주의 평가방법을 지양하고, 수행과제 또는 프로젝트 과제를 강조한다. 위긴스와 맥타이(Wiggins & McTighe, 2005)는 학생들의 영속한 이해 달성 여부를 판단하기 위하여 GRASPS기법을 적용한 수행과제 개발 및 이해의 수준을 판단할 수 있는 평가 준거, 즉 루브릭을 중시한다. 따라서 단원 설계자가 백워드 교육과정 모형을 적용하려면, 이해의 달성 여부를 판단할 수 있는 방향으로 평가과제와 평가 준거를 개발해야 한다.

다섯째, 백워드 교육과정 모형은 학습자의 적극적인 의미구성을 강조한다. 이해는 새로운 문제 또는 예상할 수 없는 문제 상황 속에서 개인이 소유한 지식, 개념, 기술을 활용하는 능력으로서, 학생들의 자발성과 융통성에 의하여 발생한다(Gardner & Boix-Mansilla, 1994). 학생들의 이해력을 증진시키기 위해서는 교사 주도의 강의식 수업보다는 학생 참여 중심의 문제중심학습, 프로젝트학습, 토의·토론 학습, 협동학습, 체험학습, 실험, 조사학습 등의 교수-학습 방법이 적절하다. 그러므로 단원 설계자는 단원 목표(영속한 이해)에 부합하는 학습경험을 선정 및 조직하고, 학습자의 의미구성 및 수행으로서의 이해를 달성할 수 있는 교수학습 방법을 결정해야 한다.

5 백워드 교육과정 모형의 절차

백워드 교육과정 모형에서는 단원 설계자들이 이해중심의 교육과정 설계를 할 때 오류 없이 명확하도록 하기 위해서 '이해에 기반한 설계 양식(UbD Template)'을 제공한다. 국내에 1.0 버전과 2.0 버전에 대한 UbD Template이 소개되어 있다. 이 책에서는 1.0 버전을 소개하고, 이에 기초한 단원 설계 절차를 설명한다. UbD Template 1.0 버전은 [그림 7-3]과 같다.

<table>
<tr><th colspan="2">1단계: 바라는 결과 확인하기(Designed Results)</th></tr>
<tr><td colspan="2">설정된 목표(Established Goal)
· 설계에서 초점을 두는 목표(성취 기준, 프로그램의 목표, 학습성과)는 무엇인가? [G]</td></tr>
<tr><td>이해(Understandings)
· 주요 아이디어는 무엇인가?
· 주요 아이디어에 관해 바라는 구체적인 이해는 무엇인가?
· 예상되는 오개념은 무엇인가? [U]</td><td>본질적 질문(Essential Questions)
· 탐구와 이해, 학습의 전이를 유발시키는 질문은 무엇인가? [Q]</td></tr>
<tr><td colspan="2">학생들은 알게 될 것이다. 학생들은 할 수 있게 될 것이다.
· 이 단원의 결과로 학생들이 획득하게 될 핵심 지식과 기능은 무엇인가?
· 학생들은 지식과 기능을 습득하여 무엇을 할 수 있어야 하는가? [K] [S]</td></tr>
</table>

<table>
<tr><th colspan="2">2단계: 수용 가능한 증거 결정하기(Assessment Evidence)</th></tr>
<tr><td>수행과제(Performance Tasks) [T]
· 학생들은 어떤 수행과제를 통해 바라는 이해를 증명할 것인가?
· 이해의 수행을 어떤 준거로 평가할 것인가?</td><td>다른 증거(Other Evidence) [OE]
· 학생들의 바라는 결과의 성취를 증명하기 위해 다른 증거(퀴즈, 실험, 관찰, 숙제, 저널)는 무엇인가?
· 학생들은 어떻게 자신의 학습을 자기 평가하고 반성할 것인가?</td></tr>
</table>

<table>
<tr><th>3단계: 학습 경험 계획하기(Learning Plan)</th></tr>
<tr><td>학습활동(Learning Activities)</td></tr>
<tr><td>학생들이 바라는 결과를 성취할 수 있도록 하는 학습경험과 수업은 무엇인가? 어떻게 설계할 것인가?
· [W]=단원이 어디로 향하며 무엇을 기대하는지 학생들이 이해하도록 돕는가?
· [H]=모든 학생의 동기를 유발하고 흥미를 유지하는가?
· [E]=학생들이 주로 아이디어를 경험하고 이슈를 탐구하도록 돕는가?
· [R]=학생들의 이해와 학습을 재고하고 수정하기 위한 기회를 제공하는가?
· [E]=학생들에게 자신의 학습과 학습의 의미를 평가하도록 하는가?
· [T]=학습자의 서로 다른 요구와 흥미, 능력에 맞추도록 하는가?
· [O]=효과적인 학습뿐만 아니라 처음부터 일관된 학습 참여를 최대화하도록 조직하는가?</td></tr>
</table>

[그림 7-3] UbD Template 1.0 버전

가. 1단계: 바라는 결과의 확인(목표설정)

[그림 7-3]의 UbD 템플릿 1.0 버전에서 볼 수 있듯이, 단원 설계자는 '바라는 결과의 확인' 단계에서 ① 설정된 목표 확인(G), ② 이해의 설정(U), ③ 본질적인 질문 개발(Q), ④ 핵심 지식(K)과 ⑤ 핵심 기능(S) 등을 제시해야 한다. 바라는 결과의 확인하기 단계에서의 교수 설계 활동의 절차는 [그림 7-4]와 같다.

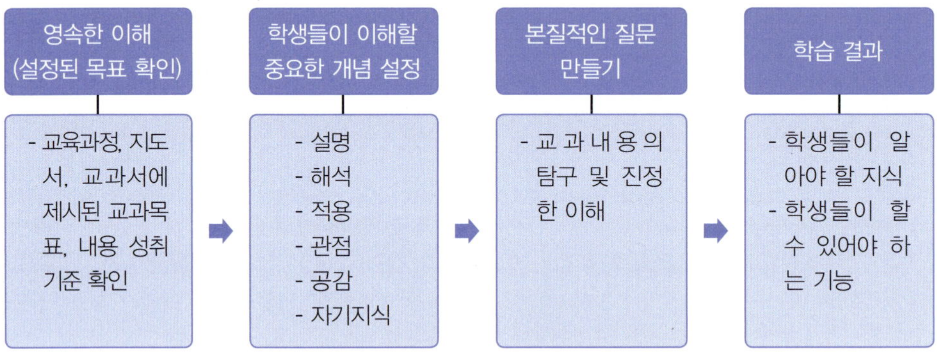

[그림 7-4] **바라는 결과 확인하기 단계에서의 교수 설계 활동**

(1) 설정된 목표 확인(G)

백워드 교육과정 모형은 의도된 학습 성과를 중시한다. 의도된 학습 성과는 교육과정의 성취 기준에 해당된다. 백워드 교육과정 모형에서는 성취 기준을 중심으로 단원을 설계한다. 예비교사 및 현장교사와 면담한 결과, 상당수가 교육과정의 성취 기준을 고려하지 않고, 교과용 도서에 제시되어 있는 차시별 목표와 활동을 중심으로 단원 또는 차시별 수업을 설계한다는 사실을 발견할 수 있었다. 교과용 도서를 분석해 보면, 성취 기준과 관련 없는 교육활동이 포함되는 경우가 종종 있다(박일수, 2012; 2013). 이러한 차시는 성취 기준과 관련이 없기 때문에, 수업의 방향성을 상실하게 될 가능성이 있다. 따라서 단원 설계자는 교육과정에 제시된 성취 기준을 확인하고, 수업의 방향성을 설정해야 한다.

(2) 이해의 설정(U)

단원 설계자가 성취 기준을 확인하면, 영속한 이해(enduring understanding)를 설정한다. 영속한 이해는 빅 아이디어(big ideas)에 기반하고 있다. 이것은 학문의 심층부를 나타내며, 새로운 상황에서의 전이를 가능하게 한다(Wiggins & McTighe, 2005: 342). 학생들이 학습한 것을 다른 방식이나 맥락에서 스스로 사용하게 되면 영속한 이해가 달성될 수 있다(강현석 외, 2013: 48). 2015 개정 교육과정에는 영속한 이해가 '일반화된 지식'으로 표현되어 있으며, 빅 아이디어는 '핵심 개념'으로 표현되어 있다.

단원 설계자가 영속한 이해를 설정하였다면, 단원 학습과 관련된 여섯 가지 이해의 측면을 개발한다. 백워드 교육과정 모형에서는 이해를 설명, 해석, 적용, 관점, 공감, 자기 지식의 여섯 가지를 제시하였다. 학생들은 이들 여섯 가지 이해의 측면을 총체적으로 획득할 때, 영속한 이해가 달성된다. 이해의 여섯 가지 측면은 〈표 7-1〉과 같다.

〈표 7-1〉 여섯 가지 이해의 측면

이해의 종류	정의	사람 특성	수행 동사
설명	근거, 정당화 과정을 통하여, 현상, 사실, 자료를 설명하는 것	연결 짓기, 추론 도출, 근거나 정당화를 통한 자신의 말 표현, 적절한 비유, 타인 지도	입증하다, 추론하다, 기술하다, 설계하다, 전시하다, 표현하다, 유도하다, 정당화하다, 모형화하다, 예견하다, 증명하다, 종합하다, 가르치다, 보여 주다
해석	의미 있게 이야기 말하기, 적절하게 변환하기, 이미지, 일화, 은유, 모형 활용하기, 아이디어와 사건에 대하여 역사 또는 개인적인 차원 관련짓기	아이디어 및 사건에 대한 역사적이나 개인적인 관점 제시, 이미지와 일화, 비유를 통해 자신의 것으로 만들기	비유하다, 비평하다, 문서화하다, 평가하다, 명시하다, 판단하다, 의미를 구성하다, 이해하다, 은유를 제공하다, 행간을 읽다, 나타내다, 이야기하다, 번역하다

이해의 종류	정의	사람 특성	수행 동사
적용	다양한 상황에 지식을 효과적으로 활용하고 적용하기	다양하고 독특한 상황에서 활용, 학교 밖의 새로운 단원과 코스 및 상황에 적용	적용하다, 만들다, 창출하다, 오류를 검출 및 제거하다, 결정하다, 설계하다, 전시하다, 발명하다, 수행하다, 생산하다, 제안하다, 해결하다, 시험하다, 사용하다
관점	다양한 시각에서 조망하기, 비판적이고, 큰 그림 보기	큰 그림 보기, 다양한 관점 알고 숙고하기, 비판적이고 공정한 입장 취하기, 편견의 인식 및 회피	분석하다, 논쟁하다, 비교하다, 대조하다, 비평하다, 유추하다
공감	다른 사람의 가치를 발견하고, 감성적으로 인식하고, 이전 경험에 기초하기	민감하게 지각하기, 타인의 입장 되어 보기	~일 것 같다, 개방하다, 민다, 고려하다, 상상하다, 관련시키다, 역할극 하다
자기지식	개인의 스타일, 편견, 투사를 인식하고 이해의 충동과 형태 모두를 고려하는 습관, 이해하지 못하는 것과 왜 이해하는 데 어려운지 아는 것	새로운 학습과 경험의 의미 숙고, 마음의 습관 인식하기	알다, 깨닫다, 인지하다, 반성하다, 자기평가하다

(3) 본질적 질문(Q)

본질적 질문(essential question)은 학생 스스로 의미를 형성할 수 있는 방향으로 개발하여 학생들에게 제시되어야 한다(강현석 외, 2013: 50). 본질적인 질문은 교과 내용의 탐구와 진정한 이해를 향상시키기 위한 것으로서, 단원 전체를 구조화하고 수업의 방향을 설정하는 기능을 한다. 본질적인 질문은 학생들의 사고력을 유발하는 탐구 질문이다(박일수, 2012: 123). 본질적인 질문은 다음과 같은 속성을 갖는다. 첫째, 지속적인 사고와 탐구를 촉진하는 질문이다. 둘째, 참되고 적절한 탐구를 통하여 핵심 내용에 대한 빅 아이디어를 제기하는 질문이다. 셋째, 더 많은 질문을 생성하거나 깊은 사고와 생생한 토의 및 새로운 이해를 유발하는 질문이다. 넷째, 학생들이 대안을 고려하고 증거를 검토하며, 그들의 아이디어를 지지하고 대답을 정당화할 것을 요구하는 질문이다. 다섯째, 이전의 학습과 개인의 경험을 의미 있게 연결하는 질문이다. 여섯째, 다른 상황으로 전이 기회를 창안하는 질문이다.

(4) 핵심 지식(K)과 핵심 기능(S)

단원 설계자는 수업의 결과로 학생들이 습득해야 하는 핵심 지식과 기능을 설계해야 한다. 핵심 지식은 명제적 지식으로서, 단원을 통하여 학생들이 알고 기억할 수 있어야 하는 사실과 기본 개념이다. 2015 개정 교육과정의 내용 체계표 및 성취 기준에 내용 요소와 학습 요소로 제시되어 있다. 핵심 기능은 절차적 지식으로서, 학생들이 단원학습을 통하여 사용할 수 있는 기술과 절차이다. 2015 개정 교육과정의 내용 체계표의 기능이 이에 해당된다.

나. 2단계: 수용 가능한 증거 결정(평가계획)

단원 설계자는 수용 가능한 증거 결정하기 단계에서 ① 수행과제 개발(T), ② 루브릭 개발, ③ 기타 증거자료(OE) 등을 제시해야 한다. 수용 가능한 증거 결정하기 단계에서의 교수 설계 활동의 절차는 [그림 7-5]와 같다.

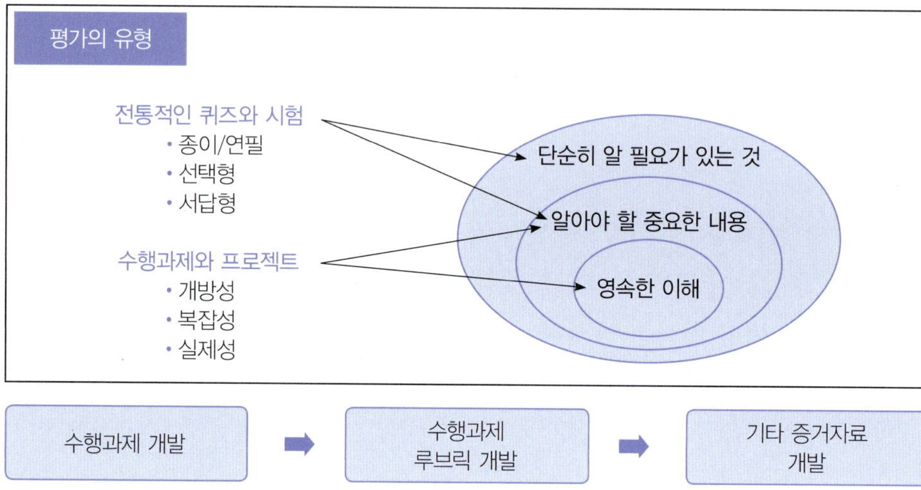

[그림 7-5] 수용 가능한 증거 결정하기 단계에서의 교수 설계 활동

[그림 7-5]에서 볼 수 있듯이, 백워드 교육과정 모형의 2단계는 영속한 이해의 달성 여부를 확인하는 평가계획의 수립이다. 백워드 교육과정 모형에서는 평가의 타당도를 확보하기 위하여, 스냅사진(snapshot)이 아닌 스크랩북(scrapbook) 방식으로 평가한다. 스냅사진 평가방식이 단 한 번으로 증거자료를 수집하는 학생을 평가하는 것이라면, 스크랩북 평가방식은 여러 번에 걸쳐 다양한 증거자료를 수집하여 학생을 평가하는 방식이다(박일수, 2012: 114). 백워드 교육과정 모형에서는 수행과제 이외에 비공식적인 확인, 관찰과 대화, 검사와 퀴즈, 논술형 평가 등과 같은 다양한 평가방법을 종합적으로 활용하는 스크랩북 자료 수집방법을 활용하여, 학생들의 이해도를 점검한다.

(1) 수행과제 개발

영속한 이해는 다양한 맥락에서 도전적인 과제에 관한 빅 아이디어, 지식, 기능의 전이로 구현되기 때문에, 백워드 교육과정 모형에서는 이에 대한 평가방법으로 수행과제 또는 프로젝트 과제를 중시한다. 백워드 교육과정 모형에서는 〈

표 7-2〉의 GRASPS 기법을 활용하여 실생활에 대한 수행과제를 개발한다.

〈표 7-2〉 GRASPS 기법

요소	설명
목표(G: Goal)	수행과제의 목표를 기술함
역할(R: Role)	수행과제 수행자의 역할
대상(A: Audience)	수행과제의 실시 대상
상황(S: Situation)	수행과제가 이루어지는 맥락을 설명함, 상황조건
수행(P: Performance)	수행과제 결과물 제작
기준(S: Standard)	수행과제에 포함되어야 할 것

(2) 루브릭 개발

수행과제가 개발되면, 단원 설계자는 수행과제에 관한 객관적인 평가를 위하여 평가 준거인 루브릭(rubric)을 개발한다. 학생들의 수행과제에 대한 평가는 타당하고 신뢰로운 준거에 기초해야 한다. 루브릭은 준거에 기초한 점수 매기기로서, 총체적인 루브릭과 분석적인 루브릭의 두 가지 형식이 있다.

총체적인 루브릭은 학생들의 활동과 작품에 대한 총괄적인 인상을 서술하는 방식이다. 총체적인 루브릭은 단일한 점수를 산출하거나 결과나 수행의 등급을 매길 때 활용한다. 분석적인 루브릭은 결과나 수행을 뚜렷한 특징이나 차원으로 나누고 각각을 분리하여 판단하며, 독립적으로 확인된 특징을 평가하고, 각각에 분리된 점수를 서술한다.

(3) 기타 증거자료 개발

학생들이 수행과제 또는 프로젝트 과제를 해결하기 위해서는 이와 관련된 핵심 지식과 핵심 기능의 획득 여부를 지속적으로 평가할 필요가 있다. 단원 설계자는 수행과제 또는 프로젝트 과제 이외의 평가방법, 즉 퀴즈와 시험, 서술형 평가, 논술형 평가, 학생 상호 평가, 구술 평가, 자기 평가, 퀴즈 등을 활용하여 평가계획을 수립한다.

다. 3단계: 학습경험과 수업계획(수업계획)

학습경험과 수업계획 단계에서는 영속한 이해의 달성에 적합한 학습 경험을 선정해야 한다. 영속한 이해는 심층적인 학습을 요구하며, 이를 달성하기 위해서는 학습자의 적극적인 의미구성, 즉 사고과정이 필수적으로 수반되어야 한다. 영속한 이해의 달성은 매력적이고 효과적인 수업설계를 통하여 가능해진다(박일수, 2013: 330).

매력적인 수업에서는 학생들이 학습에 몰입하여 활기가 넘치며, 학생들의 사고를 촉진하는 것을 추구한다. 이러한 수업은 학생들에게 교과에 대한 심층적인 이해를 조장한다. 한편, 효과적인 수업에서는 학생들의 성취 기준 달성을 중시한다. 매력적이고 효과적인 수업은 학생들에게 가치 있는 활동을 제공함으로써, 학습자들의 능력과 생산성의 향상을 추구한다(Wiggins & McTighe, 2005: 195-196). 백워드 교육과정 모형에서는 매력적이고 효과적인 수업 설계의 요소로 〈표 7-3〉의 'WHERETO'를 제시한다.

〈표 7-3〉 **백워드 교육과정 모형의 WHERETO 요소(박일수, 2013)**

요소	설명
W	목표 제시 및 목표 확인(Where is the work headed? Why?)
H	동기유발 및 관심 유지(Hook the student)
E1	핵심 개념 및 주제 탐구(Explore and Equip)
R	학생 스스로 학습 과정에 대한 자기 평가 기회 제공(Rethink and Revise)
E2	과제 발표 및 평가(Evaluate)
T	학생 개개인의 재능, 흥미, 요구 반영(Tailor)
O	수업 내용의 조직화 및 계열화(Organize and sequence)

6 백워드 교육과정 모형을 활용한 단원 개발 사례

가. 백워드 설계를 위한 아이디어 조직자

백워드 교육과정 모형에서는 영속한 이해에 기반한 기대되는 결과(성취 기준) 설정, 평가계획, 수업계획의 순으로 이루어진다. 백워드 교육과정 모형을 제안한 위긴스와 맥타이(Wiggins & McTighe)는 단원 설계자들이 일관성 있고 체계적으로 단원을 설계하는 데 도움을 주기 위하여 백워드 설계 템플릿 1.0과 2.0버전을 제시하였다(Wiggins & McTighe, 2005, 2011). 한편 위긴스와 맥타이(Wiggins & McTighe, 2004)는 백워드 설계를 위한 워크북을 출판하였다. 워크북에는 백워드 교육과정 모형의 아이디어를 구현하는 방향으로 이해중심의 교육과정과 수업 설계를 위한 다양한 전략과 기법이 소개되어 있다. 그러나 워크북에 제시된 여러 가지 전략과 기법에 대한 복잡성과 최선의 선택에 대한 문제가 항상 제기되었다(박일수, 2013). 이러한 점을 반영하여, 박일수(2018)는 백워드 설계를 위한 아이디어 조직자를 [그림 7-6]과 같이 개발하고, 2015 개정 3~4학년군 도덕과 교육과정에 제시된 '아껴 쓰는 우리' 단원을 [그림 7-7]과 같이 구상하였다.

[그림 7-6]의 아이디어 조직자는 다음과 같은 특징이 있다. 첫째, 백워드 설계 템플릿 1.0버전의 세로형과 2.0버전의 가로형을 적절하게 혼용하여, 학교 현장의 적용 가능성을 향상시켰다. 둘째, 백워드 교육과정 모형의 1단계, 2단계, 3단계의 주요 설계 활동을 한눈에 보기 쉽게 제시함으로써, 목표와 평가와 수업의 일관성 여부를 지속적으로 점검할 수 있다. 셋째, 목표에 부합하는 평가내용과 평가방법을 검토할 수 있는 방향으로 아이디어 조직자를 구성함으로써, 평가의 타당도를 높일 수 있다. 넷째, 단원 목표, 평가계획을 동시에 충족할 수 있는 수업 활동 아이디어를 구상할 수 있다. 다섯째, 백워드 설계 템플릿을 완성하는 기초 자료로 활용될 수 있다.

<table>
<tr><th rowspan="2"></th><th colspan="3" rowspan="2">1단계(목표 설정)</th><th colspan="2">2단계(평가계획)</th><th>3단계(수업계획)</th></tr>
<tr><th>평가내용</th><th>평가방법</th><th>수업활동 아이디어</th></tr>
<tr><td>성취 기준</td><td colspan="3">2015 개정 교육과정의 성취 기준 코드표와 성취 기준</td><td>성취 기준에 부합하는 평가내용</td><td>성취 기준, 평가내용에 부합하는 평가방법</td><td>성취 기준, 평가내용과 일치하는 수업활동 아이디어</td></tr>
<tr><td>교과 역량</td><td>성취 기준과 관련된 교과 역량</td><td>핵심역량</td><td>성취 기준과 관련된 핵심역량</td><td>교과역량 또는 핵심역량과 관련된 평가내용</td><td>교과역량 또는 핵심역량에 부합하는 평가방법</td><td>교과역량 또는 핵심역량을 고려한 수업활동 아이디어</td></tr>
<tr><td>영역</td><td>성취 기준과 관련된 영역</td><td>빅 아이디어(핵심개념, 핵심가치)</td><td>성취 기준과 관련된 핵심개념, 핵심가치</td><td>핵심개념, 핵심가치에 부합하는 평가내용</td><td>핵심개념, 핵심가치에 부합하는 평가방법</td><td>핵심개념, 핵심가치를 고려한 수업활동 아이디어</td></tr>
<tr><td>영속한 이해(일반화된 지식)</td><td colspan="3">성취 기준에 해당되는 내용 체계표의 일반화된 지식</td><td>영속한 이해 달성에 적합한 평가내용</td><td>영속한 이해 달성에 적합한 평가방법</td><td>영속한 이해 달성을 고려한 수업활동 아이디어</td></tr>
<tr><td rowspan="6">이해의 여섯 가지 측면</td><td>설명</td><td colspan="2">근거, 정당화 과정을 통하여, 현상, 사실, 자료를 설명하는 것</td><td>설명 수행능력을 평가할 수 있는 평가내용</td><td>설명 수행능력을 평가할 수 있는 평가방법</td><td>설명 수행능력을 달성할 수 있는 수업활동 아이디어</td></tr>
<tr><td>해석</td><td colspan="2">의미 있게 이야기 말하기, 적절하게 변환하기, 이미지, 일화, 은유, 모형 활용하기, 아이디어와 사건에 대하여 역사 또는 개인적인 차원 관련 짓기</td><td>해석 수행능력을 평가할 수 있는 평가내용</td><td>해석 수행능력을 평가할 수 있는 평가방법</td><td>해석 수행능력을 달성할 수 있는 수업활동 아이디어</td></tr>
<tr><td>적용</td><td colspan="2">다양한 상황에 지식을 효과적으로 활용하고 적용하기</td><td>적용 수행능력을 평가할 수 있는 평가내용</td><td>적용 수행능력을 평가할 수 있는 평가방법</td><td>적용 수행능력을 달성할 수 있는 수업활동 아이디어</td></tr>
<tr><td>관점</td><td colspan="2">다양한 시각에서 조망하기, 비판적이고 큰 그림 보기</td><td>관점 수행능력을 평가할 수 있는 평가내용</td><td>관점 수행능력을 평가할 수 있는 평가방법</td><td>관점 수행능력을 달성할 수 있는 수업활동 아이디어</td></tr>
<tr><td>공감</td><td colspan="2">다른 사람의 가치를 발견하고, 감성적으로 인식하고, 이전 경험에 기초하기</td><td>공감 수행능력을 평가할 수 있는 평가내용</td><td>공감 수행능력을 평가할 수 있는 평가방법</td><td>공감 수행능력을 달성할 수 있는 수업활동 아이디어</td></tr>
<tr><td>자기 지식</td><td colspan="2">개인의 스타일, 편견, 투사를 인식하고 이해의 충동과 형태 모두를 고려하는 습관, 이해하지 못하는 것과 왜 이해하는 데 어려운지 아는 것</td><td>자기 지식 수행능력을 평가할 수 있는 평가내용</td><td>자기 지식 수행능력을 평가할 수 있는 평가방법</td><td>자기 지식 수행능력을 달성할 수 있는 수업활동 아이디어</td></tr>
</table>

	1단계(목표 설정)	2단계(평가계획)		3단계(수업계획)
		평가내용	평가방법	수업활동 아이디어
본질적 질문	성취 기준, 핵심 개념, 일반화된 지식을 고려하여 본질적인 질문 개발	본질적 질문을 평가할 수 있는 평가내용	본질적 질문을 평가할 수 있는 평가방법	본질적 질문과 관련 있는 수업활동 아이디어
핵심 지식(내용요소)	성취 기준 및 내용 체계표의 내용 요소 및 학습 요소	핵심 지식을 평가할 수 있는 평가내용	핵심 지식을 평가할 수 있는 평가방법	핵심 지식과 관련 있는 수업활동 아이디어
핵심 기능(기능)	성취 기준 및 내용 체계표의 기능	핵심 기능을 평가할 수 있는 평가내용	핵심 기능을 평가할 수 있는 평가방법	핵심 기능과 관련 있는 수업활동 아이디어

[그림 7-6] **백워드 설계를 위한 아이디어 조직자(박일수, 2018)**

<table>
<tr><th rowspan="2"></th><th rowspan="2" colspan="3">1단계(목표 설정)</th><th colspan="2">2단계(평가계획)</th><th>3단계(수업계획)</th></tr>
<tr><th>평가내용</th><th>평가방법</th><th>수업활동 아이디어</th></tr>
<tr><td>성취 기준</td><td colspan="3">[4도 01-02] 시간과 물건의 소중함을 알고 자신이 시간과 물건을 아껴 쓰고 있는지 반성해 보며 그 모범 사례를 따라 습관화한다.
① 시간과 물건을 아끼는 것의 중요성을 알고 이를 생활 속에서 실천하고 있는가?
② 시간과 물건을 아껴 쓰는 방법은 무엇이고 이를 어떻게 실천할 수 있을까?</td><td>시간과 물건의 소중함 알기
시간과 물건의 사용 습관 반성하기
모범 사례 습관화하기
시간과 물건 아껴쓰는 방법
시간과 물건 아껴쓰기</td><td>서술형 평가
자기평가
자기평가
구술평가
자기평가</td><td>시간과 물건을 아껴 쓰지 않아서 불편했던 일상생활 경험
시간과 물건 절약에 대한 주변의 이야기</td></tr>
<tr><td>영역</td><td>자신과의 관계</td><td>빅 아이디어(핵심 개념, 핵심가치)</td><td>성실(시간관리와 절약)</td><td>시간관리 실천
절약 실천</td><td>서술형 평가
보고서 평가</td><td>시간관리 방법
절약하는 방법</td></tr>
<tr><td>영속한 이해(일반화된 지식)</td><td colspan="3">인간으로서 바르게 살아가기 위해 자신에게 거짓 없이 정성을 다하고 인내하며, 스스로 자신의 욕구를 다스린다.</td><td>시간관리 및 절약 실천</td><td>수행과제</td><td>알뜰 시장, 표어제작</td></tr>
</table>

<table>
<tr><th colspan="3" rowspan="2">1단계(목표 설정)</th><th colspan="2">2단계(평가계획)</th><th>3단계(수업계획)</th></tr>
<tr><th>평가내용</th><th>평가방법</th><th>수업활동 아이디어</th></tr>
<tr><td rowspan="6">이해의 여섯 가지 측면</td><td>설명</td><td>시간과 물건 절약이 중요한 이유를 설명한다.</td><td>시간과 물건이 소중한 이유</td><td>서술형평가</td><td>시간과 물건 절약이 필요한 사례</td></tr>
<tr><td>해석</td><td>시간과 물건 절약의 의미를 이해한다.</td><td>시간과 물건 절약의 의미</td><td>구술평가</td><td>시간과 물건 절약의 의미</td></tr>
<tr><td>적용</td><td>시간과 물건을 아껴서 생활한다.</td><td>시간과 물건 절약 실천</td><td>자기평가</td><td>시간과 물건 절약의 생활화</td></tr>
<tr><td>관점</td><td>시간과 물건이 사람에 따라서 어떻게 다르게 사용되는지 설명한다.</td><td>시간과 물건이 사람에 따라 다양하게 사용되는 이유</td><td>보고서 평가</td><td>시간과 물건을 소중하게 사용하는 사람
시간과 물건을 낭비하는 사람</td></tr>
<tr><td>공감</td><td>시간과 물건을 소중하게 사용하는 사람(부족한 사람)의 마음을 헤아린다.</td><td>시간과 물건을 소중하게 사용하는 사람</td><td>보고서 평가</td><td>시간과 물건을 소중하게 사용한 사람 조사 및 발표</td></tr>
<tr><td>자기지식</td><td>시간과 물건을 일상생활에서 아껴 쓰고 있는지 반성한다.</td><td>생활 습관 반성</td><td>자기 평가</td><td>시간과 물건 사용 반성 일지</td></tr>
<tr><td>본질적 질문</td><td colspan="2">시간과 물건을 아껴 써야 하는 이유는 무엇인가?
시간과 물건을 아껴 쓰려면 어떻게 해야 하는가?</td><td>시간 및 물건 절약 이유
시간 및 물건 절약 방법</td><td>수행과제</td><td>알뜰 시장
시간 절약 표어 제작</td></tr>
<tr><td rowspan="2">핵심 지식 (내용 요소)</td><td colspan="2">시간관리</td><td>시간관리의 중요성, 방법</td><td>서술형 평가</td><td>시간관리의 중요성 및 방법, 생활계획표</td></tr>
<tr><td colspan="2">절약</td><td>절약의 중요성, 절약의 방법</td><td>서술형 평가</td><td>절약의 중요성 및 방법, 절약 점검표</td></tr>
<tr><td rowspan="2">핵심 기능 (기능)</td><td colspan="2">자아정체성(자아인식)</td><td>자신의 생활 되돌아보기</td><td>자기평가</td><td>내 생활을 돌아봐야 하는 이유
반성적인 삶과 나의 생활과의 관계</td></tr>
<tr><td colspan="2">도덕적 습관화(생활계획 수립, 모범 사례 반복, 유혹 이겨내기)</td><td>생활계획 세우기, 실천하기
반성하기</td><td>자기평가</td><td>도덕적 실천계획 세우기
올바른 행동 꾸준히 실천하기
성실한 마음 및 자세 형성하기</td></tr>
</table>

[그림 7-7] 백워드 설계 아이디어 조직자를 활용한 '아껴 쓰는 우리' 단원 구상(박일수, 2018)

나. '아껴 쓰는 우리' 단원에 대한 백워드 설계 템플릿

백워드 설계 아이디어 조직자를 활용하여, 최종 설계된 '아껴 쓰는 우리' 단원에 대한 백워드 설계 템플릿은 [그림 7-8]과 같다.

1단계: 바라는 결과의 확인	
설정된 목표(G)	
[4도 01-02] 시간과 물건의 소중함을 알고 자신이 시간과 물건을 아껴 쓰고 있는지 반성해 보며 그 모범 사례를 따라 습관화한다. ① 시간과 물건을 아끼는 것의 중요성을 알고 이를 생활 속에서 실천하고 있는가? ② 시간과 물건을 아껴 쓰는 방법은 무엇이고 이를 어떻게 실천할 수 있을까?	
이해(U)	본질적 질문(Q)
· 시간과 물건 절약이 중요한 이유를 설명한다. · 시간과 물건 절약의 의미를 파악한다. · 시간과 물건을 아껴서 생활한다. · 시간과 물건이 사람에 따라서 어떻게 다르게 사용되는지 설명한다. · 시간과 물건을 소중하게 사용하는 사람(부족한 사람)의 마음을 헤아린다. · 시간과 물건을 일상생활에서 아껴 쓰고 있는지 반성한다.	· 시간과 물건을 아껴 써야 하는 이유는 무엇인가? · 시간과 물건을 아껴 쓰려면 어떻게 해야 하는가?
핵심 지식(K)	핵심 기능(S)
시간 관리의 중요성, 의미, 방법 물자절약의 중요성, 의미, 방법	자아정체성(자아인식) 도덕적 습관화(생활계획 수립, 모범 사례 반복, 유혹 이겨내기)

2단계: 수용 가능한 증거 결정	
수행과제(T)	기타 다른 증거(OE)
• 알뜰 시장에서 물건을 판매한다. 우리 주변을 되돌아보면, 나에게는 필요 없는 물건이지만 다른 사람에게 필요한 물건이 있다. 내가 사용하지 않는 물건을 버리면 자원 낭비가 되지만, 다른 사람에게 판매하게 되면 자원이 절약될 뿐만 아니라 수입이 생기게 된다. 나에게 필요 없지만 다른 사람에게 필요한 물건을 알뜰 시장에서 판매한다. - 평가 준거: 판매 물건 준비, 전시, 물건 판매 • 시간 관리 중요성에 대한 표어 대회 공모전에 작품을 제출한다. 시간을 어떻게 사용하느냐에 따라 미래의 모습이 달라진다. 더 나은 미래를 준비하는 마음을 담아 시간 관리의 중요성과 소중함이 담긴 내용으로 표어를 완성해야 한다. - 평가 준거: 근거, 내용과 형식, 표현	• 시간 관리의 중요성(서술형 평가) • 시간 관리하는 방법(서술형 평가) • 물건을 아껴 써야 하는 까닭(구술 평가) • 물건을 아껴서 다른 사람을 도와 준 미담 사례 조사(보고서 평가) • 시간과 물건 절약 실천 및 반성(자기 평가)

3단계: 학습경험과 수업계획
• 물건 아껴 쓰기의 의미 및 중요성 • 물건 아껴 쓴 모범 사례 및 아껴 쓰는 방법 • 알뜰 시장 수행과제, 물건 아껴 쓰기 계획 및 반성 • 시간 관리의 의미, 모범 사례 • 시간 관리의 중요성, 시간 관리 관련 격언, 시간 관리 중요성 표어 수행과제 • 시간 관리 방법, 생활 계획표 작성 및 반성

[그림 7-8] **'아껴 쓰는 우리' 단원에 대한 백워드 설계 템플릿(박일수, 2018)**

7 백워드 교육과정 모형의 시사점

백워드 교육과정 모형은 2015 개정 교육과정과 밀접한 관련이 있다. 'less is more'라는 표현처럼, 백워드 교육과정 모형에서는 다수의 사실과 정보 등을 표상적으로 가르치기보다는 소수의 개념과 핵심 아이디어를 심층적으로 학습하는 것을 강조한다. 그럼에도 불구하고 백워드 교육과정 모형을 단순하게 평가 설계를 먼저하고 수업 설계를 하는 것으로 인지하는 교사들이 다수 있다. 이것은 백워드 교육과정 모형이 개발된 배경, 즉 피상적인 학습과 무의도적인 활동 중심 수업의 문제점을 개선하려는 이해중심 교육과정을 잘못 이해한 것이다. 단원 설계자들이 이해중심 교육과정을 설계할 때 주의할 점을 제시하면 다음과 같다.

첫째, 단원 설계자는 백워드 교육과정 모형의 기본 가정 및 철학에 대한 이해가 선행될 필요가 있다. 단원 설계자가 백워드 교육과정 모형이 추구하고 있는 설계의 목적 또는 지향점을 이해하지 못하고, 단지 각 단계별 절차와 전략만을 실행할 경우에 백워드 교육과정 모형이 추구하는 학생들의 영속한 이해라는 방향성을 상실할 가능성이 있다. 단원 설계의 목적, 내용, 방법, 평가 등의 항목들이 2015 개정 교육과정의 핵심 개념과 일반화된 지식과 어떻게 상호 관련되어 있는지 이해한 후, 이를 구체적으로 실현하는 데 필요한 기법적 지식을 습득할 필요가 있다. 백워드 교육과정 모형에서 활용되는 절차적 지식에 대한 습득 이외에 백워드 교육과정 모형에 대한 철학적 및 이론적 배경에 대한 이해의 선행이 단원 설계에 긍정적인 영향을 주기 때문이다(김경자 · 온정덕, 2011; 박일수, 2013).

둘째, 단원 설계자는 교육과정에 대한 문해력을 길러야 한다. 백워드 교육과정 모형에서는 UbD 템플릿을 완성하는 과정에서 교육과정 문서를 반드시 검토하는데, 이때 교육과정 문해력이 요청된다. 교육과정 문해력은 교육과정의 구조를 파악하고, 각각의 의미를 해석하는 능력이라고 할 수 있다. 백워드 교육과정 모형은 교육과정의 목표 및 성취 기준을 중심으로 단원을 설계하기 때문에, 교육과정을 읽고 해석하여 상황에 적절하게 재구성하는 단원 설계자의 교육과정 문해력이 중시된다. 최근 들어, 교육과정 문해력의 중요성에 대한 인식이 강조되고 있는데(김세영 · 정광순, 2014), 교육과정 문해력은 백워드 교육과정 모형에서 추구하는 영속한 이해의 달성에 긍정적인 영향을 미친다고 할 수 있다.

셋째, 백워드 설계에서 강조하고 있는 영속한 이해를 달성할 수 있으려면, 단원 설계자는 각 교과에 대한 전문적인 소양을 겸비하고 있어야 한다. 그러므로 단원 설계자는 각 교과의 기본 목적, 영역에서 다루는 주요 개념, 내용학적 지식 및 교수법적 지식, 그리고 교수내용 지식 등을 두루 갖추고 있어야 한다. 그러지 못할 경우 무의도적이고 활동적인 수업 또는 교과서 중심의 피상적인 수업으로 진행될 가능성이 있다. 단원 설계자는 각 교과의 영역을 지도하는 데 필요한 지식과 기능을 형성하기 위하여 지속적인 노력을 해야 한다.

넷째, 백워드 교육과정 모형의 가장 큰 특징은 평가계획에 있다. 백워드 교육과정 모형에서는 학생들의 영속한 이해를 추구하고, 이것이 수행으로 구체화된다. 이에 따라 단원 설계자는 수행성에 기반을 둔 수행과제 또는 프로젝트 과제를 중심으로 학생을 평가해야 한다. 그러므로 단원 설계자는 수행과제 또는 프로젝트 과제를 개발하고 평가할 수 있는 평가자로서의 전문성을 형성할 필요가 있다.

끝으로 단원 설계의 목적을 영속한 이해를 추구하되, 이와 관련된 내용과 활동이 교과서에 반영되어 있다면 이것을 최대한 활용할 필요가 있다. 교과서를 분석해 보면, 이해중심 교육과정을 구현할 수 있는 교육활동을 다수 발견할 수 있다. 단원 설계자가 교과서에 있는 활동을 이해중심 교육과정의 성격에 부합하는 방향으로 수행과제를 개발할 수 있다면, 교육과정(교과서), 수업, 평가의 통합이 가능할 것이다. 이것은 목표와 평가, 그리고 수업의 일관성을 높이는 데 기여한다. 교과서에 제시된 활동이 이해중심 교육과정에서 추구하는 영속한 이해, 즉 수행으로서의 이해와 관련이 있다면, 이들 자료를 활용하여 학생들에게 학습 경험을 제공하고, 과정 중심의 평가를 실시할 필요가 있다. 이것은 학생들의 학습 부담을 줄이는 동시에, 심층적인 학습을 위한 교육 경험을 제공하는 데 기여한다.

이상을 종합하면, 백워드 교육과정 모형은 단원 설계자들에게 교과의 구조를 이해하고, 평가와 수업 설계를 위한 전문성 신장에 기여한다고 할 수 있다. 단위학교에서 단원 설계의 목적을 '영속한 이해'로 설정하였다면, 이러한 목적을 달성하기 위한 교육과정과 수업 설계 모형으로 백워드 교육과정 모형을 고려할 필요가 있다.

참고문헌

강현석·유제순·조인숙·이지은 역(2013). 백워드 단원 설계와 개발: 기본 모듈 1. 경기: 교육과학사. Wiggins, G. P., & McTighe, J.(2011). *The understanding by design guide to creating high-quality units*.

강현석·이지은(2016). (이해중심 교육과정을 위한) 백워드 설계의 이론과 실천: 교실혁명. 서울: 학지사.

김경자·온정덕(2011). 이해중심 교육과정. 서울: 아카데미프레스.

김세영·정광순(2014). 초등교사의 교육과정 이야기. 교육과정연구, 32(2), 133-161.

박일수(2012). 백워드 설계 모형의 수학과 적용 가능성 탐색: 초등학교 6학년 비율 그래프 단원을 중심으로. 교육과정연구, 30(4), 109-137.

박일수(2013). 백워드 설계 모형을 적용한 단원 개발에 대한 예비교사의 경험 기술 연구. 학습자중심교과교육연구, 13(4), 327-350.

박일수(2014). 이해중심 교육과정 통합의 가능성 모색: 백워드 설계 모형을 중심으로. 통합교육과정연구, 8(2), 1-23.

박일수(2017). 백워드 설계 모형을 활용한 간학문적 통합 단원 설계. 통합교육과정연구, 11(2), 47-66.

박일수(2018). 백워드 설계 모형을 활용한 이해중심 도덕과 단원 설계. 학습자중심교과교육연구, 18(9), 863-885.

백남진·온정덕(2016). 역량 기반 교육과정의 이해와 설계. 서울: 교육아카데미.

이지은(2011). 백워드 설계 모형을 적용한 이해중심 교육과정 개발. 경북대학교대학원 박사학위논문.

온정덕(2013a). 이해중심 교육과정과 맞춤식 수업의 통합: 초등예비교사들의 현장 적용을 중심으로. 한국초등교육, 24(1), 25-41.

온정덕(2013b). 2009 개정 초등통합교과 교육과정에 대한 비판적 고찰. 교육과정연구, 31(2), 101-121.

조재식(2005). 백워드(backward) 교육과정 설계 모형의 고찰. 교육과정연구, 23(1), 63-94.

Cuban, L.(1984). Policy and research dilemmas in the teaching of reasoning: Unplanned designs. *Review of Educational Research*, *54*, 655-681.

Gardner, H., & Boix-Mansilla, V.(1994). Teaching for understanding in the disciplines and beyond. *Teachers College Record*, *96*(2), 198-281.

Markle, G., Markle, G. C., Johnson, J. H. G., Ceer, C., & Meichtry, Y.(1990). What research says to the practitioner: Teaching for understanding. *Middle School Journal*, *22*(2), 53-57.

McTighe, J., & Wiggins, G. P.(2015). *Solving 25 problems in unit design: How do I refine my units to enhance student learning?*. Virginia: Association for Supervision and Curriculum Development.

Morocco, C. C.(2001). Teaching for understanding with students with disabilities: New directions for research on access to the general education curriculum. *Learning Disability Quarterly, 24*(1), 5-13.

Perkins, D.(1993). Teaching for understanding. *American Educator, 17*(3), 28-35.

Porter, A. C.(1989). A curriculum out of balance: The case of elementary school mathematics. *Educational Researcher, 18*(5), 9-15.

Wiggins, G. P., & McTighe, J.(1998). *Understanding by design*. Virginia: Association for Supervision and Curriculum Development.

Wiggins, G. P., & McTighe, J.(2004). *Understanding by design: professional development workbook*. Virginia: Association for Supervision and Curriculum Development.

Wiggins, G. P., & McTighe, J.(2005). *Understanding by design(2nd ed.)*. Virginia: Association for Supervision and Curriculum Development.

Wiggins, G. P., & McTighe, J.(2011). *The understanding by design guide to creating high-quality units*. Virginia: Association for Supervision and Curriculum Development.

제8장

교수·학습 이론

인간의 특징 중 하나는 학습을 하는 능력이 있다는 점이다. 태어나면서부터 인간은 학습을 하게 된다. 자신의 삶에 필요한 것들을 구하고 해결하기 위해, 영아기부터 노년기까지 인지적, 정의적, 심동적인 것들을 새롭게 배우고 획득하게 된다. 이렇게 새로운 것을 알아가고 획득하는 것을 모두 학습이라 할 수 있다. 언어를 배우고, 물건을 만들고, 조작하는 일상적인 기술뿐 아니라, 자전거를 타고 등산을 하는 등의 운동행위, 글자를 배우고 숫자를 셈하며 과학실험을 하는 등 지식을 배우는 행위, 다양한 상황에서 어떤 표정과 언어와 예절을 구사해야 하는지를 익히는 것 모두가 학습에 해당된다. 학습을 통해 지적 기술, 정의적인 태도와 가치, 심동적인 행위를 습득할 때, 개개인의 생활은 풍요로워지며 그들이 속한 사회의 일원이 된다. 또한 학습을 통해 특정 사회의 가치와 언어를 보존하고 다음 세대에 이를 전달할 뿐 아니라 그 사회의 문화를 발달시키게 된다.

21세기 정보화 사회에서 학습의 역할은 더욱 크고 중요해졌다. 사회의 가치와 지식이 급속도록 변화되며 폭발적으로 발전하는 현재 사회에서 학습은 시시때때로 지속적으로 이루어지게 되었다. 이전에 학습은 유아기에서 청년기까지 학교를 통해 이루어졌으나, 21세기 인간의 삶의 형태가 변화되면서 학습도 평생에 걸쳐 사회 전반의 다양한 기관들을 통해 확장되어 이루어지는 것으로 그 의미가 확장되고 있다.

본 장에서는 학습을 여러 심리철학적 관점에서 어떻게 조명하고 있는지, 학습이론이 어떻게 발달되어 왔는지 행동주의, 인본주의, 인지주의, 구성주의 이론으로 크게 나누어 살펴보기로 한다.

1 학습과 학습이론

가. 행동주의

행동주의는 자극과 반응의 연합에 의한 행동 변화를 추구한다. 행동주의는 행동을 전체적인 단위로 다루지 않고 자극과 반응이라는 요소 단위로 다루며 이들 간의 결합을 강화함으로써 새로운 행동을 형성할 수 있다고 본다. 1930년에서 1960년대의 학습연구는 행동주의 심리학의 영향으로 주로 통제된 실험실에서 동물을 대상으로 이루어졌다. 러시아의 생리학자 파블로프(I. Pavlov)의 개실험이나 스키너(B. F. Skinner)의 상자 등이 대표적이다. 이들은 동물을 대상으로 특정 자극을 제공하였을 때 어떤 반응이 일어나는지, 특정 강화물을 제공하였을 때 그 반응이 어떻게 강화 혹은 소멸되는지를 연구하였다.

행동주의는 학습을 자극-반응의 틀로 규정하고, 교수라는 행위가 가해지면 학습자 안에서 학습 즉 행동의 변화가 이루어지는 것으로 교수·학습의 관계를 설명하고 있다. 행동의 변화에는 학습자가 어떤 사실, 개념, 기능을 습득하는 것을 모두 포함한다. 학습자의 역할은 수동적이며 수용적이다. 교수자가 제시하고 이끌면, 학습자는 이에 순종하며 시키는 대로 하는 일꾼과 같다(신명희, 2002: 49).

행동주의는 행동의 개념을 관찰 가능한 외현적 행동으로만 규정하고 있다. 따라서 지각, 기억, 추리, 판단, 상상, 감정과 같은 인지적·정의적 영역의 관찰하기 어려운 영역 그리고 객관적 검증과 측정이 어려운 부분은 연구의 대상에서 제외시켰다는 점에서 한계가 있다. 행동주의는 자극과 반응을 연결하기 위한 원리로서 반복연습과 조건화 및 강화를 강조하고 있다.

나. 인본주의

인본주의는 행동주의의 인간에 대한 경험론적 견해에 반대한다. 이들은 행동주의적 접근에서 강조하여 온 통제, 강화, 조건화 등을 거부한다. 둘째, 학습자 개개인의 현상학적 지각을 중시한다. 개개인의 고유한 자아 지각과 그 존재를 인정하고 존중한다. 셋째, 교수·학습 과정에서 자아이해를 통한 자아실현 노력을 소중하게 생각한다. 누구든 자신의 최대한의 개발을 이룰 수 있으며, 그렇게 하도록 도와야 한다고 생각한다. 넷째, 인간의 가치는 곧 그 개인의 본성이며, 각 개인은 선택과 구성을 통해 자신의 가치를 창출한다고 본다. 오늘날의 사회적 병리현상이나 사람들의 부적응 문제는 근본적으로 학교나 가정에서 가치교육이 제대로 이루어지지 못했기 때문이라고 생각한다. 따라서 학교에서 이러한 가치교육이 이루어져서, 개인이 자신의 가치를 스스로 세우고 반성하면서 확립하여 자신의 삶을 스스로 이끌어 나가도록 도와주어야 하는 것이 교수·학습의 기본적 특성이 되어야 한다고 본다(신명희, 2002: 50-51).

이들은 심리학적으로 인간행동을 이해함에 있어 형태주의적 입장을 취하며 철학적으로는 실존주의 철학에 바탕을 둔다. 이들은 인간발달의 무한한 가능성을 신봉한다. 그러나 객관적인 지식의 수용을 통해 인지구조의 변화를 도모한다는 점에서 객관주의적 관점을 갖고 있다고 평가된다.

다. 인지주의

인지주의는 1960년대 중반부터 1970년대에 걸쳐 등장하였다. 학습이 학습자의 내적인 조건 또는 상태에서 발생한다고 믿는다. 즉 학습에서 외적인 환경보다 내적인 요인이 더 중요하다고 본다.

학습은 새로운 지식을 이미 알고 있는 지식에 연계시키는 다양한 기회와 과정을 통해 이루어 가며, 그 과정에서 매우 깊은 인지적 처리가 이루어진다고 본다. 학습자가 정보를 단순히 받아들여 기록하고 연습하고 외우는 것이 아니라, 정보를 적극적으로 구성하고 기존 정보를 재구성한다고 본다(신명희, 2002: 52-53).

라. 구성주의

인지주의적 흐름에 기반하여 1980년대 구성주의가 발돋움하게 된다. 기존의 행동주의와 인지주의적 관점들이 지식과 학습을 고정적이고 불변적인 것으로 객관적인 관점에서 바라보는 것과 달리, 구성주의는 지식을 역동적이고 적응적이고 구성적인 것으로 파악하고 있다. 인지적 구성주의, 사회적 구성주의, 변증법적 구성주의 등 여러 유형이 존재한다. 이들은 공통적으로 지식을 개인의 적극적 활동과 경험, 반성적 추상화의 과정을 통해 구성되는 것으로 간주한다. 즉, 학습을 적극적 의미구성의 과정에서 이루어지는 것으로 본다(권낙원·김동엽, 2007: 17).

구성주의에서 바라보는 교수와 학습의 의미는 다음과 같다.

첫째, 학습자는 교수·학습을 통해 지식을 구성해 나갈 때 교수자 및 동료 학습자와 함께 의미 있는 상호작용을 통해 정보와 지식을 함께 구성해 나가게 된다. 그 구성은 교수자와 학습자 간뿐 아니라 학습자 상호 간에 협동적인 구성이 된다.

둘째, 교수와 학습의 사회적 특징을 강조한다. 교실 속에서 이루지는 교수·학습 과정에서 교사와 학생의 상호작용을 통해 학생들은 학습적·사회적·정서적·대인관계적인 요소들을 배우게 된다.

셋째, 구성주의에서는 교수·학습의 누적성을 중시한다. 즉 새로운 학습은 학습자의 사전지식에 크게 영향을 받는다. 이렇게 영향을 받는 지식은 지금 배우고 경험하는 지식이 쌓여서 누적적으로 교수학습에 영향을 미친다(신명희, 2002: 53-56).

2 고전적 조건화 이론

러시아의 생리학자 파블로프(I. Pavlov)는 개의 타액 분비에 관한 실험을 실시하였는데, 이는 고전적 조건형성(classical conditioning)에 대한 연구의 시초가 되었다. 파블로프는 실험실 조교에게 고깃덩이를 개에게 준 다음 타액 분비 속도를 측정하게 하였다. 그런데 연구가 진행되면서 개는 조교가 나타나는 것만 보아도 침을 흘렸다. 이 현상을 파블로프는 고전적 조건화 혹은 반응적 학습이라고 불렀다.

이에 따라 파블로프는 종소리와 함께 개에게 음식을 주었다. 음식물(무조건 자극, unconditional stimulus: US)을 보면 개는 침을 흘린다(무조건 반응, unconditional response: UR). 자연 상태에서 종소리(중성자극, neutral stimulus)를 듣고 침을 흘리는 개는 없다. 그러나 음식물과 종소리를 반복적으로 연합시키면, 개는 음식물 없이 종소리만 들어도 침을 흘리게 된다. 이때 중성자극이었던 종소리는 조건자극(conditional stimulus: CS)이 된다. 침 흘리는 반응도 조건반응(conditional response: CR)이 된다.

마찬가지로 실험실 조교도 처음에는 중성자극(CS)이었지만, 고깃덩이(US)와 연합하여 제시됨으로써 조교는 개의 타액반응을 유발하는 조건자극(CS)이 된 것이다.

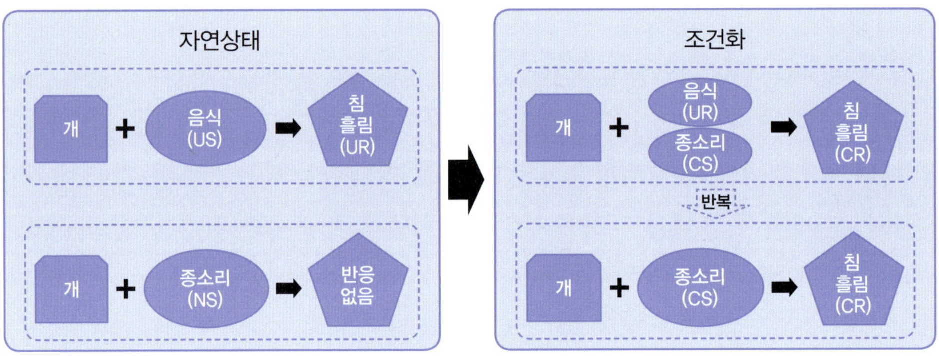

[그림 8-1] 파블로프의 개 실험

가. 일반화(generalization)

이렇게 특정 종소리에 침을 흘리도록 학습된 개는 유사한 다른 종소리를 들을 때에도 침을 흘리는 반응을 보인다. 이를 일반화라고 한다. 왓슨(J. B. Watson)의 연구에서 흰쥐에 대한 공포반응을 학습한 사람은 흰 털코트, 흰 털실, 흰 수염을 보고도 공포를 느꼈다. 흰색에 대한 공포반응이 일반화된 것이다. "솥뚜껑 보고 놀란 가슴 자라 보고 놀란다."는 속담도 이러한 일반화 현상을 표현한 것이라고 볼 수 있다.

나. 변별(discrimination)

특정한 종소리에는 음식물이 제공되지만 다른 종소리에는 음식물이 제공되지 않으면, 개는 음식물이 주어지는 종소리에만 침을 흘리고 다른 종소리에는 침을 흘리지 않게 된다. 두 자극을 변별하게 되는 것이다.

다. 소거(extinction)

조건 자극이 무조건 자극을 동반하지 않고 반복적으로 제시되면 조건반응이 소멸되는 현상이다. 즉 종소리(CS)가 음식물(US)을 동반하지 않고 반복적으로 제시되면, 학습된 조건반응은 약화되다가 결국 사라진다. 이를 소거라 한다.

라. 교육적 적용

고전적 조건화는 우리의 실생활의 많은 경험과 연결되어 있다. 이는 사람들이 중립 자극에 대해 어떤 정서적인 반응을 보이는 이유를 알려 줄 수 있다. 어떤 대상이 우리를 편안하게 하거나 행복하게 해 주는 자극들과 결합할 때, 그 대상은 우리에게 편안함과 행복한 감정을 불러일으키게 된다. 예를 들어 <티파니에서 아침을>이라는 영화에서 'Moon River'를 부르던 오드리 헵번의 모습에서 편안함과 위로를 얻은 경우, 'Moon River'만 흘러 나와도 그 감정을 느끼는 것이 그 예이다. 반대로 어떤 자극이 공포심이나 불안과 결합되면 그 자극 대상은 공포와 불안을 유발시킨다.

따라서 교사들은 이러한 원리를 활용하여 학교와 교실 그리고 자신이 학생에게 항상 즐거움과 편안함을 유발하도록 해야 한다. 학생들이 학교를 즐거운 자극, 즉 긍정적 피드백이나 즐거운 활동 등과 결합시킬 때, 학생들은 학교가 머물고 싶은 곳이라는 것을 학습하게 된다(권낙원 · 김동엽, 2007: 33).

3 조작적 조건화 이론

파블로프의 고전적 조건화가 유기체의 외부에서 오는 자극에 의해 인출된 반응에 관심이 있다면 스키너는 인간의 자발적이고 조작적인 행동을 강화함으로써 바람직한 행동을 형성하거나 반응 빈도를 증가시키는 데 초점을 맞추었다. 우리는 음식을 보면 침을 흘린다든지 무서운 것을 보면 몸을 움츠린다든지 하는 반사적인 행동도 하지만, 점심에 무슨 음식을 먹을지 이번 방학에는 해외 여행을 갈지 아니면 영어학원에 다닐지 결정하는 의도적이고 자발적인 행동도 많이 한다. 이렇게 동물이나 인간은 외부의 자극 없이도 의식적으로 혹은 자발적으로 반응하기 때문에, 스키너의 연구에서 많은 시사점을 찾을 수 있다.

스키너는 환경 조건을 통제하기 위해 복잡한 실험 공간을 고안했다. 이를 스키너 상자라고 한다. 이 상자에 반응도구(지렛대, 열쇠, 원판), 강화매개물(먹이, 물), 자극(빛, 큰소리, 작은 전기충격), 실험유기체(쥐, 비둘기)를 준비하고, 실험유기체에게 적당한 반응 후에 자동적으로 강화가 주어지도록 장치하였다.

쥐는 상자 안에서 이리저리 돌아다니며 환경을 탐색하기도 하고 바닥을 긁기도 한다. 이는 자극에 의해 유발된 행동이 아니라 자발적으로 선택한 조작적 행동이다. 그러다가 우연히 지렛대를 누르고 먹이접시가 나와 먹이를 먹게 된다. 이러한 일이 여러 번 반복되면서 쥐는 지렛대 누르기와 먹이의 관계를 학습하게 되고, 지렛대를 누르는 행동을 더 반복하게 된다. 이를 조작적 조건화라 한다.

파블로프의 고전적 조건화는 자극(S)이 선행되어 의도하는 반응(R)을 형성하는 S형 조건화(S-R)인데 반해, 스키너의 조작적 조건화는 자발적 행동(반응)(R)이 행해지면 이를 강화 자극(S)을 줌으로써 행동의 변화를 유도하는 R형 조건화(R-S)이다.

가. 변별자극

동물이나 사람은 처음에는 신호가 되는 모든 자극에 반응하지만, 점차 자극을 구분하여 반응하게 된다. 이를 변별자극(discriminative stimulus: SD)이라고 한다. ㉠ 비둘기가 원판에 부리를 쪼도록 훈련시킨다. ㉡ 적색 원판과 녹색 원판 두 개를 제시한다. ㉢ 적색 원판을 쪼을 때만 먹이를 준다. ㉣ 이 과정을 반복하면 비둘기는 적색 원판을 쪼게 된다.

나. 강화

강화란 반응의 빈도를 증가시키는 절차나 상황을 말한다. 즉 반응의 빈도나 자극-반응 연결의 강도를 증가시키는 자극 사태를 말한다(권낙원·김동엽, 2007: 78). 강화는 긍정적 강화(positive reinforcement)와 부정적 강화(negative reinforcement)가 있다.

㉠ 긍정적 강화: 반응의 빈도를 증가시키는 모든 형태의 자극이다. 교실 정리를 솔선수범하여 잘하는 학생에게 선생님이 칭찬을 해 주었더니, 그 학생이 교실정리를 더 잘하게 되었다면, 선생님의 칭찬은 긍정적 강화로 작용한 것이다.

㉡ 부정적 강화: 어떤 행동을 하고 나면 싫어하는 대상이나 자극이 제거되므로 그 행동을 다시 하게 될 확률이 증가하게 되는데, 이때 그 싫어하는 대상이나 자극을 부정적 강화라고 한다. 예를 들어, 교사가 학생이 숙제를 해오는 반응을 유도하고자 할 때, 내일 숙제를 다 해오면 화장실 청소를 면제해 주겠다고 하였다면, 화장실 청소는 부정적 강화가 된다.

부정적 강화는 행동의 빈도를 감소시키려는 의도를 가진 벌과는 구별되는 개념이다(신명희 외, 1998: 153).

다. 벌(punishment)

원하지 않는 행동을 감소시키고자 할 때 주어지는 것이 벌로, 부정적 자극을 제공하는 벌과 긍정적 자극을 박탈하는 벌의 두 가지가 있다(신명희 외, 1998: 154).

① 수여성 벌: 꾸중이나 처벌처럼 행동 후에 부정적 자극이 제공되는 벌이다. 적절히 사용하면 목적 행동은 즉시, 지속적으로 억제되나, 그 효과가 지속되기 어려울 수 있다. 부모에게 버릇없이 행동했을 때 엉덩이를 때려 주거나 손을 들고 벌을 서도록 하는 것, 친구와 싸운 아이에게 운동장을 몇 바퀴 돌게 한다거나, 소리를 지른다거나, 야단을 친다거나, 반성문을 쓰게 하는 것과 같은 자극을 말한다.

② 박탈성 벌: 부정적 자극을 제시하지 않고, 단지 긍정적 자극을 빼앗는 것이다. 좋지 않은 행동을 했을 때, 친구들과 놀이를 못하게 하거나, 재미있는 게임을 못 하게 하는 것이다.

라. 강화물(reinforcer)

어떤 반응이 일어날 확률을 증가시키는 자극을 말한다.

① 일차적 강화물: 과자, 아이스크림 등의 음식물이나 음악과 같이 그 자체로서 생리적 만족과 쾌감을 주면서 행동을 강화할 수 있는 자극이다.

② 이차적 강화물: 그 자체로서 강화 능력을 가진 것은 아니지만, 다른 강화 자극과 결합되어 행동을 강화할 수 있는 능력을 갖게 된 자극들을 말한다. 칭찬, 표정, 자리 이동, 부드러운/엄한 말, 특권처럼 사회적 강화물이 될 수 있는 자극, 게임, 음악이나 스포츠 같이 즐거움을 줄 수 있는 활동, 그리고 돈이나 토큰, 점수와 같이 원하는 것을 얻는 데 사용할 수 있는 일반화된 강화물도 이러한 자극이 될 수 있다.

마. 행동 조형(shaping behavior)

우리가 원하는 새로운 행동을 학생이 좀 더 빨리 습득하게 하고 싶을 때, 좋지 못한 행동을 수정하려 할 때, 조형을 이용한다. 교사는 학생이 하기를 바라는 최종목표 행동을 몇 단계로 나눈 후, 학생이 그 목표에 근접한 행동(반응)을 할 때 강화를 한다. 예를 들어 공부하기 싫어하는 아이가 수학공부를 한 시간 이상 한다는 것은 너무 어려운 일이다. 처음에는 10분만 앉아서 공부해도 강화하고, 다음에는 20분 공부하면 강화하는 식으로 점차 늘려 나간다.

바. 강화계획(reinforcement schedule)

강화계획은 의도하는 반응을 효과적으로 유도하기 위해 체계적으로 강화를 제시하는 방안이다. 일정한 시간 간격이나 횟수에 따른 반응에 강화하는 방법과 변동적인 시간 간격이나 횟수의 반응에 강화하는 방법이 있다.

고정간격 강화계획은 일정한 시간 간격이 지난 다음 유기체가 한 반응에 대해 강화한다. 예를 들어, 30분마다 보상을 제공하는 경우, 다음 보상의 시간을 예측하게 되어 강화가 주어진 후 반응을 하지 않고 기다리는 모습을 보이게 된다. 교사가 야간자율학습 시간에 30분 간격으로 교실을 들른다면 학생들은 교사가 나타날 즈음에만 조용히 하는 경향이 있다(신명희 외, 1998: 156).

변동간격 강화계획은 교사가 야자시간에 3시간 동안 6번 교실에 들르지만, 그 간격이 일정하지 않은 경우를 말한다. 학생들은 언제 선생님이 오실지 예측할 수 없게 되어 더 조용히 하게 되는 경향이 있다.

고정비율 강화계획은 일정한 반응 횟수에 따라 강화를 주는 것이다. 수학공부를 30분 한 후 15분간 자유시간을 주는 대신(고정간격 강화계획), 수학문제를 20개 풀고 나면 15분간 쉬게 해 줄 때(고정비율 강화계획), 학생들은 더 높은 수준의 수행을 보인다.

변동비율 강화계획은 강화가 주어지는 시간을 다양화하는 것이다. 강화를 받기 위해 요구되는 반응의 수가 매번 다르기 때문에 언제 강화를 받을지 모르므로, 더 꾸준히 반응을 하게 된다. 예컨대, 한 학급에서 30명의 학생 중에 20명이 교사의 질문에 매번 손을 드는 경우, 교사에게 지명될 수 있는 확률은 매번 1/20이다. 이 경우 교사가 학생을 지명하는 데는 일정한 순서나 규칙이 있는 것이 아니므로 학생들은 매번 열심히 손을 들게 된다. 이는 로또나 자동도박기는 돈을 딸 수도 있지만 언제 딸 수 있을지 예상할 수 없으므로 도박을 계속하고 싶은 유혹을 크게 느끼게 되는 것과 비슷하다.

사. 강화의 상대성

어떤 강화물이 가장 효과적일까? 사람마다 좋아하는 것이 다르기 때문에 모든 사람에게 동일한 강화물을 적용하는 것보다는 기호에 따라 다양한 강화물을 사용하는 것이 더 효과적이다. 예컨대, 진호에게는 운동시간이나 게임시간을 주는 것이 더 효과적인데, 수진이에게는 다정한 말과 쓰다듬어 주는 신체적 강화가 더 효과적일 수 있다.

강화의 상대성에서 프리맥(Premack)의 원리를 활용할 수 있다. 먼저 학습자에게 다양한 활동을 할 기회를 주고 이를 관찰하여 어떤 활동을 많이 하는지 활동 빈도를 파악하도록 한다. 그런 다음 가장 자주 하는 행동을 가장 덜 하는 행동을 보상하기 위해 쓰도록 하는 방법이다(Premack, 1959; 신명희 외, 1998: 157-157에서 재인용). 예컨대, 진호에게 책을 20분 읽으면(가장 낮은 빈도의 행동) 운동장에서 20분 동안 놀도록(가장 잦은 빈도의 행동) 해 주겠다는 제안을 하여, 점점 책 읽는 행동을 늘려가는 방법이다.

4 사회적 인지주의

관찰학습의 연구는 반두라(Bandura, 1963)로부터 시작되었다. 그의 대표적인 연구는 공격적인 모델이 등장하는 비디오를 본 아이들이 비디오를 보지 않은 아이들보다 공격적인 행동을 하는 것에서 비롯되었다.

가. 주의(attention)

모델의 행동에 주의집중하고 그것을 정확하게 지각하는 단계이다. 학습자와 모델 간에 유사성이 있을 때, 모델의 행동을 모방하려는 욕구가 커지는 경향이 있다. 모델이 성과 연령 등에서 관찰자와 비슷할 때, 매력적일 때, 존경을 받을 때, 유능할 때, 지위가 높을 때, 힘이 있을 때 주목을 많이 받게 된다.

나. 파지(retention)

관찰에서 얻은 모델의 행동을 기억하고 활용하려면 언어적 방법이나 심상을 사용하여 머릿속에 저장해야 한다. 운동의 동작을 배울 때, 학습을 할 때, 요리를 배울 때 모두 관찰된 행동을 기억하기 위해서는 그 행동을 마음속으로 혹은 소리 내어 말로 되뇌어 볼 수도 있고, 그 사람의 모습과 행동을 시각적으로 기억하기도 한다.

다. 재생(reproduction)

기억 속에 저장된 정보를 적절한 행위로 산출하는 과정이다. 관찰하여 기억한 것을 자신의 행동으로 바꾸기는 쉽지 않다. 예컨대, 미세한 움직임과 숙달이 필요한 춤, 테니스, 골프, 운전 등은 오랜 연습이 필요하다.

라. 동기화(motivational phase)

모델의 행동을 주의집중하여 관찰, 기억하여 잘 재생해 낼 수 있다고 하더라도, 자신이 그것을 하고 싶은 마음이 없다면 그것은 행동으로 수행되지 않는다. 공부를 잘할 수 있는 능력이 있는 학생도 대학에 가고 싶은 마음이 없다면 공부를 열심히 하지 않을 것이다. 아무리 피아노 연주 실력이 뛰어난 연주자도 앞으로 피아노를 치지 않겠다고 결심한다면 아무도 그의 피아노 연주를 볼 수 없을 것이다.

따라서 관찰한 내용이 행동으로 수행하도록 하기 위해서는 학생의 동기를 유발해야 한다. 동기 유발을 위해서는 강화를 제공하는 것이 중요하다. 관찰학습에서는 직접강화, 대리강화, 자기강화를 구별하여 제시한다.

직접강화는 모델의 행동을 모방하고 실행했을 때 모델이나 타인에 의해 강화를 받거나 벌을 받는 경우를 말한다. 대리강화는 다른 사람이 행동의 결과를 보상받는 것을 보고 자기도 그렇게 행동하면 보상을 받을 것이라고 예상하여 강화되는 것이다. 자기강화는 타인의 반응에 연연하기보다 자기가 설정한 기준에 부응하기 위해 노력하는 것이다. 자기강화는 자기조절학습에서 매우 중요한 기능을 한다(권낙원 · 김동엽, 2007: 62).

마. 모델링(modeling)

모델링은 타인의 행동을 관찰함으로써 개인의 행동을 변화시키는 과정이다. 모델링에서는 학습에 대한 문화적 요인을 중요하게 본다. 예를 들어 유아에게 있어 부모와의 언어적 대화와 문법의 사용은 필수적이다. 모델링은 직접적 모델링(direct modeling), 상징적 모델링(symboling modeling), 종합적 모델링(synthesized modeling), 인지적 모델링(cognitive modeling)이 있다(Eggen & Kauchak, 2004).

① 직접적 모델링은 단순히 모델의 행동을 모방하는 것이다. 초등학교 1학년생들이 선생님의 글씨체를 모방하거나 아동들이 부모의 말투나 행동을 모방하는 것을 예로 들 수 있다.

② 상징적 모델링은 책이나 영화, 연극, TV 속의 인물을 모방한다. 책에서 읽은 빌 게이츠의 삶을 모델로 하여 이를 닮으려고 노력하는 것이나 TV에서 보는 연예인의 겉모습이나 행동을 모방하는 것을 예로 들 수 있다.

③ 종합적 모델링은 관찰된 행동의 부분들을 결합·종합하여 행동하는 것이다. 형이 부모님께 옷을 사달라고 졸라서 비싼 청바지를 산 후 어머니가 돈 걱정하는 것을 본 동생이 자기는 모아놓은 용돈으로 반을 보태겠으니 부모님께 비싼 운동화를 사달라고 하는 것이 그 예이다.

④ 인지적 모델링은 모델의 사고와 문제해결 과정을 인지적으로 모방하는 것이다. 학생이 전교 1등 친구가 수업시간에 취하는 태도와 공부하는 방식을 모방하는 것이나, 화학 선생님이 수업시간에 문제 푸는 과정을 설명해 주시는 것을 잘 보고 혼자 공부할 때 그 문제해결 과정을 모방하는 것을 예로 들 수 있다. 인지적 모델링은 자기조절학습에서 중요한 역할을 한다.

바. 자기조절학습(self-regulated learning)

자기조절학습은 동기적, 전략적, 환경적 측면에서 자기 스스로 학습해 나가는 과정이다.

(1) 동기적 자기조절학습

자기조절학습은 의도적, 전략적, 그리고 자율적으로 자신의 의지를 통제하는 동기적 자기학습 과정이다. 이때 학습자의 성취의지나, 목표에 대한 지향, 기대-가치, 자기효능감, 통제력 등의 요소들이 작용하게 된다.

(2) 전략적 자기조절학습

자기조절학습은 주어진 학습과제를 해결하기 위해 학습 전략을 계획하고 실행하며 반성하는 메타인지적 과정이다. 지식의 정교화, 조직화, 지식의 재생 및 활용 등 전략적 자기학습 과정으로 이루어진다.

(3) 환경적 자기조절학습

자기조절학습은 환경을 잘 활용하고 새로운 환경을 지속적으로 창조해 나가는 과정이기도 하다. 상호 신뢰적 우호적인 학습분위기를 만들어 나가기, 협동적 학습과 상호 간의 인지적 모니터링, 학습환경 및 시간을 효율적으로 관리하는 것, 교사 및 친구들과 상호 인지적 모델링이 가능한 환경을 조성함으로써 자기조절학습이 촉진된다(권낙원 · 김동엽, 2007: 69-70).

자기조절학습은 자기결정 목표와 기준(self-determined goals and standard), 자기점검(self-monitering), 자기지도(self-instruction), 자기평가(self-evaluation), 자기강화(self-reinforcement) 의 다섯 가지 구성요소로 이루어진다(Ormrod, 2000).

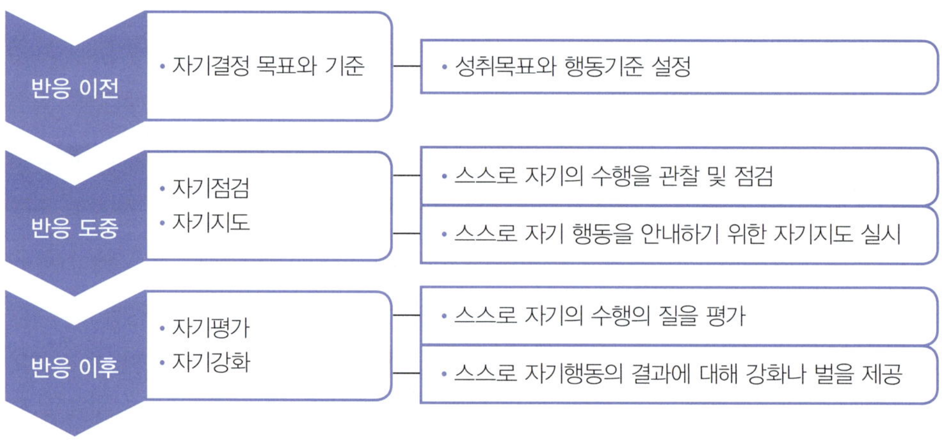

[그림 8-2] **자기조절학습의 요소**

5 구성주의(constructivism)

구성주의적 입장은 객관주의적 관점에서 지식의 존재와 앎의 과정이 인간의 외부에 존재하며 인간은 그것을 수용하는 수동적 존재로 파악하는 것과 달리, 적극적으로 의미를 부여하고 해석하는 존재로 보고 있다(Brown, Collins, &

Duguid, 1989; Lave & Wenger, 1991; Rogoff, 1990). 구성주의는 학습을 학습자가 사전 지식과 경험에 기초하여 개인적·협동적 탐구를 통해 문제를 해결함으로써 새로운 지식을 구성하거나 기존의 지식을 재구성하는 과정으로 규정한다. 따라서 학습자 스스로 문제해결을 위해 자료와 경험을 지속적으로 재조직하고 재구성하는 학습환경을 제공해 주는 것에 주안점을 두며, 이를 통해 개인적 이해를 확대하고자 한다.

1980년대 후반 교육심리학의 인지론적 관점의 한계에 대한 지적, 예컨대 전통적인 정보처리 모형은 특정 영역 지식과 관련된 일반적인 문제해결 기술을 습득하는 것에 중점을 두고 있는데, 이는 인간이 일상적으로 직면하는 상황에 어떻게 적응하는지 이해하기 어렵다는 비판을 받았다.

구성주의에서는 인지론적 관점을 극복하기 위해 교실에서 몇 가지 보완할 점을 제시하고 있다. 첫째, 학생들이 교실수업에서 획득한 지식은 실제 생활에서 그 지식을 사용하는 맥락과 연계될 수 있어야 한다. 즉 실제 생활에서 그것을 잘 활용할 수 있는 능력을 신장해야 한다. 둘째, 학생들은 스스로 학습하는 능력을 획득함으로써 무엇을 알고 싶을 때 이것을 활용해야 한다. 셋째, 사회와 외부세계에 대한 이해를 위해 학습 환경에서 타인과 협력하며 학습할 필요가 있다.

인지론적 관점을 극복하기 위한 방법으로 여러 가지가 있으나, 여기서는 인지적 도제이론과 문제중심학습에 대해서 살펴보기로 한다.

가. 인지적 도제이론

도제제도는 형식적인 학교교육이 등장하기 전부터 다양한 영역에 걸쳐 존재해 온, 가장 자연스러운 교육방법이다. 인지적 도제는 일상적인 도제식 교육방법을 학교교육상황에 적용하기 위한 교수전략이다. 전통적인 도제제도에서는 특정 분야의 전문성을 습득하고자 하는 사람이 그 분야에서 전문적 지식과 기술을 지닌 전문가의 도제가 된다. 도제는 처음에는 전체적인 과제의 일부분을 관찰하거나 수행하면서 학습을 한다. 그는 관찰(modeling), 전문가의 지도(coaching), 실습(practice)을 통해 점점 더 복잡한 과제를 수행하게 되고, 결국 전문가의 도움 없이도 주도적으로 과제를 수행하면서 자신이 전문가의 위치에 오르게 된다(권낙원·김동엽, 2007: 409-410).

인지적 도제이론에서는 학교에서 가르치는 지식과 기능들이 실제로 적용되는 학교 밖 현장의 맥락과 너무 동떨어져 있으며 추상화된 지식만을 가르치고 있음을 지적하고 있다. 래이브(Lave, 1988; 1990; 1997)는 학습과 일상적인 활동에 대한 문화·기술적 연구를 수행했다. 학생들이 일반화되고 추상화된 법칙을 배우고 있는 반면 일반인은 일상생활에서의 규칙을 학습한다. 그런데 그는 평범한 일반인들의 학습과 각 분야의 전문가들의 사이에는 일종의 유사성이 존재한다는 것을 밝혔다. 즉 그들이 당면한 문제들을 자신들이 추구하는 활동과 관련하여 규정하고 해결한다는 점에서 유사성이 있다는 것이다.

다음 표를 참고하면, 일반인과 전문가가 수행하는 학습활동이 현장과 다른 탈맥락적 상황에서 진행된다는 점에서 학교에서 학생들이 하는 학습과 많은 차이가 있음을 알 수 있다. 일반인과 전문가가 상황을 대상으로 작업을 수행하는 데 반해, 학생은 상징과 법칙을 대상으로 한다. 전자가 일상적 문제나 비구조화된 문제를 다룸으로써 사회적으로 구성된 이해를 산출하는 데 반해, 학생은 구조화된 문제를 다루며 고정된 의미와 불변의 개념을 산출해 내는 데 목적을 두고 있음을 보여 준다.

〈표 8-1〉 **맥락에 따른 학습활동의 유형별 특징(권낙원·김동엽, 2007: 408)**

활동	일반인	전문가	학생
추론 대상	인과적 이야기	인과적 모형	법칙
행위 대상	상황	개념적 상황	상징
해결할 문제	일상적 문제들	비구조화된 문제	구조화된 문제
산출	협상 가능한 의미와 사회적으로 구성된 이해	협상 가능한 의미와 사회적으로 구성된 이해	고정된 의미와 불변의 개념
목표	의미구성	의미 구성	좋은 성적

일상생활의 맥락에 기초한 학습을 위해 인지적 도제이론에서는 여섯 가지 교수방법을 제안하고 있다(Collins et al., 1980).

① 학생들은 전문가나 교사가 수행하는 것을 관찰하고 모델링한다. 이때 수업 환경은 그 수행이 이루어지는 맥락과 유사해야 한다.
② 전문가의 외적 조력이 코칭의 형태로 제공되어야 한다. 전문가의 지원은 힌트, 피드백, 모델링, 암시의 형태로 이루어져야 한다.
③ 교사와 학생의 공동 과제 수행과정에서 개념적 발판(conceptual scaffolding)이 제공된다. 과제 수행에서 교사의 조력은 점차 감소시키고 학생이 더 많은 부분을 담당하도록 한다.
④ 학생들은 학습자료에 대한 지식, 이해, 추론을 명료화한다.
⑤ 학생들은 자신의 문제해결과정을 전문가나 동료 학생들과 비교하는 등 반성적 활동을 통해서 궁극적으로 해당 교과 영역의 전문성에 관한 자신의 인지적 모형을 구축해야 한다.
⑥ 학생들은 학습된 지식과 기술을 사용할 수 있는 새로운 방식을 탐색하도록 한다.

인지적 도제 수업에서 수업의 계열은 다음의 원리에 따른다(Shull, 1996).
① 복잡성 증대: 전문적 수행 과정에서 점차 많은 개념과 기능이 증대되도록 조직한다.
② 다양성 증대: 학습과제를 수행할 때 요구되는 기술과 전략에서 다양성이 증대되도록 한다.
③ 전체적 이해: 부분적 기능을 습득하기 전에 기능의 전체적 통합적 측면을 이해한다.

나. 문제중심학습(PBL)

문제중심학습(problem-based learning)은 1960년대 배로우즈(Barrows, 1985)에 의해 개발된 의학교육모형에서 출발하였다. PBL은 졸업생들이 실제 임상현장에서 문제 상황에 대한 처리에 어려움을 겪는 것을 해결하기 위한 수업모형이었으며, 교육현장에서 일어나는 실제적 문제들을 해결하기 위한 모형으로 도출되었다(Barrows, 1985).

배로우즈는 다른 문제해결 수업과 구별되는 PBL의 특징을 네 가지 들고 있다.

① 문제를 제시한 후 학습활동이 시작된다.
② 문제는 실제 상황에서 제시되는 것과 동일한 방식으로 제시된다.
③ 학생들은 반성적 사고를 통해서 문제를 해결한다.
④ 학생들은 협동적, 자기주도적 학습을 통해 지식과 기능을 얻게 되며, 이 과정을 통해 지식과 기능은 학생의 인지과정 속에 의미 있게 통합된다.

PBL에서 다루는 문제는 비구조화된 실제 세계의 문제, 학생들이 생활하고 있는 혹은 앞으로 생활해 나갈 삶의 맥락과 밀접히 연결된 실제적 성격의 문제가 적합하다. 또한 복잡하고 모호하여, 문제해결의 절차를 쉽게 규정하기 어려운 문제가 적합하다. 이는 다양한 분야의 지식과 경험을 활용하도록 하는 간학문적 성격의 문제여야 한다(Corderio & Campbell, 1996). 교사는 수업에서의 주도권을 잡고 지시하는 입장이 아니라 조력자, 지원자의 입장에서 학생이 자기주도적 학습자가 되도록 돕는 초인지적 코치(metacognitive coach)의 역할을 해야 한다(Howard, 1999; 허혜경, 1996; 권낙원 · 김동엽, 2007).

교사는 문제를 제시하기, 코치하기, 유도하기(prompting), 이의를 제기하기(challenging), 조력을 경감시키기(fading) 등의 방법을 통해 학생들의 문제해결을 촉진한다(Iran-Nejad, 1995).

6 교수와 교수 이론

가. 가네(R. Gagné)의 학습조건과 교수모형

제2차 세계대전으로 행동주의와 형태주의 심리학은 쇠퇴하는 계기를 맞게 된다. 당시의 심리학은 군대를 위한 훈련과 검사를 개발하는 데 주력하였다. 가네 역시 이러한 분위기 속에서 레이더 기술자를 비롯하여 비행기 조종사에 이르기까지 인간의 기술을 평가하는 방법을 개발하기 위해 연구하였다. 그러나 이러한 군사훈련에 관련된 그의 연구들은 성공하지 못하였다. 그는 대신에 효과적인 교수의 원리를 발견하였다. 그가 제안한 성공적인 교수의 원리는 첫째, 수업은 최종적 과제에 도달하기 위해 구성과제들을 제시하여야 한다. 둘째, 각 구성과제들은 숙달되어야 하며, 셋째, 그 구성과제들은 가장 적절하게 궁극적 과제로 전이되도록 계열화되어야 한다(Gagné, 1962; 신명희 외, 1998: 232에서 재인용).

(1) 학습능력

교수학습을 통해 성취해야 할 목표는 다섯 가지 학생의 학습능력이다.

① 언어정보(verbal information)

정보를 말하거나 진술하는 능력이다. 예를 들면, 포유류의 뜻을 풀어서 말한다.

② 지적 기능(intellectual skills)

지적 기능은 블룸의 교육목표 분류에서 인지적 영역의 이해력, 적용력, 분석력, 종합력, 평가력에 해당한다(권낙원·김동엽, 2007: 234). 이는 언어, 수학과 같은 상징과 기호를 이용하여 환경과 상호작용하는 능력이다. 대상과 사건, 상징들을 구별하고, 결합하고, 도표화하고, 분류하고, 분석하고, 계량화하는 것들을 포함한다. 변별학습과 개념학습으로 나누며 개념학습에서는 구체적 개념, 정의

된 개념, 규칙의 학습, 상위규칙 학습들이 포함된다.

③ 인지전략(cognitive strategies)

학습자 스스로 학습하고, 기억하고, 사고하는 과정을 관리하는(권낙원 · 김동엽, 2007: 234), 사고와 학습을 통제하는 능력(신명희 외, 1998: 231)을 말한다. 학습내용을 암기할 때 이미지 기법을 활용한다든가 음악 가사로 만들어 외운다든가 하는 것, 교사의 설명을 요약하고 체계화하는 방법, 문제를 해결하는 방략과 같이 학습자 스스로 자신의 내적 인지과정을 이끌어 가고 통제할 수 있는 메타인지적 학습능력들을 포함한다(권낙원 · 김동엽, 2007: 234).

④ 태도(attitude)

우리는 생활 속에서 무수한 상황을 맞닥뜨리게 된다. 이때 우리가 어떤 자세나 행동을 취하는가 하는 것은 우리의 선택과 관계가 있다. 따라서 태도란 개인 행위의 선택에 영향을 주는 정신적 상태를 말한다. 대상이나 사건에 긍정적 혹은 부정적으로 행동하는 성향을 말하기도 한다. 예를 들면 쉬는 시간에 게임을 하는 것은 선호하지만 박물관에 가는 것은 기피한다. 사람들은 일반적으로 학습에서 인지적 능력이나 인지적 학습방법에 초점을 두지만, 실제로 학습에 더 큰 영향을 미치는 것은 정의적 태도나 정의적 학습방법인 경우가 많다.

⑤ 운동 기능(motor skills)

일련의 신체적 움직임을 행할 수 있는 능력이다. 자전거를 탄다거나 수영을 한다거나 글씨를 쓰는 등의 신체적 움직임을 수행하는 능력이다.

(2) 학습국면과 교수사태

가네의 교수모형은 정보처리 모형으로 분류된다. 그는 자신이 분류한 5개의 학습능력에 기초하여 각각의 범주에서 학생이 충족하여야 하는 학습의 조건을 제안하였다. 그는 이 조건들을 교수사태(events of instruction)에 연결시켰다. 가네가 제안한 학습국면과 교수사태의 관계는 [그림 8-3]과 같다. 상자(□) 안에 든 학습단계는 학습자의 내적 상태를 의미한다.

	학습국면		교수사태
1단계	동기화한다	기대	1. 동기를 유발한다. 목표에 대해 알려 준다.
2단계	감지한다 ⬇	주의	2. 주의를 기울인다.
3단계	획득한다 ⬇	부호화	3. 회상을 자극한다.
4단계	파지한다 ⬇	기억/저장	4. 학습지도를 제공한다.
5단계	회상한다 ⬇	인출	5. 파지를 증강시킨다.
6단계	일반화한다 ⬇	전이	6. 학습의 전이를 촉진한다.
7단계	수행한다 ⬇	반응	7. 수행을 유발한다.
8단계	피드백한다 ⬇	인출	8. 피드백을 준다.

[그림 8-3] **가네의 학습단계와 교수사태(신명희 외, 1998: 232)**

나. 유의미 학습을 위한 교수이론

오수벨(D. P. Ausubel)은 학생중심, 경험중심 교육 및 탐구, 발견학습이 중시되는 시기에 강의식·설명식 수업의 효용성과 가치를 제시하였다. 이것은 부르너(J. S. Bruner)의 발견학습과 대조적인 견해를 보인다(권낙원·김동엽, 2007: 298; 변영계, 2007: 246-247). 그의 이론은 ① 지식이 조직되는 방식을 다룬 교육과정 이론, ② 학습자의 인지구조 속에서 정보가 처리되는 방식을 다룬 학습이론, ③ 교육과정과 학습에 관한 원리들을 교사가 수업에 어떻게 적용하는지를 다룬 교수이론에 대한 내용으로 구성된다(Joyce & Weil, 2000).

(1) 인지구조

오수벨과 브루너는 교과의 조직과 개인의 인지구조는 공통적으로 교과의 가장 포괄적이고 일반적인 수준의 개념들이 상위에 위치하고 그보다 낮은 수준의 개념들이 하위에 포섭되는 위계적 조직을 이루고 있다고 보았다. 특히 오수벨은 학문의 개념체제와 구조를 인체에 유추하여 찾아보았는데, 이를 인간의 정보처리 인지체제라고 하였다. 인간의 두뇌신경체제 속에서 정보처리 인지체제는 여러 기존 개념들이 집합을 이루고 있다. 이는 인지구조(cognitive structure)라고 하며, 새로운 개념이 동화되고 포섭되는 인지적 정착지가 된다. 새로운 정보가 인지구조 속으로 들어오면, 그 속에서 융화, 동화 등의 재조직화가 일어나서 새롭게 형성된 개념들이 영구적으로 인지구조 속에 남게 된다.

(2) 유의미성과 수용학습

유의미 학습(meaningful learning)이란 외부 세계의 잠재적·논리적 의미가 학습자의 인지구조 속에 수용되고 병합되어 그에게 심리적으로 의미 있는 상태로 전환되는 것이다. 따라서 오수벨에 있어 가르친다는 것은 특정 지식의 구조를 학습자의 인지구조 속에 의미 있게 수용·통합시켜서 그 지식의 구조가 학습자의 것이 되고 학습자가 그것을 자유자재로 처리하고 활용하도록 하는 것이다. 그러기 위해서는 학습자의 인지구조 속에 안정적으로 실제적으로 제시되어야 한다.

(3) 브루너의 발견학습과 오수벨의 유의미 수용학습

브루너는 학습자에게 가장 의미 있는 학습이 이루어지게 하려면, 학습자 스스로 개념들 간의 관계를 발견할 수 있는 기회를 주어야 한다고 하였다. 발견의 기회를 주면 ① 학습자가 자신이 만난 내용을 스스로 구성하고 조직하는 지적인 능력을 증대시키게 되고, ② 발견 그 자체가 기초가 되어 학습자에게 학습능력에 대한 자존감을 높여 주는 내적 보상을 주게 되며, ③ 학습자가 교실 밖에서 계속 학습을 할 수 있는 보편화된 전략을 갖추게 하고, ④ 발견에 의해 학습된 정보는 더 오래 기억되고 보존되는 장점이 있다(Bruner, 1962; 이성호, 2003, 129에서 재인용).

그러나 오수벨은 설명식 수업에서도 의미 있는 학습이 얼마든지 이루어질 수 있다고 본다. 유의미 학습은 개념이 인지구조 속에 정착되는 과정에 초점을 맞추고 있으며, 수용학습은 교수자가 학습자에게 제시함으로써 이루어지는 상황을 의미하므로, 유의미 수용학습은 교수자가 학습자에게 제시한 것을 학습자가 의미 있게 수용하여 내면화하는 학습 즉 내면화 학습을 의미한다. 따라서 유의미 수용학습이 이루어지게 하려면 교수자는 선행조직자를 활용한 수업을 해야 한다고 본다.

(4) 선행조직자

유의미 수용학습이 이루어지게 하기 위해, 그의 설명학습에서 중요하게 제시되는 개념이 선행조직자이다. 선행조직자는 학습자가 새로운 개념이나 자료를 학습할 때 그의 인지구조 속에 그 개념이 자리 잡을 수 있도록 돕는 도입자료이다(이성호, 2003: 130). 선행조직자는 학습과제보다 더 포괄적이며 일반성을 지닌 것으로서, 학습자에게 친숙한 개념, 용어, 명제들과 적절한 예시와 비유들을 활용하는 것이 효과적이다. 예를 들어 오늘의 에너지 문제에 대한 정보를 가르칠 때, 학습자료에는 에너지원, 경제성장과 기술에 대한 정보들, 에너지 위기를 극복하기 위한 정책 등이 포함된다. 이때 교사는 이 내용을 제시하기 전에 포괄적인 수준에서 에너지의 개념을 선행조직자로 제시하고 에너지 효율성과 에너지 보존의 개념을 보조 조직자로 제시함으로써 구체적인 학습내용을 쉽게 습득하도록 도울 수 있다(권낙원·김동엽, 2007: 257).

선행조직자는 기능에 따라서는 설명조직자(expository organizer)와 비교조직자(comparative organizer)로 나눈다. 설명조직자는 가장 높은 추상성을 가진 개념을 제시해 주는 것으로서 점진적 분화의 원리에 따라 이루어진다. 비교조직자는 친숙한 학습내용을 학습할 때 사용한다. 예를 들어 원숭이와 오랑우탄의 유사성과 차이점을 가르치기 위해 사용할 수 있다. 이는 통합적 조화의 원리에 따라 이루어진다.

제시 형태에 따라서는 설명적 선행조직자(expository advance organizer), 이야기 형태의 선행조직자(narrative advance organizer), 그래픽 조직자(graphic organizer)로 나눌 수 있다.

(5) 유의미 수용학습을 위한 교수방법

오수벨은 학생들의 인지구조가 조직되는 방식과 동일하게 교육내용을 조직하기 위한 원리를 제시하고 있다. 교육내용 조직 원리는 점진적 분화(progressive differentiation)와 통합적 조화(intergrative reconciliation)의 두 가지가 있다. 점진적 분화란 교과나 학문 분야 지식이 조직되는 방식으로 가장 일반적이고 추상적인 개념을 정점으로 하여 그것으로부터 하위개념들이 차츰 분화되어 나가는 것이다. 통합적 조화란 새로운 개념이 전에 학습하여 학습자가 알고 있는 개념과 화합되고 통합되는 것이다. 이를 위해 두 개념 사이의 공통점과 차이점을 비교 분석하고 제시하며, 매 단계의 학습이 이전의 학습과 밀접히 연결되도록 한다. 이 두 원리가 이루어지게 하려면 선행조직자를 잘 활용해야 한다.

다. 귀인이론(attribution theory)

인간은 본래 특정한 사태가 발생한 이유를 알고자 한다(Weiner, 1992). 수능시험에 자신이 기대했던 것에 비해 좋지 않은 성적을 얻은 학생들은 자신이 왜 그 시험에서 실패했는지에 대한 답을 찾으려고 할 것이다. 이때 학생들이 찾은 실패의 원인은 다양하다.

〈표 8-2〉 **시험 실패의 귀인 사례**

시험 실패 귀인	사례
능력 부족	난 아무리 열심히 해도 안 돼. IQ가 낮은가 봐.
노력 부족	시험 준비를 잘 못하고 놀았어.
과제의 어려움	선생님이 이번 시험을 너무 어렵게 내셨어. 우리 반 1등도 시험 망쳤대.
운	나는 왜 이렇게 운이 없지? 하필 내가 제일 못하는 확률통계에서 제일 어려운 문제가 두 개나 나왔어.

와이너(B. Weiner)에 의하면, 자신의 성공이나 실패의 원인을 어디에 돌리느냐에 따라 후속행동과 정서적 영향을 받게 된다. 〈표 8-2〉에서 볼 수 있듯이, 학생들이 가장 흔하게 귀인하는 것이 능력, 노력, 과제의 난이도, 운이다(Bar-Tal & Darom, 1979; Frieze & Snyder, 1980). 귀인은 원인의 소재(locus of control), 안정성(stability), 통제 가능성(controllability)이라는 세 가지 차원으로 분류할 수 있다(신명희 외, 1998: 207).

(1) 원인의 소재에 따른 귀인

원인의 소재에 따라 귀인은 내적 귀인과 외적 귀인으로 구분할 수 있다. 원인 소재는 그 원인이 자신의 내부에 있는지 외부에 있는지에 따라 구분된다. '나는 운동신경이 좋아', '나는 정말 열심히 공부했어'와 같이 자기 자신의 능력이나 노력처럼 자신에게 속한 것으로 성공과 실패의 원인을 돌리면 내적으로 귀인하는 것이다. 반면 '시험이 너무 어려웠어', '나는 운이 좋아'와 같이 자신이 통제할 수 없는 외부의 것으로 원인을 돌리면 외적으로 귀인하는 것이다.

사람들은 귀인과 상관 없이 성공했을 때 행복을 느끼고, 실패했을 때 슬픔을 느낀다. 이때 개인이 자신의 성취를 어떻게 귀인하는가는 개인이 갖게 되는 그 밖의 정서적 반응에 영향을 준다. 성공이나 실패를 자신의 내적 요인의 탓이라고 생각하면, 성공하는 경우 자부심과 동기 증진을 갖게 되지만, 실패하는 경우 수치감을 느낀다(Brown & Weiner, 1984; Covington & Omelich, 1984). 반면 외적 요인의 탓으로 생각하는 경우, 성공하면 외부의 힘에 놀라고 감사하게 되지만, 실패는 분노를 야기하게 된다. 모든 원인을 외적 차원으로만 귀인하면 학업성취에서 자신이 할 수 있는 것이 거의 없으므로, 동기유발의 정도는 매우 낮게 된다.

예컨대, 대학 입시에서의 성공이 자기가 열심히 노력했기 때문(내적 귀인)이라고 생각하는 A와 선생님이나 부모님의 도움 덕분(외적 귀인)이라고 생각하는 B의 경우, A가 더 자부심을 느끼게 될 것이다. 대학 입시의 실패를 자신의 능력 부족(내적 귀인)으로 생각하는 C와 가난하고 능력 없는 부모가 좋은 학원이나 과외를 시켜 주지 못했기 때문(외적 귀인)이라고 생각하는 D의 경우, 앞의 학생은 수치감을 느끼게 될 것이고, 뒤의 학생은 분노감을 느끼게 된다.

중간고사에서 자신의 공부와 성적에서 자신의 노력이 부족한 탓으로 내적 귀인함으로써 죄책감을 느낀 대학생들은 다음 번 시험 준비를 더 철저히 해서 성적이 향상되었지만, 중간고사에서 자신의 능력 부족으로 귀인하여 창피함과 수치심을 느낀 학생들은 시험 준비에 소홀했고 성적도 저하되었다(Covington & Omelich, 1984; 전성연 · 최병연 역 1999: 105).

(2) 안정성에 따른 귀인

안정성 차원은 그 원인이 시간의 경과나 특정 과제에 따라 변화하는가의 여부에 따라 안정/불안정으로 분류된다. 어떤 사람이 성공하거나 실패한 경우, 그 결과를 초래한 원인이나 조건이 계속 변하지 않는 것으로 지각하면 더 확신을 가지고 기대하게 된다. 교사가 아동의 성적을 내적이면서 안정적인 것(예: 능력, 지능)으로 귀인하면 학업성적에 대한 높은 기대를 갖게 된다. 그런데 만약 아동의 성적을 외적이면서 불안정한 것(예: 운이나 시험 난이도)으로 귀인하게 되면 그 아이의 학업성적에 대해 낮은 기대를 갖게 된다.

(3) 통제 가능성에 따른 귀인

성공이나 실패의 원인이 학생의 의지에 의해 통제될 수 있는지에 따라 통제 가능과 통제 불가능으로 나눈다. 예컨대, 사람들은 보통 내적 요인 중 '노력'은 자신의 의지에 따라 노력의 정도를 조절할 수 있으므로 통제 가능한 요인이지만 '지능'은 자신의 의지에 따라 바꿀 수 없으므로 통제 불가능하다고 생각한다. 따라서 수학시험에서 받은 점수가 자신의 '노력'에 따른 것이라고 귀인하면 자부심 또는 자책감을 느껴서 다음에 더 노력하여 좋은 결과를 기대할 수 있다(신명희 외, 1998: 208). 그러나 그것을 '운'과 같이 통제 불가능한 요인으로 귀인하게 되면 더 노력할 여지가 적어지게 된다. 실제로 학업성취가 높은 집단은 성공을 능력과 같은 내부 요인에 귀인하고, 성취수준이 낮은 집단은 실패를 능력 결여로 귀인하며 성공은 운에 귀인하는 정도가 높았다(박영신, 1986).

〈표 8-3〉 (수능 시험) 실패에 대한 귀인 차원 분류

귀인 차원 분류			실패에 대한 이유 예시	지각 및 정서
내적	안정	통제 불가능	나는 공부머리가 없어. (능력)	체념, 수치심
		통제 가능	나는 게을러서 공부 시간이 너무 적은 편이야. (안정된 노력)	죄책감, 수치
	불안정	통제 불가능	시험 보는 날 설사가 심하게 났어. (운)	놀라움, 실망
		통제 가능	시험 보기 전날에도 스마트폰 게임을 했어. (불안정한 노력)	수치, 죄책감
외적	안정	통제 불가능	요즘 재수생, 삼수생이 너무 많아서, 1~2 등급컷이 너무 높아. (시대적 상황)	침울, 좌절
		통제 가능	우리 반 선생님은 학생 성적에 관심이 없으신 것 같아. (타인-안정적 요인)	분노, 실망
	불안정	통제 불가능	이번 수능 시험이 너무 어렵게 출제됐어. (과제곤란도)	침울, 좌절
		통제 가능	시험 전날 여자친구가 찾아와서 만났더니 정신이 흐트러졌어. (타인-불안정적 요인)	원망, 분노

(4) 교수학습에의 적용

귀인이론에서 정서는 후속 행동의 동기원이 되기 때문에 중요하다. "귀인은 우리가 무엇을 느끼는지 알려 주고, 우리가 느끼는 감정은 무엇을 할 것인지 알려준다(Weiner, 1983b: 69)."

반감, 체념, 무능감을 느낀 사람은 성취 관련 상황에서 더 이상 적극적으로 시도하려고 하지 않을 것이다. 그러나 감사나 안도감을 느낀 사람은 고마움을 표현하기 위해 동기화될 것이다. 유능감을 경험한 사람도 성취 관련 상황에서 자신감을 갖고 접근하게 될 것이다. 긍정적 결과가 나타나면 개인은 자신감, 자존감, 만족감을 경험하게 된다. 반대로 성공을 운이나 다른 사람의 도움과 같이 외적 요인으로 귀인하게 되면 자존감을 느끼기 어렵고 미래에 비슷한 과제 상황에 놓이게 될 때 성공의 효과가 지속되기 어렵다(Weiner, 1983b; 이경화 외 역, 2006: 446).

성공이나 실패를 내적 요인으로 귀인하는 것은 개인의 자아상 형성에 영향을 미친다. 성공의 경우 긍정적 자아상 형성에, 실패의 경우 부정적 자아상 형성에 영향을 미친다. '능력 부족'과 같이 내적이고 안정적이면서 통제 불가능한 요인으로 귀인하는 것은 부정적 자아상을 형성하며 수치심(불명예, 황당함, 굴욕, 수치)을 불러 일으킨다. 그러나 통제 가능한 '노력'에 귀인하게 되면 죄책감을 유발시키긴 하지만 더 강력한 수치심을 불러일으키지는 않는다. 그레이엄과 와이너(Graham & Weiner, 1996)는 죄책감은 목표 지향적 행동 양식을 유발시키지만, 수치심은 과제를 회피하게 만드는 동기의 방해자라고 하였다(Graham & Weiner, 1996: 72).

따라서 귀인의 소재가 내적이냐 외적이냐, 안정적이나 불안정적이냐, 통제 가능하냐 불가능하냐는 실제 학교 현장에서 학생들을 대할 때 고려되어야 할 중요한 요인이다.

학생은 시험 성적이 나쁠 때, 자기 스스로 '자신이 무능해서'라고 귀인하기보다는 '노력이 부족해서'라고 귀인하는 경우가 많다. 이는 실패를 노력 부족으로 귀인함으로써 자신의 가치감을 덜 훼손하고 자기 능력에 대한 존중감의 상실을 방어하기 위한 것이다(박영신, 1996).

연구결과에 의하면, 사람들은 능력의 부족보다 노력의 부족에 대해 더 관대하지 않다. 와이너(Weiner, 1980)는 귀인에 따라 노트를 빌려주는 행동의 차이를 연구했다. 학생들은 친구가 노트를 빌려달라고 했을 때, 친구가 필기를 못한 원인이 내적이고 통제 가능할 때는 노트를 빌려주고 싶어하지 않았다. 그러나 상대방이 어쩔 수 없이 노트를 빌려야 하는 상황이라고 지각되면 기꺼이 빌려주려고 했다. 이는 사람들이 알콜 중독자를 돕기보다는 장애인이나 학대받는 아이를 돕고자 하는 경향이 있는 것과 마찬가지이다.

학생의 실패에 대해서 교사가 학생에게 어떻게 반응하는 것이 좋을까? 시험을 못 본 학생에게 교사가 능력 부족으로 생각하고 부드러운 말로 동정심을 표현했다고 하자. 아무리 친절하고 부드러운 말로 학생을 대했다고 해도 그에게 동정심을 표하면 학생은 수치감을 느끼게 된다. 반면 이에 대해 교사가 노력 부족으로 생각하고 화를 냈다고 하자. 학생은 이런 경우 죄책감 느끼게 된다. 교사가 거친 말로 화를 냈다고 해도 그것이 학생의 능력에 대한 믿음에 근거한 것이라고 느끼면, 학생은 죄책감과 함께 자기 가치에 대한 자부심을 함께 느끼기 때문에 이후 더 열심히 공부하게 된다. 교사가 학생의 성공을 지나치게 노력으로만 귀인하는 것은 학생의 능력이 낮다는 의미도 포함할 수 있으므로, 학습의 초기단계에서는 성공의 원인을 노력으로 귀인하고, 학습이 진행될수록 학생의 능력으로 귀인하는 것이 바람직하다(신명희 외, 1998: 210). 성공은 능력으로, 실패는 노력으로 귀인하는 것이 자기효능감을 높이는 데 긍정적으로 작용하기 때문이다(Schunk, 1984).

참고문헌

권낙원 · 김동엽(2007). 교수–학습의 이해. 서울: 문음사.

박영신(1986). 인지발달수준에 따른 성패귀인과 과학학업성취도에 대한 연구, 교육학연구, 24(2), 77-94.

박영신(1996). 대학생의 학업성패경험과 성취귀인의 관계, 교육학연구, 34(1), 89-111.

변영계(2007). 교수 · 학습 이론의 이해. 서울: 학지사.

신명희(2002). 교수방법의 심리적 기초. 서울: 학지사.

신명희 · 박명순 · 권영심 · 강소연(1998). 교육심리학의 이해. 서울: 학지사.

이경화 · 최병연 · 김정희(역)(2006). 교수–학습의 이론과 실제. Gredler, M. E.(2005), *Learning and Instruction-Theory into Practice-*. 서울: 아카데미프레스.

이성호(2003). 교수방법론. 서울: 학지사.

전성연 · 최병연 역(1999). 학습동기. Stipek, D. J.(1993). *Motivation to learn: integrating theory and practice*. Boston: Allyn and Bacon. 서울: 학지사.

허혜경(1996). Vigotsky의 ZPD 이론에 기초한 교수–학습 방법, 교육학연구, 34(5), 311-330.

Bar-Tal, D. & Darom, E.(1979). Pupils' attributions of success and failure, *Child Development, 50*, 264-267.

Barrows, H. S.(1985). *How to design a problem-based curriculum for preclinical years*. New York: Springer.

Barrows, H. S.(1986). A taxonomy of problem-based learning methods. *Medical Education, 20*(6), 481-486. http://dx.doi.org/10.1111/j.1365-2923.1986.tb01386.

Brown, J. S., Collins, A., & Duguid, P.(1989). Situated cognition and the culture of learning. *Educational Researcher, 18*(1), 32-42.

Brown, J. D., & Weiner, B.(1984). Affective consequences of ability versuseffort attributions: Controversies, resolutions, and quandaries. *Journal of Educational Psychology, 76*, 146-158.

Bruner, J. S.(1962). *On knowing: Essays for the left hand*. Massachusetts: Harvard Univ. Press.

Collins, A., Brown, J.S., & Newman, S. F.(1989). *Cognitive apprenticeship: Teaching the crafts of Reading, Writing, and Arithmetic*. In L. B. Resnick(Ed.). *Knowing, learning, and istruction: Essays in the honor of Robert Glaser*. New Jersey: LEA.

Corderio, P. & Campbell, B.(1996). *Increasing the transfer of learning through problem-based learning in educational administration*. (ERIC Document Reproduction Service No. ED 396 434.

Covington, M. V., & Omelich, C. L.(1984). Task-oriented versus competitive learning structures: Motivational and performance consequences. *Journal of Educational Psychology, 76*, 1038-1050.

Eggen, P. D. & Kauchak, D. P.(2004). *Educational psychology: Windows on classrooms*. New Jersey: Pearson/Merrill Prentice Hall.

Frieze, I. H. & Snyder, H. N.(1980). Children's beliefs about the causes of success and failure in school settings. *Journal of Educational Psychology*, *72*, 186-196.

Gagné, R. M.(Ed.)(1962). *Psychological principles in system development.* New York: Holt, Rinehart, & Winston.

Graham, S. & Weiner, B.(1996). Theories and principles of motivation. In D.C. Berliner & R.C. Calfee (Eds.). *Handbook of educational psychology*, 63-84. New York: Macmillan.

Howard, J. B.(1999). Using a social studies theme to conceptualize a problem. *Social Studies*, *90*(4), 171-176.

Iran-Nejad, A.(1995). Constructivism as substitute for memorization in learning: Meaning is created by learner, *Education*, *116*(1), 16-22.

Joyce, B. R., & Weil, M.(2000). *Models of teaching*. Massachusetts: Allyn and Bacon.

Lave, J.(1988). Cognition in practice: Mind, mathematics and culture in everyday life. Cambridge. UK: Cambridge University Press.

Lave, J.(1990). The culture of acquisition and the practice of understanding. In J. W. Stigler, R. A. Shweder, & G. Herdt(Eds.), *Cultural psychology: Essays on comparative human development*(pp. 309-327). Cambridge: Cambridge University Press.

Lave, J.(1997). The culture of acquisition and the practice of understanding. In D. Kirshner & J. A. Whitson(Eds.). *Situated cognition: Social, semiotic, and psychological perspectives.* New Jersey: Lawrence Erlbaum Asociation.

Lave, J., & Wenger, E.(1991). *Situated learning legitimate peripheral participation*. Cambridge: Cambridge University Press.

Rogoff, B.(1990). *Apprenticeship in thinking. Cognitive development in social context.* New York: Oxford University Press.

Schunk, D. H.(1984). *Children's Social Comparison and Goal Setting in Achievement Contexts.* College of Education, University of Illinois. ERIC Clearinghouse on Elementary and Early Childhood Education.

Shull, T. J.(1996). Teaching and learning in a classroom context. In D. C. Berliner & R. C. Calfee (Eds.). *Handbook of Educational Psychology*, Simon & Schuster Macmillan.

Weiner, B.(1983). Speculations regarding the role of affect in achievement-change programs guided by attributional principles. In J. Levine, J. M., & Wang, M. C.(Eds.), *Teacher and student perceptions*. 57-73. New Jersey: Erlbaum.

Weiner, B.(1984). Principles for a theory of student motivation and their application within an attributional framework, in Ames, R. E. and Ames, C.(Eds.) Research on motivation in education, 1. Student motivation. London: Academic Press.

Weiner, B.(1992). *Human motivation: Metaphors, theories and research.* Beverly Hills: Sage Publications.

제9장

수업의 근본 구조

요즘 수업이론은 마치 교육공학 분야의 전유물인 것처럼 인식되고 있다. 심지어 교육과정을 전공하는 학자들조차도 간혹 교육과정 분야에서 수업이론을 아예 배제하려는 시도를 하는 경우도 있다. 그러나 그것은 대단히 위험한 시도이다. 왜냐하면 교육과정과 수업은 동전의 양면과도 같이 따로 분리할 수 없을 정도로 밀접한 관련을 가지며, 교육과정에서 수업을 배제하고 나면 거기에 남는 것은 거의 없다고 해도 과언이 아니기 때문이다. 교육과정이 현실 속에 구체적으로 모습을 드러낸 것이 곧 수업이며, 교육과정은 수업을 통해서 비로소 완성된다. 달리 말하면, 수업은 다름 아닌 교육과정의 또 다른 모습, 곧 교육과정의 역동적인 양상(樣相)일 뿐이다. 이 장에서는 수업에 대한 기본 이해를 추구함으로써 교육과정에 대한 이해의 지평을 보다 더 확장시켜 보고자 한다.[1)]

1 수업의 근본 구조

요즘도 양산되고 있는, 학교현장을 대상으로 하는 연구들을 보면 수업과 관련된 것이 그 대부분을 차지하고 있다. 이 사실은 수업이 그만큼 학교교육에서 핵심적 위치를 차지하는 영위라는 것을 잘 말해 준다. 바람직한 교육행정을 편다고 하더라도 그것이 수업장학에 수렴되도록 힘써야 할 것이고, 학교평가를 실시해야 하는 경우에 있어서도 수업평가가 모든 평가의 구심점이 되도록 해야 할 것이며, 교사와 그의 삶을 연구함에 있어서도 교사들이 매일 하는 일로서의 수업을 배제하는 일은 상상조차 하기 어려울 것이다. 요컨대, 수업은 학교교육의 거의 모든 국면에 총체적으로 관계되어 있다.

그러나 한편, 학교교육에서 수업이 차지하는 비중이 이와 같이 지대함에도 불구하고, 지금까지 많은 교육자와 연구자들의 관심이 주로 수업의 방법적 개선에

1) 이 장은 김승호(2007)의 "수업의 근본구조 탐색", 교육과정연구, 25(3), 193-214의 글을 수정 및 보완하였음.

만 경도되어 왔음은 부정할 수 없는 사실이다. 현재 현장에서 일상적으로 이루어지고 있는 수업의 문제점들을 지적하면서, '어떻게 하면 수업을 획기적으로 개선할 수 있는지', '구태의연한 기존의 수업방법을 대체할 새로운 것은 없는지' 등등의 대안을 모색하는 데 열중해 왔다. 그러나 탐구 수업, 활동 중심 수업, 열린 수업, 수준별 수업, 자기 주도적 학습, 배움 중심 수업 등등 서구에서 비롯된 다양한 수업방법을 현장에 적용해 보았지만, 애석하게도 그 결과는 그다지 신통치 않았다. 어느 한 수업방법도 제대로 정착되기도 전에 또다시 새로운 수업방법이 하나의 유행처럼 성급하게 도입되기도 했으며, 가르치는 교사나 주어진 여건은 고려하지 않은 채 외래 수업방법의 형식만을 본떠서 실패하는 경우도 비일비재하였다.

그간 비교적 오랫동안 겪어온 이러한 시행착오는 수업을 보는 우리의 시각이 앞으로는 가급적이면 많이 달라져야 한다는 것을 잘 말해 준다. 그렇다면 수업을 방법적 개선 이외의 관심으로 볼 가능성은 없는가? 수업의 방법상의 문제점을 성급하게 진단하고 설익은 개선책을 제시하기보다는 수업에서 이루어지는 여러 가지 사건이나 일들, 그리고 그 의미들을 정확하게 기술해 낼 수는 없는가? 이러한 문제의식은 '수업은 무엇인가'라는 수업의 개념 문제에 봉착하게 된다. 물론 어느 분야에서든지 개념의 문제가 가장 근본적이면서도 어려운 문제라는 것을 충분히 감안하더라도, 특히 수업을 대상으로 한 이론적인 연구는 더더욱 어려울 수밖에 없다. 수업은 하나의 사실 이전에 실천이 압도하는 영위이기 때문에 그 속에서 있는 그대로의 현상과, 누군가의 행위 의지를 구분하여 설명한다는 것 자체가 무척 어렵다.

이러한 난점에도 불구하고, 가능한 한 수업을 특정한 사람의 실천행위로서가 아니라 이해의 대상으로 파악하고자 하는 거시적 노력이 요청된다. 이러한 노력이 아직 우리나라에서는 매우 낯설게 느껴지지만 독일이나 북유럽만 하더라도 하나의 전통으로 자리 잡은 지 이미 오래다. 예를 들어, 독일의 경우, 교육현상에 대하여 순수 이론적 연구를 지향하는 '일반교육학'과, 성인교육, 학교교육, 특수

교육 등과 같이 현장 교육의 문제를 경험적으로 연구하고 직접적인 해결책을 제시하고자 하는 '실천교육학'으로 구분하여 교육학이 발전하고 있다.

쥔켈(Wofgang Sünkel)의 『수업현상학(*Phänomenologie des Unterrichts*, 1996)』에 의하면, 수업은 이해 대상으로서의 수업과 실천 대상으로서의 수업으로 구분된다. 쥔켈은 교사가 수업을 어떻게 해야 하는가가 아니라 특정한 행위양식으로서의 수업은 어떻게 이해될 수 있는가를 중시한다(Sünkel, 권민철 역, 2005: 7). 이 책에서는 첫째, 수업 전체에 들어 있는 보편적 요소는 무엇이며 또 그것들은 각기 어떤 역할을 수행하는가? 둘째, 수업의 보편적 요소들은 서로 어떤 관련을 맺고 있으며, 또 그것들이 모여 전체적으로 어떤 모습을 이루게 되는가?에 대한 물음에 답함으로써 수업의 근본 구조를 탐색하고자 한다. 이때, '구조'는 여러 요소 또는 부분들이 모여 서로 긴밀한 관련을 맺어서 전체를 이루고 있는 모습을 가리키며, 이때 전체는 그 요소 또는 부분들의 산술적인 합 이상의 그 어떤 것을 의미한다.

2 수업의 보편적 요소와 역할

아마도 현실 속에는 무수히 많은 다양한 수업현상이 존재할 것이다. 또한 그러한 구체적인 수업 속에는 통제하거나 예측할 수 없는 수많은 요소 또는 변인들이 들어 있을 것이다. 구체적이고 다양한 수업 현상들을 대상으로 하여 그것들 각기의 특수한 특성들을 추상시켜 놓고 보면 아마도 수업의 근본 골격과 보편적 요소들만 남게 될 것이다. 그리하여 그것들은 수업의 개념에 반드시 있어야 하는 필수적인 것일 뿐만 아니라 모든 구체적인 수업현상에 공통된 것이 될 것이다. 그렇다면 수업의 개념에서 제외되어서는 안 되는 근본 골격 또는 보편적 요소는 무엇인가?

어떤 사람들이 책을 읽고 무엇인가를 '배웠다'고 하고, 하늘을 응시하다가 혹은 파도 소리를 듣다가 무엇인가 '배웠다'고 말을 할지 모르지만, 그러한 경우들을 가리켜, 책, 하늘, 바다가 우리에게 무엇인가를 '가르쳤다'거나 우리가 우리 스스로에게 무엇인가 '가르쳤다'고 말한다면, 그것은 아무리 비유라고 하더라도 불행한 것이다(Oakeshott, 1967: 44). 왜냐하면, 학습은 혼자서도 얼마든지 가능한, 학습자 한 사람의 활동인데 비하여 '가르침' 또는 '수업(teaching)'은 반드시 사람과 사람 사이에서만 이루어질 수 있는 실천적 활동이기 때문이다. 적어도 수업이라고 말하려면, 배움을 주는 사람과, 그 상대방으로서 배움을 얻는 사람, 곧 두 사람이 반드시 필요하다. 우리는 관례적으로 배움을 주는 사람을 '교사'로, 그리고 배움을 얻는 사람을 '학생'이라고 불러왔으며, 교사의 상대방은 위에서 예시한 바와 같이 책, 하늘, 바다에서 배움을 얻는 일반적 학습자가 아니라 그로부터 배움을 얻는 학생이다.

물론, 위에서 말한 의미에서의 가르침 또는 수업은 교사와 학생 사이에서만 이루어지는 것이 아니다. 정치인이나 정신과 의사의 경우도 그 상대방이 유권자든지 환자이든지 간에 그에게 무엇인가 전달하고자 하는 내용이 분명하게 있고 어떤 방향이든지 간에 그의 변화를 도모하는 실천적 활동을 한다는 점에서 교사가 하는 일과 흡사하다. 그러나 그들이 하는 일이 교사의 그것과 명백하게 다른 점은 그 일이 학생을 대상으로 하여 이루어지지 않는다는 것일 것이다. 오우크쇼트에 의하면, 비록 동일한 활동을 하더라도 그 상대방이 무엇을 하는 사람인가에 따라 활동의 성격, 즉 수업인가 아닌가가 규정된다(Oakeshott, 1967: 44). 앞에서도 지적했듯이 세상에는 무수한 학습과 학습자가 있겠지만 교사의 밑에서 학습하는 사람이기 때문에 학생인 것과 마찬가지로, 교사는 유권자나 환자가 아닌 바로 학생을 상대방으로 하여 가르침을 베풀기 때문에 교사인 것이다. 요컨대 양자 사이에 전달 또는 소통되는 내용이 있다고 하더라도 그것이 교사와 학생의 관계를 전제한 것이 아니라면 수업이라고 보기 어렵다.

이상에서 살펴본 바와 같이, 수업의 개념과 따로 떼어서 생각할 수 없는 두 축(軸)으로서 교사와 학생이라는 개념이 존재한다. 교사와 학생이라는 보편적 요소가 존재하지 않는 수업은 있을 수 없다고 하더라도 과연 교사와 학생이라는 두 축만으로 수업을 지탱할 수 있을까? 전달자에게서부터 피전달자에게 전수되는 내용 또는 대상의 성격에 따라서 교사와 학생의 관계가 성립될 수 있다는 관점에서 보면, 수업 내용 또는 대상이라는 요소 또한 수업의 개념으로서 큰 비중을 가지지 않을 수 없다.

가르칠 만한 가치가 있는 내용이나 대상이 이미 주어져 있기 때문에, 이를 전수할 사명을 띤 교사가 존재하고 이를 배우기 위하여 학생들이 모여들면서 비로소 수업활동이 가능해진다는 것이다. 동서양을 막론하고 주로 전통적인 교육관에 해당하는 이러한 견해에 따르면, 주어진 인류공동의 문화유산이라든가 여러 가지 제도와 문물 등이 곧 수업대상이며, 또한 그것을 연마하는 것으로서의 수업활동이 학생의 인격과 직결된다고 믿었다. 학생의 흥미와 필요를 항상 수업의 중심에 두는 오늘날에 있어서도, 그것이 무엇이든지 간에 수업대상이 없는 수업은 결코 상상할 수 없다. 비록 다소 불분명한 경우라고 할지라도 수업대상이 교사와 학생 간에 전제되지 않은 상황, 또는 일상에서의 교사와 학생 간의 막연한 만남 그 자체를 수업이라고 부르기는 어려울 것이다. 수업대상의 존재야말로 수업이 다른 교육현상과 구별되게 해 주는 가장 뚜렷한 징표이다(Sünkel, 권민철 역, 2005: 96).

어쩌면 여기서 미처 파악하지 못한 수업의 보편적 요소가 더 있을 수도 있겠지만, 이 글에서는 수업의 보편적 3요소로서 수업대상, 학생, 교사를 '수업의 삼각구도(didaktik triangle)'로 삼아 이하 논의를 전개하고자 한다.

가. 수업대상

수업대상은 어떤 성격의 것인가, 또는 교육내용 또는 교과란 무엇인가 하는 질문들은 수업의 개념을 결정적으로 규정하는 것으로서 매우 중요한 의의를 갖는다. 수업대상이 무엇인가 하는 질문을 다루기 위해서는 무엇보다도 먼저 수업의 발생 내지는 역사를 상상해 볼 필요가 있다. 여기서는 쥔켈이 수업의 본질을 규명하기 위하여 상상해 낸 '활 제작자' 메타포를 요약하여 소개한다.

> 문명의 여명기, 아마도 신석기 시대에 숲속에 어느 한 활 제작자가 살고 있었다. 그는 항상 그의 종족 모두에게 훌륭한 활을 제작하여 공급해 주었으며, 활을 만들어 오는 오랜 동안 이미, 활 제작 기술을 예술의 경지에까지 승화시켜 놓았다. 그러던 어느 날, 10살짜리 소년이 그의 작업장에 찾아와 그의 일에 호기심을 보이기 시작했다. 그 소년은 활 제작자의 작업을 흉내 내기도 하고 때로는 질문을 하기도 했다. 이러한 작업 방해에 활 제작자는 귀찮기도 해서 화를 내어 쫓아 보냈으나 소용이 없었다. 그래서 활 제작자는 일단 소년을 시험 삼아 받아주기로 하고 가끔 짬을 내어 하루에 한두 시간씩 소년을 가르친다. 그 과정에서 활 제작자는 자신의 일과 그 기술의 체계적 전수에 대한 새로운 인식과 통찰을 깨닫게 된다. 이로부터 활 제작자는 활 제작 기술의 개선에 숙고했듯이 이제는 어떻게 하면 소년에게 보다 확실하게 활 제작 기술을 전수할 수 있는가에 대하여 고민할 뿐만 아니라, 자기 작업시간 이외에 소년을 가르치는 시간을 별도로 정하여 열심히 가르친다. 이렇게 몇 해가 지난 후에, 비록 부족하지만 소년은 자기 스스로 활을 완성해 냈으며, 또 몇 해가 지나자 활 제작자와 동업할 수 있을 정도로 거의 활 제작자의 기술 수준에 도달하게 되었다(Sünkel, 권민철 역, 2005: 51-54).

위의 활 제작자 메타포는 작업상황에서부터 수업상황으로의 전화(轉化)를 보여 준다. 위의 인용에서 무엇보다도 주목해야 할 것은 활 제작자가 소년을 가르치기 위해서 별도의 관심과 시간을 들인 일, 곧 '수업의 발생'이다. 수업상황에서 활 제작자는 활 만드는 일을 중단해야 하며, 소년은 오로지 학습에만 전념할 수 있다. 이것을 사회 전체에 확대시켜 생각해 보면 사회구성원의 의식주 문제를 해결하는 생산 활동으로부터 수업이 특별한 형식의 인간 영위로 분화된 것을 의미한다. 수업은 학습이 주목적인 상황이며, 따라서 삶의 문제를 직접적으로 해결하려는 활동에서 일정한 거리를 유지하고 있다. 수업은 그 이전에 어른들이 치열한 삶의 터전 속에서 자연스럽게 생산 활동을 위주로 하면서 부수적으로 아이들을 가르치는 시절과는 전혀 다른 양상을 갖게 된다.

사회가 점차 확대되고 복잡다단해지면서 수업의 필요성은 더더욱 절실해진다. 삶의 유지와 개선에 필수불가결한 활동, 지식, 기능, 태도 등은 갈수록 분화되고 복잡하게 얽히고 어렵게 되어, 아이들이 그것들을 단순히 관찰하거나 어른과 함께 몇 번 경험해 보는 것만으로 배울 수 없는 상황이 도래한 것이다. 이제는 삶의 문제를 직접적으로 해결하는 일과는 별도로, 즉 또 다른 시공간에서 오로지 아이의 학습만을 위한 대상을 가르칠 필요가 생긴 것이다. 이러한 생산 활동으로부터의 수업대상의 '분리'는 수업의 발생에 결정적인 기여를 하게 된다. 구체적인 수업대상이 그것을 획득하고자 하는 학습주체, 곧 학생의 외부에 독자적으로, 그리고 객관적으로 '이미 주어져(given)' 있을 때에 비로소 수업이 출현할 수 있게 된다. 모든 인간 활동 그 자체가 직접적으로 수업대상이 될 수 있는 것은 결코 아니다. 수업대상은 오로지 학생들을 가르칠 목적으로 생산 활동을 비롯한 그밖에 여러 인간 활동들로부터 분리된 결과물들이어야 한다.

또한 수업대상은 반드시 객관화되어 있어야 하며, 또한 나름대로 체계적으로 진술되어 있어야 한다. 객관화 또는 대상화할 수 없는 것들은 수업대상이 될 수 없다. 예를 들어, '내 신앙심을 배워라!' 하는 식으로 객관화될 수 없는 대상을 전달하고자 한다면, 그것은 이미 수업의 영역을 벗어나 주입이나 교화의 영역에 들어선 것을 의미한다. 아무리 훌륭한 교사라고 하더라도 그의 마음속에 들어 있는 주관적 능력, 태도 등 그 자체는 결코 수업대상이 될 수 없다. 우리는 일반적으로, 이상에서 말한 객관화된 수업대상을 가리켜 '교육과정(curriculum)' 또는 '교과(subject matters)'라고 부르기도 한다. 사실상 모든 인간 활동이 수업대상이 될 수 있음에도 불구하고 오로지 순수한 학습활동을 목적으로 그것으로부터 분리해 내었다는 의미에서의 '격리(seclusion)'는 결코 교육과정 또는 교과의 핵심 개념으로 빼놓을 수 없을 것이다.

또 한편 역사적으로, 그러한 수업대상으로서의 교육과정 또는 교과는 대체로 학문의 전통적 구분에 의거하여 성립되었을 뿐만 아니라 학문의 흥망성쇠에 따라 조금씩 변천을 거듭하게 되지만, 그 기본 골격은 신비하게도 오늘까지도 계속하여 유지되고 있다. 시대적 필요라는 압박에도 불구하고 학문으로서의 교육과정 또는 교과가 그 골격을 나름대로 유지하여 온 비결은 무엇보다도 그러한 수업대상 자체의 강인한 흡인력에 있다고 할 수 있다. 그러한 수업대상은 이때까지 살아온 무수한 천재들을 비롯한 많은 사람들의 사고방식, 통찰, 상상력, 세계관 등을 반영하고 있으며, 역사적으로 그러한 것들에 탄복하고 몰입한 사람들의 몫까지도 계속하여 누적되어 온 것이다. 수업대상은 한편으로는 학생의 흥미를, 다른 한편으로는 교사의 관심을 끌어들인다. 달리 말하면, 수업대상은 한편으로는 학생의 호기심을 유발하고 다른 한편으로는 교사의 가르침에 대한 의욕을 불러일으킨다. 바로 이러한 의미에서 수업대상은 수업의 개념에서 빠뜨려서는 안 될 핵심적 의미 요소이다. 요컨대, 결국 수업대상이 먼저 존재함으로써 그것이 수업을 야기했다고 말할 수 있다. 퇴계 이황의 「도산십이곡(陶山十二曲)」을 보면, '(古人이……) 걷던 길이 앞에 놓여 있거늘 어찌 아니 갈 수 있겠는가?(후6곡 제3수 종장)'라는 구절이 나온다. 이와 같이 고인의 도(道), 곧 수업대상이 '이미 주어져 있는(given)' 것 자체가 수업의 성립에 결정적인 역할을 한다.

최근에 들어서, 학문의 분류에 기초한 교육과정 또는 교과가 지녀온 신비감은 이미 사라진 지 오래이며, 현재의 모든 인간 활동들 그 자체가 각각 하나의 소재(素材)로서 직접적인 수업대상이 될 수 있다고 하는 낭만적인 이상론이 대두되고 있다. 비단 학문으로서의 교과뿐만 아니라 모든 대상들이 잘만 구성되기만 하면 수업대상으로서의 역할을 충분히 할 수 있다는 주장이 압도하고 있다. 이러한 분위기에서 학문으로서의 교육과정 또는 교과를 지지하는 언급은 오히려 큰 위험을 무릅써야 할는지 모른다. 그러나 가드너(H. Gardner)에 의하면, 아직까지 우리는 여러 가지 학문으로서의 교과를 대체할 그 어떠한 타당한 이유를 발견하지 못하였다(Gardner, 2000: 147).

나. 학생

앞에서 특정한 구체적인 수업대상이 아닌, 일반적인 수업상황에서 수업대상의 위치를 다룬 것과 마찬가지로, 이 장에서는 특정한 개인으로서의 학생이나 그들의 특성이 아닌, 일반적인 수업상황에서의 학생의 위치에 대하여 다루어 보고자 한다.

수업상황에서 학생의 위치는 수업대상 못지않게 매우 중요하다. 엄밀한 의미에서 수업은 학생이 없는 상태에서는 불가능하다. 또한, 교사 곁에 학생이 있다고 하더라도 교사는 가르치려고 하였지만 학생은 배우지 못했다면, 그것은 수업이 제대로 이루어진 상태라고 말할 수 없을 것이다. 아이즈너(E. Eisner, 1979)에 의하면, 이 점은 어떤 사람이 그 물건을 사지 않은 이상 감히 물건을 팔았다고 말할 수 없는 것에 비유될 수 있다. 수업상황에서의 학생은 결코 막연한 학습자가 아니다. 앞서 오우크쇼트(1967)의 논의에서 언급한 바와 같이, 그는 책, 하늘, 바다로부터 홀로 고독하게 배움을 얻는 일반적 학습자가 아니라, 교사가 알고 있는 학습자이며 교사로부터 그가 전달하고자 작정한 내용을 흔쾌히 받아들일 준비가 되어 있는 사람이다. 여기서 받아들일 준비라는 것은 단순히 학습의 심리적 조건이나 선수 학습내용을 의미하는 것이 아니다. 그것은 교사의 실력과 전문성에 대한 승복과 그가 전달하고자 하는 수업대상에 대한 신뢰를 가리킨다. 물론 이 점은 현실 속에서 학생이 수업에 임하는 순간에 이미 암묵적으로 전제되어 있는 것이며 대부분 하나의 제도로서 보장되어 있는 경우가 많다.

만약 수업에서 학생이 없다면 또는 학생이 증명사진 찍은 것처럼 꼼짝 않고 가만히 있다면 아무리 수업대상이 흥미롭고 교사가 각고의 노력을 경주한다고 하더라도 수업은 제대로 이루어질 수 없다. 앞서 쥔켈의 '활 제작자' 메타포에서도 살펴보았듯이, 기존의 작업상황을 새로운 수업상황으로 전화시킨 단초는 오로지 소년의 학습에 대한 의지였다. 소년이 학생이 되기를 희망했기 때문이었다. 외부적 변인을 제외한 순수한 수업상황이라는 내재적 관점에서 학생의 위치를 고려해 볼 때, 수업을 받는 학생의 '활동(activity)'은 근본적으로 중요한 의의를 지닌다. 물론 여기서의 활동은 학생이 수업대상을 '획득(acquire)'하는 행위를 의미한다. 수업대상의 획득은 학생이 수업을 받음으로써 흔히 '교과'라고 불리는 객관적으로 드러나 있는 지식, 기술, 태도 등을 자기만의 것으로 내면화하는 것이다. 달리 말하면, 그것은 학생의 입장에서 주어진 객관화된 수업대상을 자기 나름대로 주관적으로 재구성하는 것을 의미한다.

이러한 학생의 활동은 원칙상 누군가가 주입한다거나 강요한다고 하여 가능한 것은 결코 아니다. 그것은 어디까지나 학생의 내면에서 발생하는 것이며 또한 항상 학생의 '자발성(spontaneity)'을 전제로 하기 때문이다. 수업에서의 획득은 수업대상에 대한 주관적 재구성을 기본 전제로 하는 학생의 내적 행위이다. 외적 행위는 강제될 수 있을지 몰라도, 적어도 내적 행위는 결코 강요될 수 없다. '소를 물가에까지는 데리고 갈 수 있어도 강제로 물을 먹일 수는 없다.'라는 우리 격언이 이에 가장 적절하게 들어맞는다.

수업의 최종 결과는 학생에게 나타나야 한다(Rothstein, 1966: 214). 학생의 활동이 곧 수업의 과정을 이루며 수업의 과정은 학생의 내면에 수업대상이 가능한 한 제대로 자리 잡았을 때에 비로소 완성된다. 수업 중에 이루어지는 모든 활동은 결국 학생의 내면적 변화나 발달에 수렴되어야 한다는 의미에서, 학생은 수업을 궁극적으로 실현하는 위치에 서 있다. 불행인지 다행인지는 모르겠지만 교사는 으레 그러한 수업과정의 진행과 결과를 주도하지만 그것이 수업의 완성이나 목적을 전적으로 보장할 수는 없다. 교사가 보기에 아무리 정교하고 화려한 수업일지라도 학생의 마음속에서 어떤 사태가 벌어지고 있는지를 모르는 한, 그 수업은 제대로 평가받기에는 아직 이른 감이 있다. 교사의 입장에서 아무리 수업대상을 상세하고 친절하게 구체화했다고 할지라도 학생의 수업대상 획득에 있어서는 원천적으로 교사가 고려할 수 없는 무수히 많은 변수가 존재하기 마련이다.

앞서 언급한 바와 같이 학생의 관심 또는 흥미(interest)는 수업 발생의 원동력이 되었다. 뿐만 아니라, 학생들이 잘 따라오지 않는 수업을 한 번이라도 경험해 본 교사라면, 누구라도 학생의 흥미는 수업을 지속적으로 지탱해 주는 결정적인 원동력이라는 사실을 어렵지 않게 알 수 있다. 물론 여기서 학생의 흥미는 어떤 막연한 대상에 대한 관심이 아니라 어떤 수업대상을 자기 것으로 획득하려는 특정한 관심이다. 학생의 흥미는 수업을 성립시켜 주는 기반일 뿐만 아니라 그 후로도 계속하여 수업을 지속시켜 주는 전제조건이기도 하다. 요컨대, 모든 수업의 필수적인 기본 전제는 수업대상에 대한 학생의 흥미이며 그 흥미야말로 수업상황과 그 과정을 어그러지지 않게 지탱해 준다.

물론 수업대상에 관한 학생의 흥미는 시간의 흐름에 따라 수업대상의 변모와, 그 획득과정의 추이와 더불어 끊임없이 변화하고 발전한다. 그러다가 학생이 수업대상을 나름대로 완전하게 획득하게 되면 그 대상이 더 이상 존재하지 않게 되며 학생의 흥미 또한 더 이상 필요하지 않게 된다. 이때 흥미는 객관적 거리 없이 수업대상과 완전하게 하나가 되며, 이제 수업대상은 더 이상 겉돌지 않고 활동주체인 학생의 진정한 소유가 된다. 이러한 변화와 종결의 측면에서 보면 학생의 흥미는 수업의 출발점이기도 하지만 수업의 종착점이기도 하다. 이와 같이 학생의 흥미는 수업의 전제조건이기도 하지만, 수업의 과정을 모두 이수하게 되면 그 결과로서 자연스럽게 생기게 되는 결과라고 볼 수 있다. 아마도 헤르바르트(Herbart)가 '학생의 흥미는 수업의 전제조건일 뿐만 아니라 수업의 결과요 목적이기도 하다'라고 언급했던 것은 이를 염두에 두고 한 말일 것이다.

다. 교사

여기서 다루고자 하는 교사 요소는 이상에 살펴본 학생과 마찬가지로 어떤 한 인간에 영원히 귀속된 것이 아니라 수업상황에 따라 그 위치가 달라질 수 있는 성격의 것이다. 예를 들어, 현실의 수업 속에서 학생 B에게 수학을 가르치고 있는 교사 A가 일요일에 학생 B로부터 테니스를 배운다고 가정한다면, 교사 A는 학교의 수업 구조에서는 교사의 위치에 있다가 일요일에는 학생 A의 위치에 서게 된다. 이와 같이 위치의 변화가 일어나더라도 여기서 모색하고자 하는, 수업대상, 학생, 교사라는 세 가지 축에 의하여 지지되는 수업의 구조 자체는 조금도 손상을 입지 않게 된다. A는 두 가지 서로 다른 수업의 구조에서 단지 상황적 위치만 달리한 것이다. 이하에서는 이러한 관점 또는 의미에서 교사의 요소를 다루고자 한다.

앞서 말한 바와 같이 교사는 그가 전수하고자 하는 수업대상을 학생에게 베푼다는 점에서 다른 여타의 전수활동과는 크게 구분된다. 그렇기 때문에 교사의 관심은 전수하려고 하는 수업대상뿐만 아니라 전수받는 학생에게도 지대할 수밖에 없다. 수업에서 교사의 관심은 수업대상에도, 그리고 학생에게도 있다. 요컨대, 이것은 수업에서 교사의 관심이 양방향 모두를 향하고 있다는 것을 의미한다. 이러한 교사의 양방향성 관심이야말로 수업의 근본구조의 가장 큰 특징 중의 하나일 것이다(Sünkel, 권민철 역, 2005: 141).

여기서는 먼저, 수업대상에 대한 교사의 관심에 대하여 알아보고자 한다. '활 제작자' 메타포에서 활 제작자의 관심이 자신의 제품 생산에서 활 제작 자체의 전수, 곧 활 제작과 관련된 객관적인 수업대상으로 옮겨 가게 되면서, 비로소 수업이 발생하기 시작하고 그 또한 교사의 위치로 탈바꿈하게 된다. 이때 수업대상은 학생에게는 단순한 획득대상일지 몰라도 교사에게 있어서는 학생에게 전수를 염두에 둔 매개과제가 되며, 이제부터 그는 활의 제작에 대한 관심보다는 오로지 매개에 몰두하게 된다. 현실 수업 속에서 교사들이 으레 하는 일은 수업대상과 학생 사이를 매개하는 활동, 이른바 '매개 작업'일 것이다. 매개 작업은 교사가 수업대상을 자기 나름대로 해석하고 재배열하여 학생으로 하여금 수업대상을 가능하면 용이하게 획득할 수 있도록 돕는 일, 이른바 '수업대상의 구체화'를 의미한다. 이렇기 때문에 매개 작업은 앞서 고찰된 학생의 수업행위인 획득 활동과 필연적으로 관계를 맺을 수밖에 없으며, 더 나아가서는 학생의 획득 활동 자체를 그 궁극적인 목적으로 한다.

수업에서 수업대상에 대한 교사의 관심은 수업대상 그 자체를 위한 것도 아니고 교사 자신의 목적을 위해서도 아니며, 오로지 학생과 그의 획득활동을 위한 것이다. 교사는 늘 수업대상을 단지 자신의 눈으로만 보지 않고 학생의 입장과 시각에서 보려고 노력한다. 교사는 항상, 어떻게 수업대상이 학생에게 잘 전수될 수 있는가에 관한 용이한 조건을 탐색하여 학생의 편에 서서 재해석한다. 설사 교사 자신이 수업대상의 완전한 획득에 관심이 있다고 하더라도 그것 또한 오로지 학생에게 모범이 되기 위함이다. 학생으로 하여금 그 대상을 통달하게 하는 데 있어서 필수적으로 요구되는 전제 조건으로서 '본보기'를 보이기 위함일 것이다. 한편, 수업에서 학생에 대한 교사의 관심은 개별적 또는 개인적인 것이기는 하지만 결코 사적(私的)인 것은 아니다. 보다 정확하게 말하자면, 수업에서 학생에 대한 교사의 관심은 그가 전달하고자 하는 수업대상과 관련하여 변화하게 될 학생의 인성 또는 인격이다. 그러므로 결국 교사의 궁극적인 관심은 학생 마음 내부의 변화에 초점이 맞추어져 있다.

물론 그러한 변화의 주체는 학생 자신이다. 인성 또는 인격의 변화는 누군가가 시켜서 되는 일이 아니라 학생의 마음 내부에서 스스로 우러나와야 가능한 것이기 때문이다. 그러나 분명한 것은 그 변화를 유발하기 위해서는 어떤 매개체로서 수업대상이 반드시 필요하다. 다시 말하면, 그 변화의 실현은 어떤 특정한 수업대상의 획득을 통하여 가능해진다. 그러므로 학생에 대한 교사의 관심은 수업대상과 무관하지 않으며 수업대상에 관한 관심으로부터 독립적이지도 않다. 이와 같이 학생에 대한 관심이 수업대상에 관한 관심에 의하여 영향을 받듯이, 위에서 살펴본 바대로 수업대상에 관한 관심 역시 학생에 대한 관심에 의하여 제약을 받을 수밖에 없다. 현실 수업 속에서 교사 관심의 두 방향, 곧 수업대상에 관한 관심과 학생에 관한 관심은 영원한 평행이 아니라 결국은 하나의 관심, 곧 학생의 인성 또는 인격 성장으로 귀결된다. 물론 양방향 사이의 균형점은 하나의 진동하는 추처럼 수업의 상황과 필요에 따라 늘 끊임없이 변화할 것이다.

3 수업의 근본 구조 탐색

이상에서는 수업을 지탱하고 있는 수업의 핵심적 3축으로서 수업대상, 학생, 교사를 각각 따로 떼어내어, 그 각각이 수업에서 차지하는 위치와 그 역할에 대하여 살펴보았다. 그러나 사실, 수업대상, 학생, 교사는 각각 따로 떼어서 고찰될 수 있는 성격의 주제가 결코 아니다. 왜냐하면 수업의 내부구조를 이루고 있는 이 세 가지 상수(常數)는 독자적으로 아무런 의미를 가질 수 없기 때문이다. 이들은 오직 서로 간의 관계에 의해서만 성립될 수 있으며, 따라서 서로 다른 것에 의한 규정에 의해서만 기술되고 분석될 수 있다. 원래 '구조'라는 의미에는 '상호 연관성'이라는 의미 요소가 포함되어 있다. 이를 충분히 존중하여 이 장에서도 수업대상, 학생, 교사 간에 상호 연관성, 다시 말하여, 세 가지 요소 상호 간의 연관 및 작용을 면밀하게 탐색할 필요가 있다.

가. 수업대상과 교사의 관계

분명 현재의 교사 역시도 인생의 어느 한 시기에 있어서는 현재 가르치고 있는 수업대상을 열렬하게 배우고 싶어 했던 학생이었을 것이다. 그러나 이제, 수업대상은 그에게 단순한 획득이나 점유의 대상이 아니라 학생에게 전수를 목적으로 한 매개과제이다. 앞서 말한 바와 같이 매개과제를 수행하기 위한 교사의 주된 작업은 수업대상의 구체화이다.

교사가 수업대상을 구체화하는 데 있어서 따라야 할 기본 원리들은 한편으로 수업대상의 성격이나 내용 그 자체에서 도출되며, 다른 한편으로 학생의 획득활동으로부터 나온다(Sünkel, 권민철 역, 2005: 150). 사람들에게 보다 익숙한 용어로, 전자는 '교과의 논리적 측면', 후자는 '교과의 심리적 측면'라고 일컬을 수 있을지 모른다. 보다 구체적으로 말하여, 수업대상의 성격이나 내용을 구체화한다는 것은 대체로, 교사가 수업에서 다루어질 주제, 개념 체계, 이론의 구조 등을 그 나름대로 재해석하고 체계나 계열을 정하는 것을 의미한다면, 학생의 획득활동을 구체화한다는 것은 주어진 수업의 상황과 과정, 특히 학생 편의 획득 자질, 태도, 속도 등에 따라, 학생의 획득활동의 진행을 조절하고, 때로는 획득활동의 방향을 제시하고, 획득활동의 각 단계를 점검하며, 연습이나 적용의 형식을 부여하여 획득활동의 결과를 평가하는 것을 가리킨다.

이 두 가지 구체화 모두 일차적으로는 교사가 책임져야 할 과제이다. 그러나 학생의 획득활동의 구체화의 경우에 있어서는 교사의 참여는 근본적으로 제한적일 수밖에 없다. 왜냐하면 원칙상 획득 활동의 구체화는 학생 스스로의 몫이기 때문이다. 학생마다 획득 활동의 스타일, 보다 평이하게 말하여 학습양식이 모두 다르다. 극단적인 경우, 학생의 획득 활동 스타일에 거스르는 교사의 수업대상의 구체화는 오히려 그것에 장애나 방해가 될 수도 있다. 한편, 국가나 학교 차원에서 교사의 구체화 작업 이전에 수업대상의 구체화가 지나치게 획일적으로 이루어져 제시되는 경우, 그것이 오히려 수업에서의 교사의 재량이나 자유를 제약할 수도 있다. 교사가 사용할 교재나 교수계획안이 수업대상의 내용 자체의 구체화를 넘어서서, 학생의 획득활동까지 요목조목 상세하게 지시하는 경우가 더러 있다. 예를 들면, 어떤 교재의 저자는 수업대상을 학습하기 쉽게 계열화, 체계화, 그리고 문제화하고 있을 뿐만 아니라, 학생들에게 다양한 방식으로 조언, 동기 부여, 그리고 암시를 하기도 하고, 심지어는, 역사적으로 '완전학습 모형'에서 겪었던 것처럼, 현 단계에서 학생들이 모르거나 못 푸는 문제는 이전 단계로 돌아가서 다른 방식으로 해결할 수 있도록 배려하기도 한다. 그러나 이러한 성격의 교재, 또는 미리 표준화되어 제안되는 교수계획안이 국가나 학교 차원에서 교사에게 강요될 경우, 교사의 수업자유는 유보될 수밖에 없을 것이며, 그만큼 수업상황은 악화일로를 걷게 될 것이다.

그러나 다른 한편, 아무리 전제적인 국가에서 통제적인 교재와 교수계획안을 교실에 투입하더라도, 교사의 수업 자유를 무제한적으로 억압할 수는 없다. 교사는 한편으로 수업대상에서 비롯되는 실재의 힘에 의존하여, 또 다른 한편으로 학생이라는 실존의 축에 의거하여, 강요된 교수-학습 계획안의 허용 범위 안에서도 얼마든지 수업 자유를 구가할 수 있다. 예를 들어, 구체화된 교수계획안과는 다른 방식으로 학생들을 가르칠 수도 있고, 거기에 제시된 예와는 다른 반대의 사례를 들 수도 있을 것이며, 국가나 학교에서 필요로 하는 획득활동의 결과보다는 학생의 과정적 성취감을 보다 중시할 수도 있을 것이다. 흔히 교사를 가리켜 교실 속의 제왕이라고 부른다. 아마도 그것은 이상에서 다룬 교사의 수업 자유를 빗대어서 하는 말일 것이다. 결론적으로 말하여, 주어진 수업대상은 그 자체로서 수업대상이 될 수 없으며, 그것이 실제 수업의 과정을 통하여 교사의 의하여 구체화되었을 때 비로소 진정한 수업대상이 된다.

나. 학생과 수업대상의 관계

수업은 학생과 수업대상의 유익한 만남을 그 목적으로 한다. 클라프키(W. Klafki)에 의하면, 일반적인 상식과는 달리 수업방법의 문제는 수업대상에 대한 숙고에 의존할 수밖에 없다. 수업방법의 계획은 '어떻게 하면 학생과 수업대상 사이에 결실 있는 만남이 일어날 수 있도록 만들 수 있는가' 하는 질문과 관련된다(Klafki, 1995: 28). 이와 같이 학생과 수업대상의 관계는 그것이 수업방법의 문제의식에 직결된다는 점에서 매우 중요하다.

학생과 수업대상의 관계가 1대 1의 대응인 이상적인 경우도 있겠지만, 동일한 한 수업대상을 복수의 학생들이 함께 학습을 하고 있는 보다 일반적인 경우를 가정해 볼 수 있다. 이 경우, 학생들은 각기 독자적으로 동시에 동일한 한 수업대상을 대면하고 있다고는 하지만, 그 수업의 과정 동안 그들과 동일한 위치에 있는 다른 학생들로부터 전혀 영향을 받지 않는다고 말할 수는 없을 것이다. 짐작컨대 학생들은 수업의 시작에서부터 서로의 존재를 의식하지 않을 수 없을 것이다. 또한 수업이 진행됨에 따라, 학생들은 자신의 학습뿐만 아니라 다른 학생들의 학습에 끼어들기도 하고, 때로는 서로서로 주의를 분산시키고 방해하기도 할 것이며, 때로는 서로서로 경쟁하면서 학습을 촉진시키고 학습 내용과 결과 모두를 보다 풍부하게 만들어 공유하기도 할 것이다.

이와 같이 수업의 삼각구도에서 학생의 자리에 복수의 학생들이 들어섬으로 인하여 학생들의 획득활동 간에 서로 '간섭(interference)'이 생기게 된다(Sünkel, 권민철 역, 2005: 221). 이 문제는 수업대상의 주제, 개념 체제, 이론 구조 등을 구체화하는 일과는 전혀 관계가 없으며, 수업의 과정 중에 이루어지는, 학생의 획득활동의 구체화와 밀접한 관계가 있다. 물론 간섭의 문제는 수업에서는 불가피한 것이지만 그렇다고 예측하고 대처 가능한 것도 아니다. 왜냐하면 수업 중에 일어나는 간섭은 학습하는 학생들 모두의 다양한 인성이나 기질만큼이나 다양하고 복잡하기 때문이다.

이러한 간섭의 문제를 해결하는 데에는 원칙상 두 가지 방안이 있을 수 있다(Sünkel, 권민철 역, 2005: 221-223). 하나는 간섭이 애당초 전혀 발생하지 않도록 원천 봉쇄하는 것이고, 다른 하나는 오히려 간섭 자체를 있는 그대로 받아들여 수업 중에 긍정적인 방향으로 활용하는 것이다. 첫 번째 방안은, 예를 들어 '개별화 수업'과 같이 수업 중에 학생들 간의 모든 접촉을 사전에 방지하는 것이다. 물론 첫 번째 방법이 보다 확실히 간섭을 막는 것이기는 하지만, 그러한 방식으로 문제를 해결하게 되면, '더러운 목욕물을 버리려다가 아이까지 버리는' 논리적 오류와 같이, 수업에서 정작 필요한 긍정적인 간섭까지도 함께 날려버리는 우를 범하게 된다. 그러나 두 번째 방안과 같이 간섭 자체를 수업에 적극적으로 활용하려고 할 때에는, 학생과 수업대상의 관계에 있어서 학생들 간에 협력을 도모하게 한다든지, 서로 경쟁하게 한다든지, 협동학습 방식을 도입한다든지 등등 여러 가지 학생 편성 방안이 있을 수 있을 것이다.

어떤 수업대상이 학생에게 획득되었을 때 그 여파는 단지 특정 수업대상의 획득에만 그치지 않는다. 학생은 특정 수업대상의 획득을 통하여 그 수업대상과 관련된 능력을 자신의 것으로 소유할 뿐만 아니라, 획득활동 그 자체를 선호하고 추구하려는 어떤 '성향(disposition)'을 지니게 된다. 그리하여 그러한 성향은 특정한 수업대상을 획득하는 데 국한되지 않고 이후에 계속 이어지는 획득활동에 모종의 지대한 영향을 미치게 된다. 이러한 성향의 범위가 어디까지이고 역할이 무엇인지 정확하게 밝혀지지는 않았지만, 막연하게나마 학생 마음속에 이러한 획득 성향이 더불어 획득되고 성장한다는 가정(假定) 없이 수업을 계획하거나 진행한다는 것은 매우 비경제적인 일처럼 보인다. 더 나아가서, 개개의 수업을 통해 한 가지 수업대상을 가르치면 오로지 그것만 학생에게 획득된다는 가정은 교육 영위 자체를 부정하는 것이나 다름없다.

신식 교육을 좀 안다는 사람일수록 학생의 자연적 발달 단계와 패턴에 근거한 교육과정이나 수업을 운영해야 한다는 일종의 강박관념을 가지고 있다. 그러나 거기에는 수업대상, 보통 용어로는 문화와 그것을 반영하고 있는 교육내용에 대한 고려가 지나치게 생략되어 있으며, 또한 위에서 설명한 바에 따르면, 수업대상과 학생 간에 있을 수 있는 여러 가지 상호작용이 결여되어 있다. 적어도 수업의 구조라는 틀 안에서 볼 때, 수업이 제대로 이루어지기 위해서는 학생의 자연적 발달 단계와 패턴만으로는 부족하며, 반드시 수업대상과 학생이라는 2축에 대한 동시적 배려가 있어야 할 것이다.

다. 교사와 학생의 관계

교사와 학생의 관계는 수업의 삼각구도에서 유일한 인간 사이의 관계이다. 그것은 그만큼 나머지 다른 두 관계에 비하여 허점투성이인 불완전한 관계이며, 따라서 보다 세밀한 배려와 보완을 필요로 한다. 상식적으로 교사와 학생의 인간관계는 수업에 지대한 영향을 미친다고 말할 수 있다. 교사와 학생의 인간관계가 좋은가 아닌가에 따라 수업의 결과가 판이하게 달라질 수 있다는 것이다. 특히 학생이 교사에 대하여 개인적으로 긍정적인 감정을 가진 경우, 수업의 매끄러운 진행은 물론이고 그 결과 역시 바람직하게 된다는 것이다. 그러나 분명, 나쁜 감정을 포함하여 교사에 대한 학생의 개인적 감정은 수업의 내부 구조에 속하는 것이 아니다. 수업의 내부 구조적 측면에 볼 때 그것은 주관적인 심리이며 주변적인 변인에 불과하다. 그것은 수업에 있어도 좋고 없어도 좋은 것이다. 만약에 있는 경우, 그것이 수업을 촉진할 수도 있고 방해할 수도 있겠지만 수업과 전혀 상관이 없을 수도 있다. 극단적인 예로, 교사에 대하여 부정적인 감정을 가진 학생도 그 교사로부터 얼마든지 잘 배울 수 있다. 어떻게 보면 교사에 대한 학생의 개인감정은 마치 교실의 한 자리를 차지하고 있는 분필이나 가방처럼 수업의 근본구조에서 많이 비껴나 있다. 쥔켈(Sünkel)에 의하면, 인간들끼리 서로 관심을 갖는 것은 특별히 수업에서만 나타나는 현상은 아니다(Sünkel, 권민철 역, 2005: 136).

이와는 달리, 수업의 내부 구조에서 필수불가결하게 요구되는 관심이 있다. 그것은 교사 개인에 대한 학생의 인간적인 관심이 아니라, 이미 교사가 내면화하고 있는 수업대상에 대한 학생의 관심이다. 비록 현실 속에서 양자가 명백하게 구분될 수 있는 것은 아니지만, 그것은 보다 정확하게 말하자면 수업대상이 교사라는 존재의 몸 안에 들어 있는 '양상(樣相)'에 대한 학생의 관심이다. 그것은 '저것을 배우게 되면 나도 선생님처럼 저런 모습이 되겠구나!'와 같은 종류의 관심이다. 위에서 언급한, 교사라는 인간에 대한 학생의 개인감정은 덧없는 데 비하여, 이러한 관심은 플라톤(Plato)과 듀이(Dewey)를 비롯하여 그동안 많은 교육학자들이 '에로스(eros)'라고 불러왔던 것으로서 교사와 학생 간의 수준차가 있는 한 영원히 지속된다. 교사는 항상 그가 가르치고자 하는 수업대상을 몸으로 대변한다(Klafki, 1995: 18). 현실적으로 모든 교사가 그런 것은 아니지만, 적어도 수업을 잘하는 교사가 학생으로부터 받는 관심은 이상에서 설명한, 그의 몸이 육화(肉化)하고 있는 수업대상에 기인한다고 보아야 할 것이다.

그러나 교사가 아무리 수업대상을 완벽에 가깝게 구현한다고 하더라도 그것이 학생에 미치는 영향은 제한적일 수밖에 없다. 교사의 수업행위는 그 자체로서 독자적으로 어떤 완성이나 결말을 맺을 수 없다. 교사는 일반 학자와 달리 자신이 아닌 다른 사람, 곧 학생의 '배움'에도 관심을 가질 수밖에 없다(Rothstein, 1966: 214). 교사의 수업행위의 궁극적인 목적은 어디까지나 학생의 획득 활동과 그의 성취에 있다. 물론 교사의 수업행위는 학생으로 하여금 수업 중에 활동하게 만드는 것과 맞물려 있으며, 따라서 외면적으로는 학생의 획득 활동과 명백하게 구별되지 않는다. 그러나 교사의 수업행위와 학생의 내면적 획득 활동 사이에는 엄연한 구분이 있다. 따라서 교사는 학생의 획득 활동을 학생을 대신하여 해 줄 수가 없다. 만약 그렇게 한다면 그것은 이미 학생의 획득 활동을 중단시키는 것이거나, 아니면 적어도 몹시 방해하고 있는 것에 해당된다. 학생은 자신의 획득활동을 통하여 스스로 변화해야 하는 주체이기 때문이다.

4 마무리

수업의 개념을 이론적으로 분석하는 종류의 논의는 독일의 경우만 하더라도 '디댁틱(*Didaktik*)'이라는 이름하에 200년 이상의 역사와 전통을 가진 것으로 알려져 있으며 현재도 계속하여 진화, 발전하고 있다. 희랍어 '*Didaskein*'에 기원하는 이 단어는 영어로 'the art or study of teaching(Hopmann & Riquart, 1995: 3)', 또는 'the theory of contents and curriculum(Klafki, 1995: 13)'으로 번역될 수 있다. 라트케와 코메니우스(Ratke & Comenius)는 그 용어의 창시자로서 그것을 그들의 저서에서 최초로 사용한 바도 있으며(Kansanen, 1995: 348), 헤르바르트(Herbart)의 시대에 와서 디댁틱은 교육에 대한 '과학(Wissenschaft)'으로서 확고한 위치를 차지하였을 뿐만 아니라, 학교에서 이루어지는 제도권 교육의 주된 관심사가 되었다. 오늘날 디댁틱은 단지 독일에 국한하여 사용되고 있지 않다. 현재 이 용어는 독일과 문화적 영향을 주고받는 관계에 있는 중유럽과 스칸디나비아 지역 국가(스웨덴, 노르웨이, 핀란드 등)의 교육 분야에서 두루 널리 사용되고 있다.

비교적 최근 1990년대에 디댁틱은 그야말로 르네상스 시대를 맞이하게 된다. 이 분야와 관련하여 많은 논문이 쓰여지고 저서가 출간되었는데, 그중에서도 특히 클라프키(Klafki), 호프만(Hopmann), 칸사넨(Kansanen), 울진스(Uljens) 등의 활동이 주목할 만하다. 반면에 디댁틱은 유감스럽게도 영어권과 불어권 국가의 교육 분야에서는 아직 실질적으로 알려져 있지 않은 형편에 있다(Hudson, 2002: 44). 이 전통에 입각한 사람들은 한결같이, 미국 교육과정 연구에서 근본적으로 결여되어 있는 것이 있는데, 그것은 바로, 수업의 삼각구도에서, '내용(content)'—이제까지 이 글에서는 '수업대상'이라고 명명한 것의 보다 일반적인 명칭이다.—에 대한 응당 있어야 할 배려와 설명이라는 것이다(Hopmann & Riquart, 1995: 6). 그도 그럴 것이 그들에게 있어서 디댁틱은 단순한 교수방법이 아니라, 수업대상 또는 내용의 선택까지도 포함하는, 수업에 관한 포괄적인 문제의식이기 때문이다.

수업은 여러 층과 차원을 포함하는 아주 복잡하면서도 집약된 인간의 근본 영위이다. 굳이 비유하자면, 수업은 그 현상 속에서 꿈틀거리는 상수와 변수가 어우러져 빚어내는 총체적 구조물이다. 수업을 제대로 조망하기 위해서는 반드시 그러한 총체적 복합체로서의 수업의 성격이 존중되어야 한다. 물론 수업의 방법적 개선이나 수업에 대한 현실적 요청을 염두에 두고 개발된 것이겠지만, 수업 전체를 그 다양성과 복잡성을 의도적으로 배제하고 몇몇 단계와 연속되는 절차로 환원시키는 것은 지나친 단순화이며, 수업 전체를 두고 '아동중심' 수업이라든가 '내용중심' 수업이라든가 '교사중심' 수업이라고 운운하는 것 또한 수업의 근본구조에 대한 왜곡된 발상의 일단을 드러내는 것이다.

또 한편, 지금까지 우리는 학교평가나 교육과정평가 때마다 수업의 내부구조보다는 이를 둘러싸고 있는 외부변인들에 정도 이상의 관심을 두는 경향을 보여 왔다. 양적으로 가시화할 수 있는 외부변인들을 개선하기만 하면 마치 수업이 저절로 잘될 수 있는 것처럼 살아왔다. 그러나 분명, 이상에서 고찰한 바와 같이 수업은 역동적인 그 내부구조에 의하여 규정되며, 그 외부변인들에 의하여 결정되는 것이 결코 아니다. 수업의 개선을 위하여 지금 우리에게 당장 필요한 것은 무엇보다도 먼저, 수업의 내부구조에 속하는 것과 아닌 것, 다시 말하여 그밖에 주변의 외부변인이 무엇인지를 판가름할 수 있는 혜안이다. 결국 교육과정과 수업을 공부한다는 것은, 항상 변화를 수반하는 수업현상, 보다 일반적으로 말하여 가르치고 배우는 활동 속에서 변하는 것과 변하지 않는 것을 구분하고 그것들을 지배하는 불변의 원리들이 어떻게 살아 움직이는가를 꿰뚫어 볼 수 있는 안목을 기르는 것이 아닌가 한다.

참고문헌

김승호(2001). 수업의 인식론. 교육학연구, 39(1), 267-294.

서경혜(2004). 좋은 수업에 대한 관점과 개념: 교사와 학생 면담 연구. 교육과정연구, 22(4), 165-187.

서근원(2003). 수업을 왜 하지?. 서울: 우리교육.

임병덕(1998). 키에르케고르의 간접전달. 서울: 교육과학사.

Eisner, E.(1979). *The education imagination*. New York: Macmillian Publishing Co.

Gardner, H.(2000). *The disciplined mind*. New York: Penguin Book.

Hopmann, S. and Riquart, K.(1995). Starting a dialogue: issues in a beginning conversation between Didaktik and the curriculum tradition. *Journal of Curriculum Studies*, *27*(1), 3-12.

Hudson, B.(2002). Holding complexity and searching for meaning: teaching as reflective pratice. *Journal of Curriculum Studies*, *34*(1), 43-57.

Kansanen, P.(1995). The Deutche Diadaktik. *Journal of Curriculum Studies*, *27*(4), 347-352.

Klafki, W.(1995). Diadactic analysis as the core of preparation of instruction. *Journal of Curriculum Studies*, *27*(1), 13-30.

Moran, G.(1997). *Showing how: the act of teaching*. Pennsylvania: Trinity Press Internationl.

Oakeshott, M.(1967). Learning and teaching. In T. Fuller(Ed.).(1989). *The voice of liberal learning*. New Haven and London: Yale University Press.

Rothstein, A. M.(1996). The Lecture and Learning. *AAUP Bulletin*, *52*(2), 214-219.

Sünkel, W(1996). *Pänomenologie des Unterrichts*. Münchem: Juventa Verlag GmbH. 권민철 역(2005). 수업현상학. 서울: 학지사.

제10장

수업의 인식론

오늘날 수업이론에서 가장 일반적으로 받아들여지고 있는 전형적인 정의에 따르면, 수업은 특정 시간에 이루어지는 '교사와 학생 간의 상호작용'이라는 것이다. 그러나 이 정의 또한 '행동주의(behaviorism)'라는 다소 치우친 관점에 입각하여 수업을 외부 관찰자 입장에서 단순 기술한 것일 뿐이지 수업에 대하여 그다지 많은 정보를 제공해 주지 못한다. 수업은 일반적으로, 영어로는 'instruction', 또는 'teaching'의 개념으로 이해되고 있으며, 한자어로는 '受業'이나 '修業'보다는 그 이전에 '授業'의 의미로 받아들여지고 있다. 이와 같이 동·서양을 막론하고 수업은 '가르치는 일' 또는 '학업이나 기술을 전수해 주는 것'을 의미하며, 그 의미의 초점은 당연히 '교사의 능동적 역할' 또는 '교사가 하는 일'에 놓여 있다. 수업의 이러한 측면은 수업의 중심은 어디까지나 가르치는 교사가 아니라 배우는 학생이어야 한다는 오늘날의 입장에서 보면 다소 의외가 아닐 수 없다. 그렇다면 예로부터 오늘날과는 달리 수업의 의미를 교사를 중심에 놓고 규정한 이유는 무엇인가?

이 글의 목적은 수업의 의미를 인식론적인 측면에서 고찰하는 데에 있다. 이제까지 우리의 관심은 현대 교육공학의 발달에 발맞추어 수업을 어떻게 하면 개선할 수 있는가에 경도되어 왔지만, 수업이 도대체 무엇을 의미하며 그것이 교육에서 차지하는 위치는 무엇인가에 대해서는 실지로 단 몇 줄의 논의도 진척시킬 수 없는 형편에 놓여 있다. 어쩌면 이제까지 우리는 가르치고 배우는 일로서의 수업을 합목적적(合目的的)인 눈으로 지나치게 추상하여 파악하는 오류를 범해 왔는지도 모른다. 그것은 교사가 아닌 제3자 입장에서도 얼마든지 조작 가능한 수업의 명시적(또는 행동적, 절차적) 측면을 강조하다가 오로지 교사만이 할 수 있는, 수업에서 보다 크고 중요한 수업의 묵식적(默識的) 측면을 배제하는 오류일 것이다. 여기서 말하는 수업의 묵식적 측면은 이 글의 이하에서 보다 자세히 고찰할 바와 같이 수업의 의미를, 교사이든 학생이든 그들의 '마음의 변화'와 결부시켜 이해하는 것이라고 미리 말해 둘 수 있다. 이하 이 글에서는 수업의 묵식적 측면을 염두에 두면서 수업을 처방이 아닌 설명의 대상으로 삼아 수업의 개념 그 자체를 이해하는 데 힘쓸 것이다.

이상에서도 약간 시사한 바와 같이 수업의 의미를 모색하는 데에는 다소 복잡한 인식론적 논의가 요청된다. 수업은 외관상 어느 편이 우세하든 교사나 학생이 하는 활동임에 틀림없다. 그러나 수업은 하나의 활동으로서 교과서나 교재, 그리고 학습지도안과 같은 가시적(可視的) 실체도 아니며, 그렇다고 하여 수업에 임하는 교사나 학생의 마음처럼 완전히 보이지 않는 것도 아니다. 그러면서도 수업의 과정 하나하나는 가시적인 것과 비가시적인 것 사이를 매개하는 복잡하고 신비스러운 측면을 다분히 감추고 있다. 아직 논의가 많이 진척되지 않은 지금으로서는 수업이 교육내용과 학생의 마음의 중간단계에서 양자를 매개하는 어떤 활동이라는 점만은 분명하게 말할 수 있다. 그렇다면 그 중간단계에서 수업이 하는 역할은 무엇인가? 다음 절에서는, 수업의 의미와 약간 거리가 있어 보이는 '사고'의 개념을 이해하는 일로부터 이 질문에 대한 실마리를 모색해 보고자 한다.[1)]

1 '내면화 과정'으로서의 수업

사고는 어떻게 보면 오히려 '수업'보다도 더, 우리에게 너무나 익숙하면서도 명확하게 규정하기는 어려운 용어인지 모른다. '생각함 또는 궁리함', '전제에서 결론에 이르는 일련의 생각의 과정' 등등의 사고의 사전적 의미가 있기는 하지만, 사실상 그것들은 우리의 학문적 관심을 충족시키기에는 턱없이 부족하다. 사람들이 늘 입버릇처럼 '교육에서 사고가 중요하다.'라든지 '사고를 가르치는 교육이 되어야 한다.'라고 말할 때에 사고의 의미에는 틀림없이 위에서 말한 사전적 의미 이상이 적재되어 있을 것이다. 그러나 한편 달리 생각해 보면, 이하에 살펴볼 바와 같이 철학, 심리학, 그리고 교육학 등의 거의 모든 학문 분야에서 이제까지 많은 학자들이 사고를 이론적으로 규정하고자 노력해 왔으며, 그 성과 또한 이미 상당한 정도 누적되어 있다고 보아야 한다. 그럼에도 불구하고 아직 사고에 관한 명

1) 이 장은 김승호(2001)의 "수업의 인식론", 교육학 연구, 39(1), 267-294의 글을 수정 및 보완하였음.

확한 개념이 확립되어 있지 않은 것은 우리가 다만 그것들을 미처 '사고'라는 개념 하나로 통합하여 연결시키지 못했기 때문일 수도 있다.

동서고금을 망라하여 각 분야의 여러 학자들이 사고를 설명하는 데 있어서, 학자들의 학문 분야가 서로 다르고, 또 그들이 사용한 개념적 용어도 다름에도 불구하고, 한 가지 뚜렷한 공통적인 특성이 있다. 그것은 바로, 사고를 '내면화(internalization)'로 규정하고 있다는 점이다. 내면화는 문자 그대로, 마음으로부터 먼 바깥 세계에 존재하는 것—사물, 현상, 사건, 기술(技術), 기능, 능력, 활동, 제도, 의식(儀式), 규칙, 이념 등등—이 마음 안의 핵심부로 들어와 자리 잡게 되는 것을 의미한다. 여기서는 설명의 편의상 내면화를 비교적 단순하게 기술하였지만, 내면화에는 너무나 복잡하다 못해 신비스럽기까지 한 측면들이 많이 포함되어 있다. 몇 가지 예로, 바깥 세계와 마음 안은 각각 물질(또는 실체)과 정신에 속한다는 점에서 엄연히 차원을 달리함에도 불구하고 어떻게 양자 사이에 교섭이 일어날 수 있는가 하는 것도 그렇고, 그러한 교섭의 결과로서 사람 자체가 단순히 관념 수준에서가 아니라 '전신체적'으로 변화되는 것도 그러하며, 그 교섭의 맨 처음과 맨 마지막 지점에서의 인간의 상태(또는 경지)를 상상해 봐도 그렇다.

아마도 이러한 문제들을 제대로 취급하려면 '세계와 마음의 관계'라든지 '선천적인 인식능력'이라든지 하는 형이상학적인 논의에 봉착할 수밖에 없겠지만, 일단 여기서는 오직 사고를 내면화로 설명하는 이론들의 형식상의 공통점만을 문제 삼고자 한다. 먼저, 성리학에서는 사고를 '격물(格物)'과 '치지(致知)'로 설명하고 있다. 『大學(대학)』의 논의에 따르면, 격물은 사물의 이치를 끝까지 추구하는 것을 가리키며, 치지는 그러한 격물의 결과로서 앎이 지극한 경지에까지 나아가는 것을 의미한다. 격물과 치지는, 이와 같이 개념상 구분될 수 있다고 하여 실지로 순차적으로 일어나는 두 가지 인식활동으로 이해되어서는 안 된다. 보다 정확하게 말하면, 격물과 치지는 내면화라는 동시에 일어나는 한 가지 활동의 두 가지 상이한 측면이며, 격물이 사물에 초점을 둔 인식의 객관적 측면이라면, 치지는 마음에 주안점을 둔 인식의 주관적 측면이라고 부를 수 있을 것이다. 내면화라는 것은 인식의 객관적 측면과 인식의 주관적 측면인 격물과 치지가 '격물에서 치지의 방향'으로, 또 거꾸로 '치지에서 격물의 방향'으로 서로 번갈아 가며 일어나면서 끊임없이 이루어지는 것으로 보아야 한다(이홍우, 2000a: 14).

이상에서 고찰한, 사고에 대한 성리학적 설명방식은 헤르바르트(F. Herbart)의 그것과 매우 흡사하다. 헤르바르트의 교육이론은 『中庸(중용)』 사고방식의 서양 버전이라고 감히 말할 수 있다. '사고권(思考圈)'을 반영하고 있는 여러 다양한 교과들을 배운 최종적인 마음의 상태로서 '다면적 흥미(多面的 興味)'는 중용에서 말하는 이상적인 마음으로서의 '中'에 상응한다. 헤르바르트와 성리학 교육이론 사이의, 시대와 동서양을 초월한 유사성은 비단 이 점만이 아니다. 헤르바르트가 사고(또는 통각)의 과정을 설명할 때 사용하는 두 개념인 '전심(專心: Vertiefung)'과 '치사(致思: Besinnung)'는 거의 그대로, 위에서 고찰한 '격물'과 '치지'에 들어맞는다. 헤르바르트에 의하면, 전심은 일반적으로 말하여 외부의 어떤 대상에 관한 표상을 받아들여 그 표상을 의식하고 있는 상태라고 한다면, 치사는 그렇게 하여 새롭게 받아들인 표상을 기존의 표상 체계 속에 통합하거나 기존의 표상을 재해석하는 것, 결국 사고 체계 전체를 재정립하는 것을 의미한다. 물론 전심과 치사의 경우도 격물과 치지의 관계와 마찬가지로 별개의 인식활동이 아니라 동일한 내면화 과정의 상이한 두 측면으로 이해될 수 있다(이환기, 1998: 87-91). 전심은 '격물'과 마찬가지로 인식의 거점이 인식주체 바깥의 객관적 세계에 있다고 한다면, 치사는 '치지'와 마찬가지로 인식의 거점이 인식주체 마음 안의 주관적 상태에 놓여 있다고 볼 수 있다.

이상에서 고찰한, '격물과 치지', 그리고 '전심과 치사'의 설명 논리는 현대인들에게 전혀 낯설지 않다. 그 이유는 우리는 이미, 피아제(J. Piaget)의 '발생적 인식론'을 통해서 그러한 내면화의 설명방식에 익숙해져 있기 때문이다. 물론, 성리학에서 말하는 이상적 마음으로서의 '중'이나 헤르바르트가 말하는 '사고권(또는 통각괴)'과, 피아제가 말하는 '도식(scheme)'이나 '구조(structure)' 사이에는 형이상학과 생물학이 학문의 성격상 보여 주는 차이와 같은 근본적인 차이가 엄연하게 존재한다. 그러나 위의 세 이론은 사고의 역동성, 곧 내면화를 설명하는 방식에 있어서만큼은 뚜렷한 공통점을 보여 주고 있다. 피아제에 의하면, 인간에 있어서 사고활동은 생물의 환경에의 적응과 마찬가지로 인식주체와 인식대상 간의 상호작용의 과정이라고 볼 수 있는데, 이 과정은 크게, 인식대상을 구조에 흡수하고 해석하는 '동화(assimilation)'와, 주어지는 인식대상의 새로운 특성과 기질에 부합하도록 이미 가지고 있는 구조를 변형시키는 '조절(accommodation)'로 나누어 생각해 볼 수 있다. 동화는 인식주체가 바깥 세계와 관련을 맺는 내면화의 객관적 측면을 나타낸다는 점에서 위에서 말한 '격물'과 '전심'과 동일선상에서 이해될 수 있으며, 이와 마찬가지로 조절은 인식주체의 마음 안의 주관적 변화를 나타낸다는 점에서 '치지'와 '치사'와 같은 맥락에서 받아들일 수 있다.

사고는 분명 인식의 객관적 측면과 주관적 측면을 모두 포함하는 활동이며, 한마디로 말하여 외부세계의 사물이 마음 안에 들어와 자리를 잡는 내면화 과정이다. 보다 엄밀하게 말하면, 사물이 마음 안에 들어와 자리를 잡는다는 것은, 이미 '치지(치사 또는 조절)'의 의미에서 알 수 있었던 바와 같이, 사물 스스로도 변형을 거치면서 인식주체의 마음 전체를 변화시킨다는 것을 의미한다. 물론, 여기서 마음의 변화, 곧 사고는 단순한 머릿속의 관념만의 변화가 아니라 우리의 몸 전체에 뻗쳐 있는 신경세포 하나하나의 변화이며, '나'라는 존재의 마음, 몸, 그리고 정서와 행위를 포함한 총체적인 변화를 뜻한다.

수업의 의미는 정의하고자 하는 사람의 학문적 시각에 따라 다양하게 규정될 수 있겠지만, 결국 실지로 수업에서 이루어져야 하고 또 이루어지고 있는 일은 위에서 설명한 대로의 '내면화 과정'이라고 말할 수 있을 것이다. 요컨대, 수업은 학생이 주어진 어떤 교육내용을 내면화하는 과정, 곧 '교과의 내면화 과정'이라고 말할 수 있다. 교육내용 또는 교과가 학생의 마음 안에서 겉돌지 않고 마음 안에 온전하게 달라붙는 것, 곧 내면화는 수업의 핵심적인 의미요소 중의 하나임에 틀림없을 것이다. 이 점에서 볼 때, 이제까지 사람들이 교육 또는 수업을 논할 때마다 사고나 사고의 개발의 중요성을 강조해 온 것은 결코 우연만은 아닐 것이다.

2 수업의 '자득적 측면'

오우크쇼트(M. Oakeshott)는 그의 글 "학습과 교수(1967)"에서, 교육은 학생들로 하여금 인류공동의 업적인 문화유산에 입문시키는 일이라고 보았으며, 그 문화유산의 내용을 크게 '정보(information)'와 '판단(judgement)' 두 가지로 구분한 바 있다. 정보는 사실, 또는 지적 활동의 가시적 결과를 뜻하며, 이것은 바깥으로 명백히 드러내어 말할 수도 있고, 또 항목으로 나열될 수도 있는 것이다. 정보는 이와 같이 명시적인 것이기 때문에 당사자가 구해 보려고만 한다면 학교 교재 또는 교과서, 백과사전, 신문, 방송, 인터넷 등의 매체들을 통해서도 얼마든지 구할 수 있다. 그러나 정보에 비하여 판단은 쉽게 획득할 수 있는 것이 아니다. 왜냐하면 판단은 '사람의 몸'을 숙주(宿住)로 하여 존재하는 것으로서, 지식의 표면에 명시적으로 드러나지 않기 때문이다. 판단은 정보와는 달리 항목으로 나열하여 제시할 수도 없으며, 따라서 쉽사리 암기하거나 복제할 수도 없는 것이다. 판단은 정보라는 지식의 요소로 환원될 수 없기 때문에, 우리 입장에서 어떤 판단이라는 것이 있음을 알게 되는 것은 오직 판단을 가진 사람에 의하여 그것이 활용되는 순간 또는 그 활용 결과를 통해서만 가능하다. 판단은 그것과 관련된 세세한 정보들을 모두 잊어버린 뒤에도 남는 지식의 잔영이며 이미 그것을 몸에 익힌 사람의 입장에서는 더 이상 말로 설명하지 못할 수도 있고 또 너무나 자명하여 말로 표현할 필요도 없는 그런 것이다.

우리가 흔히 지식이라고 말할 때에는 이상에서 설명한, 지식의 명시적(明示的) 측면으로서의 정보와 지식의 묵식적(默識的) 측면으로서의 판단 이 두 가지 모두를 포괄하는 것으로 보아야 하겠지만, 이 둘 중 어느 것이 보다 중요한 것인가를 결정해야 한다면 그것은 당연히 판단이다. 정보는 오로지 판단을 위해서 존재하는 것이라고 말해도 과언이 아닐 것이다. 바꿔 말하면, 판단이 존재하기 때문에 정보가 그 가치를 띠게 되는 것이다. 예를 들어, 문학(文學) 분야에서 자세히 명문화하여 제시할 수 있는 지식의 내용들, 즉 정보가 아무리 많이 있다고 하더라도 그것들은 실지로, 문학적 감수성, 상상력, 표현력 등등을 포함하는, 문학 분야의 활동을 잘할 줄 아는 방법 또는 능력, 곧 문학적 판단과 모종의 관련을 떠나서는 아무 소용이 없다. 이 점은 비단 문학 한 분야에 국한되어 성립하는 것이 아니며, 우리가 인간임을 스스로 자부할 수 있을 만큼의, 또 우리가 후손에게 반드시 전수해 주고 싶을 만큼의 근사한 여러 분야의 활동들, 그리고 그것들이 구성하고 있는 인류의 문화유산 전체는 세부적 내용으로서의 정보라기보다는 여러 정보가 결부되어 통합된 능력으로서의 판단에 속한다고 보아야 한다.

지식의 이러한 측면을 고려해 보면, 일체의 지식은 '개념상' 그 지식을 자신의 것으로 내면화하고 있는 사람을 포함한다. 어떤 지식이 사람의 몸에 내면화되어 있는 양태로 있는 것이 바로 판단이며, 판단은 그 사람의 몸을 숙주로 하여 기생하고 있기 때문에 묵식적 차원에 머물 수밖에 없다. 그러나 숙명적으로, 묵식적 차원의 판단을 가르치기 위하여 판단을 명시적으로 드러내게 되면, 그것은 이미 판단이 아닌 다른 그 무엇으로 변질된다. 요컨대, 판단은 그것을 소유하고 있는 당사자를 떠나 외부로 표현되고 나면 결국 정보에 지나지 않게 된다. 아무리 학문의 정통성을 잘 반영하고, 현대의 발달된 미디어와 소프트웨어를 빌어 참신한 방식으로 구성된 교육내용이라고 할지라도, 그것이 사람의 마음 밖에 존재하는 한 그것 역시 본질상 중간언어의 범주에서 조금이라도 벗어난 것으로 보기 어렵다.

또한, 아마도 지식의 이러한 측면을 오우크쇼트 못지않게 뚜렷하게 인식하고 있던 사람은 폴라니(M. Polanyi)일 것이다. 양자 사이에 차이가 있다면 그것은 지식의 동일한 측면을 서로 다른 방향에서 설명하고 있다는 점일 뿐이다. 오우크쇼트는 정보와 판단의 관계를 통하여 지식이 학생의 마음 바깥에서 안으로 내면화되는 측면을 설명하고 있다면, 폴라니는 초점식과 보조식의 관계를 통하여 어떤 지식을 이미 내면화하고 있는 사람이 실제로 보여 주는 초점적으로 몰입된 활동에 거점을 두고 그 이면에 있을 수밖에 없는 여러 가지 보조적 능력들을 문제 삼고 있다. 그의 대표적인 저서의 이름인『*Personal Knowledge*(1958)』가 시사하듯이 '사람이 곧 지식이다'라고 말할 수 있을 정도로, 해당 지식과 그 지식을 내면화하고 있는 사람은 서로 불가분의 관계에 놓여 있다.

폴라니에 의하면, 어떤 기술을 숙달하거나 어떤 능력을 획득하는 데에는, '초점식(焦點識, focal awareness)'과 '보조식(補助識, subsidiary awareness)'이라는 상이한 두 가지 과정이 반드시 존재한다(Polanyi, 1958: 55-57). 초점식은 어떤 활동을 수행할 때에 당사자가 그 활동에 너무나 숙달되어 있거나 몰입되어서 그 활동이나 그 활동의 대상이 되는 것과 혼연일체가 되어 있는 마음의 상태를 가리키며, 반면에 보조식은 초점식 전체를 이루는 데에 없어서는 안 될 세부적 요소이기는 하지만, 초점식이 활용되는 순간에는 좀처럼 의식의 대상이 되지 않는 지식을 말한다. 어떤 글의 주제를 파악하는 활동을 예로 들자면, 지금 막 주제를 파악하는 독해활동을 할 때 활용되는 마음이 초점식이라면, 논리적으로 그 안에 들어있을 수밖에 없는, 철자에 대한 판독 능력, 개별 단어들의 의미 파악, 문장 구조에 대한 문법적 이해 등은 보조식에 해당한다.

글의 주제 파악 행위라는 초점식은 위에서 열거한 특수한 세부 항목들인 보조식들이 통합되어 이루어진 것이지만 그 통합의 결과는 그것을 가져오게 한 보조식들에서는 그 흔적조차도 찾아볼 수 없는 성격을 띤다. 초점식은 오우크쇼트가 말한 판단과 마찬가지로 어떤 활동을 잘 수행하는 데에 요구되는 능력이나 자질을 아무리 세세하게 열거한다고 하더라도 그 목록 속에 들어갈 수가 없으며, 오히려 보조식의 산술적 총합이 더 이상 효력을 발휘할 수 없는 시점에서부터 초월적으로 발휘되기 시작하는 것이다. 투수가 신들린 듯이 공을 던져 연속 삼진을 잡는 순간, 과학자가 자아를 망각할 정도로 실험에 몰두하다가 순간적으로 만끽하게 되는 발견의 희열, 배우가 마치 실제 인물이라도 된 것처럼 배역을 완벽히 연기하는 모습 등등이 바로 그 전형적인 예라고 할 수 있다. 요컨대, 초점식은 말로 표현할 수 있는 보조식의 산술적 총합 이상이며 결코 보조식으로 환원될 수 없다. 인식 당사자가 세부적인 항목들에 대하여 필요 이상의 관심을 두는 순간 그것들이 가져오는 통합적 의미는 상실되고 만다. 예를 들어, 어떤 사람이 복잡한 시내에서 아주 자연스럽게 자동차 운전을 하다가도 클러치와 기어의 조화로운 조작에 정도 이상으로 신경을 쓰는 순간, 그의 자동차는 시동이 꺼지게 되고 그는 충돌사고의 위험에 직면하게 된다.

폴라니에 의하면, 일체의 지식은 사람의 몸의 내부에 그 근원을 두고 있으며, 그 몸이 구심점이 되어 이미 내면화한 보조식들에 터하여 초점식에 주목함으로써 양자를 묵식적으로 통합하는 과정—그의 용어로, from~to relation—의 산물이다. 배우는 사람의 경우, 보조식은 인식주체에게 이미 내면화되었다는 의미에서 항상 '근접항(proximal term)'이고 초점식은 아직 통합되지 않았다는 의미에서 '원접항(distal term)'이라고 할 수 있으나, 초점식 또한 일단 인식주체에게 '체득(interiorizing)'되고 나면 당사자에게는 근접항(또는 보조식)이 되어 더 한층 높은 수준의 초점식을 모색하는 데에 동원된다. 이 점에서 보면, 초점식과 보조식의 관계는 항시적으로 고정된 것이 아니라 인식주체를 중심으로 역동적으로 순환하면서 인식주체로 하여금 점차 세계에 대한 정밀하고 확장된 이해를 가능하게 해준다.

폴라니는 이와 같이 보조식을 단서로 하여 외부 세계를 우리의 몸의 일부로 동화시켜 나가는 과정을 '내주(indwelling)'라고 부르며, 반면에 초점식을 그 보조적 세부 단서들로 환원시킬 때 통합적 의미가 상실되는 과정을 '외화(exteriorizing)'라고 일컫는다. 초점식은 앞에서 말한 판단과 마찬가지로 그것을 내면화하고 있는 사람의 몸을 떠나서는 그 통합적 의미를 간직할 수 없다. 이상에서 논의한 바와 같이, 어떤 지식이나 활동이든지 그것이 '사람'에게 내면화되었을 때 비로소 그 본연의 모습이 드러나게 된다. 거꾸로 말하면, 바깥 세계가 신체의 일부가 되는 내면화 없이 인간의 세계에 대한 진정한 이해는 불가능하다. 물론 이 점은, 이상에서 든 예들에서도 약간 시사되었듯이 비단 신체적 활동이나 기술 우위의 분야에만 국한되지 않고 예술, 학문, 종교 등등 인간이 하는 모든 활동 분야에 적용될 수 있다.

이상에서 고찰한 오우크쇼트와 폴라니의 내면화에 관한 이론은 지식의 묵식적(默識的) 측면을 강조하고 있다는 점에서 동양 성리학의 인식론적 전통과 일맥상 통한다고 볼 수 있다. 오우크쇼트의 판단이나 폴라니의 초점식은 곧바로, 앞에서 잠깐 언급한 바 있는 성리학 이론체계 내에서의 '자득(自得)'의 위치에 상응한다. 맹자가 시사하는 바에 따르면, 자득은 '정신적 긴장에서 벗어나 도를 깊은 수준에서 자유자재로 활용할 수 있을 정도로 실재에 도달한 경지(自得之 則居之安 則資之深 資之心 則取之左右逢其原, 『孟子』 離婁 下14)'를 뜻한다. 주희가 위의 맹자의 말에 대한 주석에서, '언설이 완전히 자신의 생각으로 바뀌어 더 이상 언설에 의존할 필요가 없는 상태로 되는 것이 자득이며, 말을 이리저리 둘러대고 꿰맞추는 것은 모두 자득이 아니다(學不言 而自得者 乃自得也 有安排布置者 皆非自得也, 『近思錄』 論學 41).'라는 정호(程顥)의 말을 인용하고 있는 바, 여기서 자득은 '안배포치'와 정면으로 대비되어 있다(이홍우, 2000b: 31).

자득은 판단이나 초점식과 마찬가지로 인식주체가 바깥 세계의 사물이나 현상을 완전히 자기 것으로 터득하고 있는, 물 흐르듯이 자연스럽고 자유로운 경지를 가리키며, 잔뜩 긴장을 해 가지고 억지로 말을 이리저리 둘러대고 꿰어 맞추는 것, 곧 정보의 수준과는 애당초 거리가 멀다. 자득은 언설이 언설로서의 그 형태를 잃어버리고 우리의 존재 한 부분이 되는 것을 의미하며, 이때에 모든 언설은 이미 의식적 노력의 대상이 아니고, 우리의 앎은 '아는 것 같지 않게 아는 것', 곧 묵식(默識)에 가깝게 된다(이홍우, 2000b: 33).

그러나 자득과, 판단이나 초점지 사이에는 그 공통점 못지않게 결코 간과할 수 없는 뚜렷한 차이점도 존재한다고 보아야 한다. 오우크쇼트의 판단이나 폴라니의 초점식에서는 비교적 불분명했던 점이 있다. 각각의 개별적 지식이나 활동에서 정보와 판단(또는 보조식과 초점식)이라는 두 측면이 존재한다는 점을 인정한다 치더라도, 그 정보와 판단(또는 보조식과 초점식)이 서로 역동적으로 순환하면서 궁극적으로 이루어 내는 마음의 최종적인 상태, 달리 말하여 '세상에서 제일 큰 판단'은 무엇인가에 대한 대답은 오우크쇼트나 폴라니의 논의에서 분명하게 찾아보기 어렵다. 이와 달리, 성리학에서의 자득은 단순히 개별적 지식 또는 활동의 내면화에만 국한되는 문제의식이 결코 아니다.

자득은 개별적 지식이나 활동뿐만이 아니라 그것들 전부가 모여 이루어내는 최종적인 판단을 획득하게 되는 것, 다시 말하여 이 세계 전체를 자기 것으로 내면화한 연유로 일상적인 생각과 말과 행동이 본인 스스로 노력하지 않아도 자연스럽게 시의 적절하게 되는 도덕적 이상이기도 하다. 바로 이러한 의미에서 성리학에서 자득은 중용에서 성인(聖人)의 경지를 표현한 '애쓰지 않고도 사리에 들어맞으며 머리를 짜내지 않고도 이해한다(不勉而中 不思而得, 『中庸』 20章).'와 동일한 의미를 나타내며, 앞에서 말했듯이 '中'의 현상적 대응물에 해당한다고 볼 수 있을 것이다(이홍우, 2000b: 31-33). 이상의 논의에 비추어 볼 때, 내면화의 이러한 총체적 의미를 고려한다면, 앞에서 언급한 폴라니의 책 『*Personal Knowledge*(1958)』의 가장 합당한 번역은 우리에게 아직은 좀 낯설기는 하지만 마땅히 '자득지(自得知)'가 되어야 할 것이다.

앞 절에서 발굴해 낸 수업의 핵심적인 의미 중의 하나는 '내면화'였다, 내면화의 구조를 면밀하게 분석해 보면 내면화에는, 정보와 판단(보조식과 초점식)의 두 측면이 필연적으로 포함되어 있으며, 더 나아가서 반드시, 지식의 이 두 측면 또는 간극을 메워 주는 요소로서, 살아 있는 인식주체, 곧 실존하는 사람이 있어야 한다. 아마도 교육에 있어서 이러한 사람의 역할을 하는 존재는 교사일 것이다. 적어도 교육 또는 수업의 사태에서는 교사라는 구체적인 몸을 가진 사람을 통하여 정보와 판단(또는 보조식과 초점식) 사이의 간극을 메울 수 있다.

교사는 자신의 몸을 지식의 화신(化身)으로 만듦으로써 안배포치적 지식과 자득지 사이의 간극을 이어 주는 역동적인 가교 역할을 수행한다. 수업을 할 때 교사는 그의 온몸이 언어가 되며, 그 몸을 통하여 활자 또는 그밖에 상징으로 이미 화석화된, 교과서에 실린 지식들에 생기를 불어넣어 그것들을 살아 있는 판단의 모습으로 승화시켜 준다(김승호, 1997: 40). 이를 폴라니의 용어로 설명하자면, 살아 있는 유기체로서의 교사는 보조식들이 통합되어 이제까지 상상도 못 했던 수준의 초점식을 이루는 모습을 몸소 보여 줄 수 있는 사람이다. 만약 이 점이 개별적 지식 또는 활동 분야의 기술이나 지식들을 잘 가르치는 데에만 적용되는 것이라면, 아마도 각 분야에서의 교사의 역할은 그다지 대단한 것이 아닐지 모른다. 그러나 앞서 자득에서 살펴본 바와 같이, 자득은 한 개인이 어떤 분야의 지식이나 활동을 완전히 내면화했을 때 보여 주게 되는 탁월성이라는 의미를 넘어서서, 이 세상 전체를 내면화했을 때, 곧 성인의 마음의 상태에서 저절로 우러나오게 되는 생각과 말과 행동의 수준도 포함한다. 물론 교사가 불가피하게 어느 한 교과목 또는 기능을 전문적으로 담당하여 가르친다손 치더라도, 이미 그의 일거수일투족은 여러 교과들이 한 사람의 몸에 들어와서 어떻게 마음 전체를 이루게 되는지를 시범 보이고 있는 것이다. 요컨대, 교사는 지식이 결코 개인의 사유물이 아니라는 점, 함린(D. W. Hamlyn)이 말하는 지식의 공적(公的) 성격을 온몸으로 대변한다. 바로 이 점에서 수업에서 교사는 결국 자득지의 위치에 있다고 말할 수 있다.

3 '간접전달'로서의 수업

비고츠키(L. S. Vygotsky)에 의하면, 인간의 고등정신기능은 '집단적 삶의 형식(forms of collective life)'에 바탕을 두고 있다(Vygotsky, 1981b: 164-165). 우리가 자신의 내부에 있는 것이라고 생각하는 정신기능도 잘 따져 보면 원래 바깥 세계의 존재, 특히 '사회적인 것'이 내면화된 것임에 틀림없다. 우리는 이제까지 인간의 정신기능을 'IQ 검사'의 예에서 충분히 확인할 수 있다시피 순전히 현재의 개인 내적인 차원에서만 파악해 왔지만, 사실상 그것은, 비고츠키의 생각에 비추어 보면 필연적으로 다른 사람과 더불어 무엇인가를 할 수 있는 능력을 포함한다.

비고츠키는 인간의 정신기능을 크게 두 수준, '개인 간(interpersonal)' 수준과 '개인 내(intrapersonal)' 수준으로 구분하고, '내면화'를 이 두 수준의 정신 기능 간의 관련으로 규정하고 있다. 특히, 비고츠키는 개인 간 수준에서부터 개인 내 수준으로 정신기능이 형성되는 내면화 과정을 '점유화(appropriation)'라고 부르는 데(Vygotsky, 1978: 52-57), 그가 사용한 '근접발달영역(zone of proximal development)' 개념도 결국 그러한 내면화를 설명하기 위한 방안으로 볼 수 있다. 근접발달영역은 비고츠키의 정의에 따르면 '현재적 발달 수준(actual development level)'과 '잠재적 발달 수준(level of potential development)' 간의 거리를 의미한다(Vygotsky, 1978: 85-86). 보다 자세하게 설명하면, 근접발달영역은 아동이 혼자서도 문제를 해결할 수 있는 '현재적 발달 수준'과, 성인의 안내나 보다 능력 있는 또래들과 협동하여 문제를 해결할 수 있는 '잠재적 발달 수준' 간의 거리를 말한다(Vygotsky, 1978: 86).

근접발달영역에서의 '근접'은 결국 무엇이 무엇에 가깝게 된다는 뜻일까? 물론 비고츠키의 개념에 충실하자면 그것은 현재적 발달 수준과 잠재적 발달 수준 간의 거리가 좁혀지는 것을 의미한다. 그러나 비고츠키가 의식했든지 그렇지 않았든지 간에 근접은, 앞서 고찰한 바 있는 폴라니의 '근접항(proximal term)' 개념이 시사하듯이 바깥의 세계가 인식주체 내면에 좀 더 근접한다는 의미로 이해될 수 있다. 달리 말하면, 근접발달영역에서의 '근접'의 의미는 마음 밖의 실재가 신체의 중심—성리학에서 말하는 '마음의 가장 깊숙한 핵심부', 곧 '中'—에 점점 가까이 간다는 뜻으로 이해될 수 있을 것이며, 따라서 그 명칭도 근접발달영역보다도 '구심적(求心的)' 또는 '중추적(中樞的)' 발달영역이 더 좋은 번역일 수도 있다(이홍우, 2000c: 254).

그렇다면 근접발달영역은 어떻게 확장되는 것인가? 비고츠키에 의하면, 앞에서 시사한 바와 같이 근접발달영역 내에서의 아동의 발달은 주변 사람들의 도움 또는 사회적 상호작용에 의하여 결정된다. 특히 비고츠키 계열의 학자 로고프(B. Rogoff)에 의하면, 현실적 발달 수준과 잠재적 발달 수준간의 거리를 좁히는 데에 있어서, 달리 말하여 실재가 마음의 핵심부에 근접하는 데에 있어서 교사나 부모의 이른바 '안내된 참여(guided participation)'가 매우 중요하다(Rogoff, 1990). 수업에서 교사는 아동의 현재적 발달 수준과 잠재적 발달 수준 사이를 '매개'한다. 근접발달영역은 고정된 것이 아니며, 그때그때 교사의 매개에 의하여 아동이 좀 더 수준 높은 사고와 지식을 획득함에 따라, 잠재적 발달 수준이 현실적 발달 수준이 되고 또다시 그 현재적 발달 수준에 새로운 잠재적 발달 수준이 생기는 식으로 계속하여 순환적 연결고리를 맺으면서 확장된다. 이렇게 볼 때 결국 근접발달영역은 '교사로부터 배워서 자기 것으로 만들 수 있는 지적 영역'이라고 규정될 수 있을 것이며, 이 영역이야말로 교육에서 가장 중요한 측면, 앞 절에서 다룬 '수업의 자득적 측면'을 심리학적으로 잘 뒷받침해 주고 있다.

그러나 여기에도 한 가지 의문이 남는다. 그것은 위에서 언급한 교사에 의한 매개, 로고프의 용어로 '안내된 참여'가 구체적으로 무엇을 의미하는가 하는 것이다. 다시 말하여, 학생의 근접발달영역의 끊임없는 확장을 위해서 수업에서 교사가 하는 역할은 구체적으로 무엇인가 하는 것이다. 사실, 우리말로 옮기기조차 어려운, 로고프가 말하는 '안내된 참여'가 무엇인가에 대해서는 비고츠키 계열의 학자들 간에도 의견이 분분하지만, 비고츠키는 인간의 고등정신기능은 결코 직접 가르칠 수 있는 대상이 아니라는 것을 강조했다(Vygotsky, 1981b: 170)는 점에서 보면, 안내된 참여는 교사의 언어에 의한 직접적인 전달이나 지시만이 아님이 분명하다.

그러나 그렇다고 하더라도, 교사가 고등정신기능을 전수하기 위하여 정보를 언어로 '직접 전달'하는 것 이외에 과연 무슨 일을 할 수 있으며 또 무슨 일을 해야 하는가는 여전히 의문으로 남아 있다. 또한 한편으로는, 근접발달영역의 확장을 위해서 교사가 학생에게 줄 수 있는 '도움'이, 요즘 그렇게 되어 가고 있는 것처럼, 기껏해야 수업의 조력자나 안내역으로 한정될 수밖에 없는가 하는 의문도 든다. 이러한 의문들을 해결하기 위해서는 키에르케고르(S. Kierkegaard)가 주장한 '간접전달(*indirekte meddelelse*, indirect communication)'을 면밀히 고찰할 필요가 있다. 왜냐하면, 키에르케고르의 간접전달은 하나의 교육방법으로서, '교사의 내면화'와 '교육내용의 전달'의 관계에 대한 예리한 통찰을 보여 주기 때문이다.

키에르케고르에 있어서 인간의 자아는 독특한 방식으로 규정된다. 자아는 자신의 현재 그대로의 모습인 '현실적인 자아'와, 그 현실적인 자아를 토대로 하여 가능성으로 품을 수 있는 '이상적인 자아'라는 두 축으로 이루어져 있으며, 이 '관계' 속에서 이상적 자아를 현실적 자아로 실현하는 것이 진정한 자아의 모습이라고 할 수 있다. 이 정의에 따르면 이상적 자아와 단절되어 관계를 맺지 못하는 현실적 자아는 물론, 실현 가능성으로만 확인된 이상적 자아는 결코 진정한 자아가 못 된다. 결국 앞서 다룬 비고츠키의 경우에서 정신기능이, 현실적 발달 수준과 잠재적 발달 수준이 서로 엇바뀌며 관계를 맺는 상승 활동으로 규정되었던 것처럼, 키에르케고르에 있어서도 자아는 완결될 수 있는 고정된 실체가 아니라, 현실적 자아가 이상적인 자아가 되고 그 현실화된 이상적 자아가 또다시 새로운 이상적 자아와 관계를 맺어야 하는 역동적인 '활동'을 의미한다.

키에르케고르는 이상에서 설명한 자아를 '심미적 자아', '윤리적 자아', '종교적 자아'라는 세 가지 상이한 양상(또는 단계)으로 구분한다. 인간이 온전한 자아 발달을 이루려고 하면 그의 자아는 위의 3단계를 순차적으로 거쳐 나가야 함은 물론이고, 단계 단계마다 그의 현실적 자아에 대하여 가능성이 되어 줄 수 있는, 즉 지나치게 높지 않은 이상적 자아가 제시되어야만 한다. 물론 이 점도 중요하지만 온전한 자아의 발달을 위하여 더욱 명심해야 할 것은 위에서 말한 단계들은 결코 '관념적' 단계가 아니라 '실존적' 단계라는 점이다. 그것들은 머리로 이해하면 금방 도달하거나 뛰어 넘어설 수 있는 것이 아니라, 반드시 당사자의 몸 또는 실존적 삶이 따라 주어야만 도달할 수 있는 단계들이다.

상이한 실존적 단계에 있게 되면 애당초 서로 간의 '직접적인' 의사소통은 불가능하며, 이 점 때문에 일반적으로 사람들은 현실적 자아에 안주하여 새로운 자아를 상상하기조차 어렵게 된다. 사람들은 스스로의 실존은 심미적 단계에 있으면서도 마치 종교적 단계에 놓여 있는 것처럼 이성적으로 착각하기도 하고, 심지어는 높은 단계의 자아를 보다 낮은 자기 수준의 실존에로 억지로 끌어다 맞춘다. 이러한 오해와 왜곡에서 자아발달에 관건이 되는 현실적 자아와 이상적 자아 간의 적절한 긴장과 균형은 상실되며, 진정한 자아를 이루는 일은 더욱더 요원해지고 만다. 학생들의 입장이 대개 이러한 형편에 놓여 있다고 볼 수 있는데, 학생들은 현재 자신들이 위치한 현실적 자아가 지닌 한계를 알지 못하며 이상적인 자아는 상상조차 하기 어렵기 때문에, 직접적인 언어나 지시로서 그들에게 이상적 자아를 제시하는 것은 애당초 불가능하다고 보아야 한다.

이러한 단계의 난점을 해결하기 위해서는 '간접전달'이 필연적으로 요청된다. 학생의 진정한 자아발달을 위해서는 학생에게 관념적인 형태의 자아가 아닌 실존하는 이상적인 자아, 곧 교사의 존재가 반드시 있어야 한다. 학생이 실제 수업 상황에서 교사와 직접적으로 만나는 일은 무엇보다도 중요하다. 앞서 수업의 자득적 측면에 관한 논의에서 알 수 있었던 바, 교육내용의 온전한 전달을 위해서는 실존하는 사람, 곧 교사가 반드시 필요하다. 왜냐하면, 교사는 전달하고자 하는 교육내용이 통합되어 이루어 내는 이상적 자아의 모습을 학생들에게 몸소 시범 보여 주는 위치에 서 있기 때문이다. 교사는 화석화된 교육내용의 실존적 구현체이며, 학생들은 교육내용을 구현하고 있는 이러한 교사의 실존 자체에 직접 접하게 됨으로써 비로소 교육내용을 온전히 전수받게 된다. 간접전달은 이와 같이 교사의 실존 그 자체를 전달하는 방법이다. 간접전달은 전달하는 사람의 실존과 분리될 수 없는 지식을 전달받는 사람의 실존과 분리되지 않는 방식으로 전달하는 방법이다(임병덕, 1998).

키에르케고르의 간접전달은 전달받는 사람, 곧 학생의 현실적 자아가 새로운 이상적 자아와 관계를 맺을 수 있도록 돕는 교육방법이라고 할 수 있다. 어떤 분야에서든지 간에 학생들은 대부분 무엇인가를 배우기 전에는 자신이 현재 놓여 있는 위치, 곧 현실적 자아에 안주하여 새로운 이상적 자아에 대해서는 모를 수밖에 없다. 교사의 일은 해당 분야에서 학생들에게 이상적 자아의 가능성을 열어 주는 일이라고 할 수 있는데, 이 일은, 앞서 설명했듯이 학생들에게 이상적 자아를 언어로 설명하여 이성적으로 이해시키는 것만으로는 결코 달성될 수 없다. 학생의 입장에서 기존의 자아의 틀을 깨고 새로운 자아를 획득한다는 것은, 교사가 설명한 바를 단순히 언어의 형태로 암기했다가 필요할 때마다 반복하여 사용하는 정도가 아니라, 교사의 실존을 모델로 하여 자신의 것으로 완전하게 내면화하여 자신의 실존(행위, 생활, 삶 등)과 일체를 이루게 되는 것, 곧 키에르케고르의 용어로, '복제(reduplication)'하는 것을 뜻한다.

키에르케고르는 그와 같이 학생이 교사가 제시한 자아를 자신의 실존으로 서서히 복제해 나가는 과정을 가리켜, 앞서 고찰한 비고츠키와 마찬가지로 '점유화(appropriation)'라고 부른다. 다시 말하여, 점유화는 학생이 교사에 의하여 시범된 이상적 자아의 모습을 그의 가능성으로 받아들이고, 그것을 적극적으로 자신의 것으로 자득해 나가는 과정을 의미한다. 학생은 점유화 과정을 통하여 비로소, 자신의 실존과 지식, 또는 현실적 자아와 이상적 자아 사이의 간극을 좁힐 수 있게 된다. 키에르케고르의 지식관을 요점적으로 설명해 주고 있는, 그 유명한 '진리는 주관성이다(Kierkegaard, 1941: 181)'라는 말은 결국, 폴라니가 시사한 '사람이 곧 지식이다'라는 명제와 마찬가지로, 그 흔해 빠진 진리의 상대성을 주장하는 것이 아니라, 이상에서 말한 점유화의 중요성, 즉 지식의 자득적 측면을 강조한 것으로 이해되어야 한다.

키에르케고르는 그의 저서 여기저기에서 간접전달을 소위 '이중반사(double reflection)'라는 개념을 가지고 설명하기도 하는데, 그에 의하면 이중반사 중 처음 '일차반사(first reflection)'는 전달자가 자신이 전달하고자 하는 내용에 대하여 사고하고 그것을 적절한 언어로 표현하는 것이며, 이어서 '이차반사(second reflection)'는 일차반사를 통하여 얻은 사고의 결과 또는 관념—키에르케고르의 용어로, '의관념(義觀念)'—이 전달자 자신의 실존(행위, 생활, 삶)에 다시 한번 반사되어 인식주체를 새롭게 규정하는 것을 의미한다(Kierkegaard, 1941: 68-71). 요컨대, 일차반사는 전달 내용이 인식주체의 머릿속에 반영되어 그 결과로서 사고 또는 관념이 남게 되는 것이라면, 이차반사는 인식주체의 실존을 그 사고 또는 관념에 비추어 일치시키는 것이라고 말할 수 있다.

여기서는 비록 구분하여 설명하였지만 일차반사와 이차반사는 시간상 따로 따로 이루어지는 것이라기보다는 동시에 성립하는 과정이며, 굳이 이중반사라고 부른 이유는, 세계와 자아가 마치 서로 마주 보고 있는 거울처럼 서로를 번갈아

가며 비춘다는 점 때문일 것이다. 여기서 관념과 실존의 차이를 말하자면, 관념은 사고에 의하여 구체적 현실에서 추상된 논리적 구성물로 현실 속에 존재하지 않는 이상적 상태를 나타내는 데에 반하여, 실존은 시간 속에서 전개되고 있는 삶의 구체적인 현실 그 자체를 가리킨다(임병덕, 1998). 일차반사의 결과로 전달자의 사고결과가 피전달자에게 반사되어 그를 새롭게 만들지만 단지 관념의 형태로 제시된 것은 뿌리 없는 나무와 같아서 피전달자의 실존과 따로 떨어져 짐짓 지식을 소유하고 있다는 착각만 갖게 한다. 예를 들어, '네 이웃을 사랑하라'는 성경 말씀은 관념적으로 이해하는 일은 그리 어렵지 않을지 모른다. 그러나 실지로, 멀리 있는 이에게는 쉽게 사랑을 베풀면서도 자신의 주변 이웃에게 사랑을 몸소 실천하는 일은 무척이나 어렵다. 그러므로 진정한 의미의 전달을 위해서는 일차반사의 결과로서의 관념이 피전달자의 현실적 자아에 다시 한번 반사되어 개인의 실존에 구체적으로 나타나는 이차반사가 반드시 요청된다. 일차반사의 결과는 기껏해야 자아의 관념의 변화를 가져다줄 뿐이지만 이차반사의 결과는 자아의 전신체적인 변화를 초래하게 된다.

교사는 항상 스스로의 자아 성장을 도모해야 하는 사람이지만, 한편으로는 다른 사람, 특히 학생의 자아 발달에 관심을 기울여야 하는 존재이다. 따라서 교사가 이상적 자아를 자신의 실존으로 복제하여 학생들에게 시범 보여 줄 때에 교사가 복제하는 자아는 반드시 가장 이상적인 자아이거나 고정된 단계의 자아의 모습일 필요는 없다. 교사가 도달한 자아의 상태가 학생의 자아 수준에 비하여 너무 높을 경우에는 교사는 학생의 점유화를 위해서, 학생의 현실적 자아에 긴장이나 갈등, 또는 열정을 야기할 수 있을 정도의 보다 낮은 단계의 자아의 모습을 복제하여야 한다. 요컨대, 예수가 '종의 모습'을 연출하였듯이 교사가 학생으로 하여금 위계의 차이를 느끼지 않도록 학생의 위치로 내려오는 것은 간접전달의 성패에 있어서 결정적인 관건이 된다.

물론, 간접전달을 위해서 교사가 그의 진정한 실존과는 다른 자아의 모습을 띨 수밖에 없는 경우도 허다할 것이다. 키에르케고르의 표현을 빌면, 교사는 학생을 가르치기 위해서 관념에 반사되어 있는 상위의 가능성을 '반사의 범위에서 뽑아내어 그 뒤쪽으로 돌려놓아야 한다(Kierkegaard, 1941: 148).' 때로는 교사의 진정한 자아의 모습은 감추고 그것과는 다른 것을 마치 자신의 진정한 실존인 것처럼 복제하여 학생들에게 제시할 수도 있다. 뿐만 아니라, 교사는 자신이 전달하고자 하는 교육내용에 따라 키에르케고르가 유형화한 것보다 더욱 다양하고 많은 자아의 모습을 복제하여 구현해야만 할 것이다. 물론, 교사에게 이 일이 가능한 것은 그 다양하고 많은 자아의 모습들 모두 결국, 그 역시 실존적 인물인 교사가 이제까지 과거에서부터 거쳐 온 실존들이기 때문일 것이다.

이상의 설명은 간접전달을 주로, 교사의 활동 편에 서서 설명하였다. 그러나 간접전달은, 교사가 하는 활동의 맞은편에서 동시에 이루어지는 학생의 변화를 더불어 분석하여 설명하지 않는다면, 결코 완전한 교육이론이 되지 못한다. 학생 또한 교사가 제시하는 자아의 가능성을 자신의 것으로 만들기 위해서는 이중반사를 해야만 한다. 교사의 편에서의 간접전달이 '하향식 이중반사'라면 학생 편에서의 간접전달은 '상향식 이중반사'라고 부를 수 있을 것이다. 사실상, 교사가 복제하여 보여 주는 실존적 삶 역시 학생에게 있어서는 마음 밖에서 벌어지는 현상 또는 사태에 불과한 것이다. 그러나 교사에 의하여 복제된 실존적인 삶은, 직접적인 언어적 표현이나 지시에 의한 전달과는 달리, 단순히 머릿속에 기억, 저장해 두는, 학생에 의한 일차반사에만 머물지 않는다.

학생들은 교사에 의하여 복제된 실존적인 삶을 직접 만나보고 스스로, '이것이냐 저것이냐' 하는 양자택일의 상황에서 놓이게 된다. 물론 이 상황은 언어적 지시나 설득에 의하여 강요될 수 있는 것이 아니라 팽팽한 긴장과 균형이 있는 실존적 상황이며, 이러한 실존적 상황에서는 이상적 자아가 학생에게 순전한 관념의 수준에 머물지 않고 그의 현실적 자아와 긴장관계에 놓이게 된다. 이제까지 침잠했던 학생의 마음은 극도로 고조되며, 이것으로부터 열정적인 정서가 용솟음치게 된다. 물론, 이 주체적 선택의 순간에 현실적 자아를 선택하여 절망 또는 상심할 가능성도 얼마든지 있을 수 있지만, 교사의 간접전달의 효과를 긍정적으로 본다면, 학생은 그의 현실성이 해체된 가운데에서 교사가 제시한 가능성을 열정적으로 붙잡으려고 할 것이며, 이러한 선택 이후에는 그 가능성을 자신의 현실적 자아로 구현하려는 점유화의 노력, 곧 '이차반사'는 저절로 수행되지 않을 수 없게 된다. 수업시간에 학생들이 하는 부단한 모방, 연습, 탐구학습, 그리고 여러 가지 시행착오 등등은 결국 이성적으로 파악한 교육내용을 자신의 몸으로 점유하려는 노력, 곧 학생 편에서의 간접전달을 나타낸다. 학생 스스로가 자기 결단을 통하여 몸소 실천해 보지 않은 교육내용은 결코 학생 자신의 것이 될 수 없다.

아마도 이상에서의 설명을 보다 일반적인 수준에서 말한다고 하면, 교사가 수업시간을 통하여 보여 주는 여러 가지 활동에는 일차반사와 이차반사 모두가 포함되어 있다고 보아야 할 것이다. 수업시간에 교사는 잘하든 못하든 일종의 간접전달을 하고 있다고 볼 수 있는데, 한편으로 자신이 가르치고자 하는 내용을 말로 설명할 수 있을 정도로 머릿속에 넣고 있어야 하며, 다른 한편으로 그와 같이 머릿속에 파악하고 있는 교육내용을 자신의 몸을 통하여 점유화하는 과정을 시범보일 수 있어야 한다. 그러나 역시, 교사가 수업에서 해야 할 가장 핵심적인 역할은 '이차반사'이다. '의관념(義觀念)'이 추상적인 수준에 머물지 않고 학생들의 실존에까지 연결되게 만들기 위해서는 교사 스스로의 몸을 통하여 의관념을 자신의 실존과 결부시켜 보여 줄 수 있어야 한다. 수업에서 이러한 이차반사가 이루어질 때 비로소 학생들은 거기에 비추어 교육내용을 자신의 실존과 결부시켜 몸으로 이해할 수 있게 된다. 학생들은 때로 의관념 정도는 교사 없는 수업을 통해서도 얼마든지 획득할 수 있을는지 모른다. 그러나 원칙상, 교사의 이차반사 없이는 학생들은 교육내용을 진정한 의미에서 자신의 것으로 점유화할 수 없다.

수업 시간에 일반적으로 교사들은 간접전달을 위하여 별의별 수단과 방법을 다 동원하면서 애를 쓴다. 때로 소극적으로 질문을 제기하고 가만히 기다리기도 하고, 간혹 알고 있으면서도 모르는 척 하기도 하며, 보다 적극적으로는 여러 가지 몸짓과 표정을 짓고 어조와 어투를 바꾸어 가면서, 교육내용을 설명하기도 하고 실험 및 실습용 여러 기자재를 다루는 시범을 보이게 된다. 이러한 실존의 순간순간에 있어서, 교사는 학생들 앞에서 가르치고 있는 지식에 몰입한 한 인간의 모습, 폴라니의 용어로 '당사자적 참여'를 보여 주고 있는 것이며, 교사의 몸은 한 유기체로서의 개인의 몸 이전에 지식의 화신, 앞서 말한 '자득지' 그 자체가 된다. 요컨대, 수업을 통해서 교사는 지식을 완전히 내면화하여 지식과 하나 된 모습을 학생들에게 시범 보여 준다. 교사의 몸이 자득지가 된다는 것은 결국, 교사가 가르치고 있는 지식이 학생의 이차반사를 유발하리만큼 교사 스스로의 실존과 분리되지 않은 채 실존 자체로 전달되는 것을 의미하며, 따라서 교사에 의한 교육내용의 복제, 키에르케고르의 용어로 '간접전달'로 이해될 수 있을 것이다. 그리고 앞서 제기한, 로고프의 '안내된 참여'라는 것은 이상에서 설명한 간접전달을 의미한다고 보아야 한다.

안내된 참여는 단순한, 수업시간에 이루어지는 교사의 도움이나 보조 정도가 아니라, 교사 스스로가 자신이 가르치고자 하는 지식에 참여하여 그 지식과 하나 된 모습을 학생들에게 시범 보이는 것을 의미한다. 그것은 단순한 교육방법의 합리적 적용이 아니라 교사의 몸을 통한 교육내용의 구현을 의미한다. 교사가 스스로의 몸 또는 실존을 지식의 화신, 곧 '자득지'로 만들어 가는 것이다. 때로 수업 사태에서 외견상 교사가 가만히 쉬거나 침묵하고 있는 것처럼 보일지라도 그 사태 또한 교사 입장에서는 간접전달을 하기 위해 애쓰고 있는 것으로 보아야 한다. 간접전달의 의미에 비추어 보면, 교사가 수업에 와서 가만히 서 있기만 해도 그것은 결코 보통 일이 아니다. 디어든(R. F. Dearden)은 학생에게 원리를 가르치기 위해서는 언어를 미묘하게 구사하고 경험을 안내하는 교사의 역할이 중요하다는 주장을 한 바 있다(Dearden, 1967: 151). 여기서 교사에 의한 언어의 미묘한 구사나 경험의 안내로밖에 달리 설명될 수 없었던 것도 결국은 이상에서 설명한 간접전달에 비추어서 보다 분명하게 이해될 수 있다.

학생의 입장에서 주어진 지식을 지식답게 온전히 자기 것으로 만들게 하기 위해서는 무엇보다도 먼저 교사 스스로가 전달하고자 하는 지식을 완전히 자기 것으로 만들어야 한다는 것이다. 요컨대, 학생에 의한 지식의 점유화를 위해서 간접전달은 필연적으로 요청된다. 키에르케고르의 간접전달은 문자 그대로 '전달'의 의미를 부각시키기보다는 오히려 교사 스스로에 의한 지식의 점유화(또는 내면화)를 강조하고자 한 것으로 보아야 한다. 이 점에서 보면, 간접전달에서 '간접'은 결국, 지식의 온전한 전달은 지식을 전달하고자 하는 사람, 곧 교사 스스로에 의한 지식의 점유화를 통하여 간접적으로 이루어질 수밖에 없다는 의미로 이해되어야 한다. 우리는 이상에서 살펴본 간접전달을 이제까지 수업 시간에 교사가 해 오던 활동에 별도의 색다른 방법이나 기법을 추가하는 것으로 이해해서는 안 된다. 어떻게 보면 점유화 자체가 곧 전달을 의미하며, 사실상 점유화보다 더 효율적인 교육방법은 있을 수 없다고 보아야 한다.

로쉬타인에 의하면, 강의는 중세에서는 원래, 여러 교육방법 중의 하나이기 이전에, 교사가 되려는 사람이 여러 사람 앞에서 자신의 배움을 연시(演示)하는 것이었다고 한다(Rothstein, 1996). 이것에서 시사하는 바는 강의의 중요한 측면은 연시 이전에 교사의 배움의 정도, 교육내용에 대한 자득의 정도이며, 연시라는 것도 인위적인 것이 아닌 자득의 자연스러운 결과라는 점일 것이다. 이렇게 볼 때, 강의는 '교사가 이제까지 자신의 배움을 통하여 자득하게 된 교육내용을 자신의 몸을 매개로 하여 밖으로 자연스럽게 드러내는 것'이라고 재규정될 수 있다. 강의는 지식을 내 것으로 만든 사람의 입장에서 가르치지 않으려고 해도 그렇게 할 수 없는 그야말로 '부득이(不得已)'한 활동이다. 강의를 통하여 교사의 몸의 핵심부에 묵식적으로 자리 잡고 있던 것들이 교사 스스로도 알 수 없는 과정을 거쳐서 바깥으로 드러나게 된다. 지식과 사람이 거의 하나에 근접했을 때 그 사람에게는 다양하고 많은 변화가 일어날 것이며, 그 변화는 부분 부분이 아닌 총체적인 것이다. 그 당사자는 단순히 이때까지와는 다른 사고나 관념만을 소유하는 것에 머물지 않고 머리끝에서 발끝의 신경세포 하나하나에 이르기까지 '실존적' 또는 '전신체적인' 변화를 겪게 될 것이다.

교사가 어떤 분야의 지식을 내면화했다는 것은, 지식과 자신의 몸이 결합해 있음을 보여 주는, 자기 나름의 신체적 조건이나 감각적인 특질에 가까운 '스타일'

—표정, 몸짓, 어조, 태도, 정서 등—을 가지게 되는 것이다. 교사는 여러 지식 또는 교과내용들이 한 사람의 몸에 들어와서 통합되는 실존적 모습을 자신의 스타일에 실어 학생들에게 보여 준다. 학생 입장에서는 교사가 전달한 수업의 세부적 내용 자체보다는, 수업 내용을 전달하면서 교사가 보여 주는 정서, 태도, 분위기 등과 결부된 그의 스타일이 오래도록 기억에 남는다. 오우크쇼트에 의하면, 학생 입장에서 교사의 스타일을 간파하지 못하면 사실상 그는 교사가 가진 판단의 조야한 것밖에는 배우지 못하게 된다. 이상의 논의에 비추어 볼 때, 강의는 교사의 간접전달의 일환으로 이해되어야 할 것이다. 앞에서 말한 바와 같이, 교사 스스로에 의한 지식의 점유화 자체가 이미 간접전달을 함의하며, 이때 이루어지는 간접전달은 위에서 살펴본 바와 같이 단순한 가르치는 기술(技術)이기보다는 교사가 몸 전체로 보여 주는 '전신체적인 반응'이며, 달리 말하면 '中의 정서적 표현'으로서의 예술에 가까운 것이라고 말할 수 있을 것이다. 이 점에서 수업은 치밀하고 선명한 체제계획을 통하여 가시적 목적을 달성하는 일과는 애당초 거리가 멀며, 어떻게 보면 수업에는, 마치 한편의 드라마처럼, 잡담, 에피소드, 파안대소, 유머, 여백 등등 교사의 체취가 묻어나는 온갖 지저분하고 복잡한 것이 뒤섞여 있는 것이 오히려 자연스러운 것이다. 아마도 자신의 사소한 동작이나 표정 하나하나에도 中이 실려 있는 그와 같은 자연스러운 수업을 한번 해 보는 일은 모든 교사의 소원일 것이다.

대학 강의와 학교 수업 사이에는 분명 다른 점이 있을 것이다. 그러나 강의와 수업 모두, 이상에서 고찰한 바와 같이 반드시 교사의 내면화를 전제로 이루어져야 하는 활동이라는 점에서 근본적으로는 크게 다르지 않다고 본다. 또한 이 점에서 수업 또한 강의와 마찬가지로 교사에 의한 간접전달의 일환으로 해석될 수 있다. 우리는 이제까지, 별도의 시공간에서 이루어지는 수업을 통해서 지식의 실존적 모습을 만날 수 있는 기회를 후손들에게 하나의 전통적인 제도로서 애써 보장해 왔다고 볼 수 있다.

'수업은 간접전달이다.'라는 것이 바로 이 글에서 발굴해 낸 수업의 최종적인 결론이다. 키에르케고르가 말한 '간접전달'을 수업사태에 적용한다면, 수업 자체가 곧 간접전달이라고 말할 수 있다. 교사의 입장에서 보면 판단은 직접적으로 전해 줄 수 있는 것이 아니라 자신의 몸을 통하여 간접적으로 전달해야 하고, 학생의 입장에서 보면 판단은 정보처럼 직접 얻을 수 있는 것이 아니라 교사의 몸을 통하여 간접적으로 획득할 수 있는 것이다. 물론, 간접전달은 오직 신만이 완벽하게 구사할 수 있는 것이며, 따라서 인간은 완벽한 간접전달을 구사할 수 없다는 점에서 키에르케고르의 간접전달을 일반적인 수업의 개념으로 볼 수 있는가 하는 의문의 여지가 남아 있다. 그러나 예수의 행적 또는 소크라테스의 산파술 또는 키에르케고르의 저작술만이 유일무이한 간접전달이 아니며, 간접전달에는, 교사들이 보여 주는 여러 형태의 수업에서 찾아볼 수 있듯이 여러 수준과 다양한 예가 있을 수 있다는 것이 이 글의 기본 입장이다. 여기서 이를 뒷받침해 주는 몇 가지 구체적인 예를 제시하면서 이 절을 끝맺고자 한다.

중학교 사회 수업시간에 어떤 교사가 선거가 갖추어야 할 여러 요건 중의 하나로 '비밀선거'를 설명하고 있었다고 한다. 그런데 학생들은 교과에 등장하는 언어적 설명만으로는 비밀선거가 얼마나 중요한 것인가를 잘 깨닫지 못했다. 그래서 사회교사는 이런저런 궁리 끝에 아주 오래된, 자신의 군대 시절 에피소드를 들려주었다. '군대에서 선거를 하는데 병사들이 줄을 죽 서서 대대장이 보는 앞에서 공개적으로 특정 후보의 칸에 표기할 것을 암암리에 강요받은 적이 있다. 이때 나는 순간적으로 극심한 내면적 갈등을 느꼈으며, 투표 후에도 자괴감에서 오래 동안 헤어 나올 수 없었다. 나는 이때 비로소, 비밀투표가 올바른 선거를 치르는 데, 더 나아가서 민주주의 실현에 얼마나 결정적인 관건이 되는지를 절실히 깨달았다. ……' 이렇게 설명하자 학생들은 이전까지와는 달리, 큰 눈을 굴리면서 진지한 자세로 공감하는 표정을 지었다고 한다. 이번에는 어느 초등학교 교사의 수기(手記)를 간접전달의 사례로서 직접 인용해 보겠다.

> 사회근대사 수업이었습니다. 저희 반 아동들은 일제 36년에 대한 아무런 느낌도, 감각도 없는 듯이 시간 내내 즐겁게 웃고 있었습니다. 저는 그 모습에 하도 속이 상하고 화가

나서 제가 알고 있는 일제 36년에 대해 온몸으로 제가 가지고 있는 지식의 120%를 동원해서 한참을 설명하고 났더니, 차츰 2명, 3명 …… 10명의 아이들 표정이 분노로 넘치기 시작하는 것을 목도할 수 있었습니다. 이렇게 되자 그 순간부터는 학생들 스스로가 오늘날에 진정으로 해야 할 일들을 지도하는 것은 그리 어렵지 않았으며, 그 수업 순간순간의 몰입이랄까 희열은 앞으로도 결코 잊을 수 없을 것입니다.

4 마무리

민감한 교사라면 누구나 한 번쯤은 자신이 월급을 받는 이유에 대하여 회의에 빠져 본 적이 있을 것이다. 교사의 일은 특별히 무슨 물건을 생산하거나 그 유통에 관여하는 것도 아니고 그렇다고 하여 고객의 필요나 애로 사항을 해결해 주는 서비스 산업에 종사하는 것도 아니다. 만약 다른 점이 있다고 한다면, 그것은 교사가 다른 직업의 종사자들이 하지 않는 활동으로서 '수업'을 한다는 점일 것이다. 그러나 한편 일반 사회의 생산 활동의 논리에 비추어 보면, 수업 또한 보수나 대가가 따르는, 일정한 시간 동안의 노동일뿐이다. 수업은 40분이든 50분이든 그보다 낮은 수준에 있는 학생들을 상대로 교재에 거의 그대로 드러나 있는 지식을 단순히 부연 설명하는 일에 불과하고, 또한 그 부연 설명도 여러 학급을 가르치는 경우에는 뚜렷한 가시적 결과물도 없이 자꾸 반복될 수밖에 없는 상투적인 활동일 수 있다.

그러나 이상 본론의 수업에 대한 인식론적 고찰에서 드러난 수업의 새로운 의미를 고려해 보면, 교사가 하는 일로서의 수업은 결코 생산 활동과 동일선상에 놓고 파악될 수 없는 '총체적인' 활동이라는 것을 알 수 있다. 수업은 학생이 주어진 교육내용을 내면화하는 과정이며, 이러한 내면화 과정에 있어서 이미 그 교육내용을 완전히 자신의 것으로 만들고 있는 자득지로서의 교사에 의한 간접전달은 '개념적' 조건이다. 교사가 가르치고자 하는 내용을, 학생이 현재 처해 있는 자아의 수준을 고려하여, 여러 가지 단계와 양태로 몸소 복제하여 드러내는 일은 학생의 입장에서 교육내용을 점유화하는 데에 있어서 '선행적' 관건이 된다. 비록 단순한 어떤 한 정보나 기능을 전수한다고 할지라도, 교사는 그것들을 자신의 총체적 인격과 관련지어 자신의 온몸으로 드러내 결국 묵시적으로 학생의 마음 전체의 변화를 도모하게 된다.

이 점이 바로, 서두에서 제기한 바와 같이 옛날 사람들이 오늘날과는 달리 수업의 의미를 교사를 중심에 놓고 규정한 진정한 이유일 것이다. 학생의 자아는 결코 저절로 깨지지 않으며, 단지 스스로 깨질 수 있다고 착각할 뿐이다. 제도적으로 격리된 시·공간의 수업을 통하여 비로소 드러나는 교사의 실존적 자아는 학생으로 하여금, 한편으로 현실적 자아의 한계를 깨닫게 해 주며, 또 다른 한편으로는 끊임없는 점유화를 통하여 새로운 이상적 자아에로의 도약을 가능하게 만들어 준다. 세상에서 교육만큼 포괄적인 의미로 사용되고 있는 개념도 드물지만, 좀 엄밀하게 규정하자면 교육은 곧 '간접전달로서의 수업'을 의미한다. 물론 현실적으로 어떤 분야에서든지 교사의 간접전달 없이도 지식의 점유화는 얼마든지 가능하며 그 사례 또한 결코 적지 않다고 할 수 있다. 그러나 항상 세계 전체를 내면화한 '자득' 수준에서의 완전한 간접전달을 기준으로 할 때, 그 개개의 점유화는 단지, 만약 교사의 존재가 있었다면 그보다 더 잘할 수도 있었는데 그렇게 되지 못한 불완전한 사례들일 뿐이다.

그러나 오늘날 우리는 수업의 이러한 의미를 간과하고 그것들에 거스르는 방향으로 교육 또는 수업에 관한 논의를 진행시키고 있다. 학생의 주도적 체험이나 활동을 무조건 우선시하는 맹목적인 교육방법들, 현란한 시청각 기재 및 온라인 학습 자료들이 동원되는 '이벤트성 수업' 등이 난무하는 가운데, 교사가 자신의 단련된 인격으로 보여 주어야 하는 교화, 시범, 모범, 강의 등, 곧 교사의 간접전달은 점차 온데간데없이 사라져 가고 있으며, 또 그만큼 학생들의 점유화 기회도 상당한 정도로 줄어들거나 아니면 아주 박탈당하고 있는지도 모른다. 원칙상 교사가 전달하고자 하는 교육내용과, 교사의 실존 또는 언행이 분리될 때 그 전달은 성공할 수 없게 된다. 아마도 이와 같이 수업의 자득적 의미가 상실되는 경향은 앞으로 최신 정보통신 기술·공학의 발달에 힘입어 더욱 심화될 것으로 보인다. 그러나 사실, 자득지로서의 교사에 의한 간접전달이 없는 수업을 과연 수업이라고 부를 수 있을지 의심스러우며, 또한 이러한 시대적 조류에 편승하여 교사 스스로가 수업에서 간접전달을 포기하는 것은 결국 교사 스스로의 직무유기에 해당할 뿐만 아니라 교사가 월급을 받아야 하는 거의 유일한 이유를 스스로 제거해 버리는 일이 된다.

교사는 항상, 비록 완전하지는 않더라도 보다 나은 간접전달을 위하여 자신의 내면화에 힘써야 하는 존재이다. 사실상, 교사의 경우에는 직업의 성격상, 비단 일상의 실존적 삶 속에서의 그의 여러 가지 행적들뿐만 아니라, 그가 매일매일 하는 수업 그 자체가 스스로의 몸을 자득지로 만들어 가는 일, 곧 '자기복제'에 해당한다. 배우가 여러 배역을 성심성의껏 소화해 나가다 보면 그 배역 하나하나에서 소중한 삶의 진실을 배울 수 있듯이, 교직은 분명, 학생들을 가르치기 위하여 인류 문명의 다양한 양상(樣相)들을 부족한 대로 열심히 복제해 나가다가 자신도 모르는 사이에 삶에 대하여 많은 것을 깨달을 수 있게 되는 별로 흔치 않은 직업 중의 하나일 것이다. 따라서 수업은 교사에게는 일종의 '교학상장(敎學相長)'의 장이라고 할 수 있다. 가르치며 자신과 삶을 반성하여 고치지 않고 가르치며 스스로 배우지 않는다면, 그것은 이미 수업이 아니다.

참고문헌

『中庸』

김승호(1997). 교육의 자득적 측면. 중등 우리교육, 36-41.

박은주(1999). 교육이론으로서의 주희와 왕양명의 격물치지론. 서울대학교대학원 석사학위논문.

유한구(1998). 교육인식론 서설. 서울: 교육과학사.

유한구·김승호(1998). 초등학교 통합교과 교육론. 서울: 교육과학사.

이재호(2000). 비고츠키 발달이론의 도덕교육적 함의. 한국교원대학교대학원 석사학위 논문.

이홍우(2000a). 이십 일세기 학교교육의 과제. 교육과정연구, 18(1), 1-19.

이홍우 외(2000b). 성리학의 교육이론. 도덕교육연구, 12(1), 1-67.

이홍우(2000c). 교과의 내면화. 아시아교육연구, 1(1), 249-271.

이환기(1998). 헤르바르트의 교수이론. 서울: 교육과학사.

임병덕(1998). 키에르케고르의 간접전달. 서울: 교육과학사.

주삼환(1998). 수업관찰과 분석. 서울: 원미사.

Bruner, J. S.(1960). *The Process of Education*. Massachusetts: Harvard University Press.

Dearden, R. F.(1967). Instruction and Learning by Discovery. In R. S. Peters(ed.), *The Concept of Education*. London: R. K. P. 135-154.

Kierkegaard, S.(1941). *Concluding Unscientific Postscript to the Philosophical Fragment*, trans. by Swenson, D. and Lowrie, W. , Princeton: Princeton University Press.

Oakeshott, M.(1967). Learning and teaching. In T. Fuller(Ed.)(1989). *The voice of liberal learning*. New Haven and London: Yale University Press.

Oakeshott, M.(1967). Learning and Teaching. In T. Fuller(ed.)(1989). *The Voice of Liberal Learning*. Yale University Press. 차미란 역(1992). 학습과 교수. 상·하. 교육진흥, 봄-여름, 126-43, 155-69, 중앙교육연구소.

Polanyi, M.(1958). *Personal Knowledge*. London: Routedge & Kegan Paul.

Polanyi, M.(1966). *The Tacit Dimension*. NewYork: Doubleday & Company, Inc.

Rogoff, B.(1990). *Apprenticeship in Thinking: cognitive development in social context*. New York: Oxford University Press.

Rothstein, A. M.(1966). The Lecture and Learning. *AAUP Bulletin*, *52*(2), 214-219.

Vygotsky, L. S.(1978). Mind in Society: The development of higher psychological process. Massachusetts: Harvard University Press.

Vygotsky, L. S.(1987). Thinking and Speech, edited and translated by R. W. Rieber & A. S. Carton, *The Collected Works of L. S. Vygotsky, Vol. 1*. NewYork: Pleum Press.

제11장

교육평가 개관

교육이 인간 행동의 계획적인 변화라고 한다면, 교육평가란 교육과정의 계획·실천에 있어서 교육목표는 올바르게 설정되었는지, 목표실현을 위한 교육활동의 계획과 과정은 적절한지, 그리고 궁극적으로는 교육의 목표가 제대로 성취되었는지를 확인·판단하는 일련의 과정을 말한다. 교육평가는 교육과정의 계획, 실행, 성과의 효과성을 살펴봄으로써, 학생의 성장 및 발달 확인, 그리고 교사의 수업 개선의 자료로 활용된다. 이 장에서는 예비교사에게 필요한 교육평가의 기본 개념 및 교육과정 평가에 활용되는 프로그램 평가의 유형에 대하여 살펴본다.

1 교육평가의 개념 및 유형

가. 교육평가의 개념 및 교육관과 검사관

평가(evaluation)와 유사한 용어로는 검사(test), 측정(measure), 총평(assessment) 등이 있다. 검사는 지능검사, 적성검사 등과 같이 인간의 어느 능력이나 특성을 객관적으로 측정하는 도구의 개념으로 사용된다. 측정은 평가를 위한 양적 증거자료 수집 활동으로서, 대상을 수량화하여 서술한다. 총평은 대상의 특성을 하나의 검사나 도구로 측정하는 것이 아니라 여러 가지 다양한 자료를 수집하여 종합적으로 평가하는 것을 의미한다. 평가란 양적 증거자료와 질적 증거자료를 수집하여, 어떤 대상의 질이나 가치를 판단하는 활동이다.

교육평가는 가치 판단 활동이다. 따라서 평가자가 어떠한 교육관을 갖고 있느냐에 따라서 평가의 목적, 내용, 방법 등이 달라진다. 이러한 교육관은 검사관과 밀접한 관련성이 있다. 교육평가와 관련된 대표적인 교육관에는 선발적 교육관, 발달적 교육관, 인본주의 교육관이 있으며, 이러한 교육관은 측정관, 평가관, 총평관의 검사관과 밀접한 관련이 있다(박도순, 2012: 14-18).

(1) 선발적 교육관과 측정관

선발적 교육관은 인간의 지적 능력은 타고나기 때문에, 교육을 통한 인간 행동 변화에 부정적인 가정을 하고 있다. 따라서 교육 실패의 책임은 학습자에 있으며, 지적 능력이 목표 달성에 절대적인 영향을 끼친다고 본다. 평가의 목적은 우수한 사람을 선발하는 것이며, 개인차 변별을 중시한다. 검사관 중에서 측정관과 관련이 있으며, 규준지향 평가방법을 활용한다. 측정관은 인간의 행동 특성은 변하지 않는다는 인간관을 가정하며, 평가의 신뢰도를 중시하고, 표준화된 측정방법을 사용한다. 측정관은 평가과정에서 발생할 수 있는 환경 변인을 무시하고 통제하며, 검사결과는 예언, 분류, 자격 부여 등으로 활용한다.

(2) 발달적 교육관과 평가관

발달적 교육관은 모든 학습자에게 적절한 교수-학습 방법만 제시되면, 누구나 의도하는 교육목표를 달성할 수 있다는 신념을 가정하고 있다. 교육을 통한 인간 행동 변화 가능성에 대해 긍정적이다. 교육의 실패는 교사의 책임이며, 지적 능력과 학업 성취도의 상관관계가 높으면 교육은 실패한 것으로 본다. 평가의 목적은 교수 방법의 적절성을 파악하는 데 있다. 검사관 중에서 평가관과 관련이 있으며, 준거 참조 평가방법을 활용한다. 평가관은 인간의 행동 특성은 변화하며, 변화시킬 수 있다고 본다. 평가도구의 내용 타당도에 관심을 가지며, 다양한 증거 자료를 수집한다. 환경은 행동 변화의 자원으로 간주한다. 검사결과는 학생의 변화, 동기화, 교육프로그램의 효과 판정에 활용된다.

(3) 인본주의적 교육관과 총평관

인본주의적 교육관은 교육은 자아실현의 과정이며, 학습자는 환경과 능동적으로 상호작용하는 존재라고 가정한다. 교육의 실패는 학습자와 교사의 공동책임이며, 학습자의 전인적인 특성을 파악하는 데 중점을 둔다. 검사관 중에서 총평관과 관련이 있다. 총평관은 인간의 행동 특성을 환경과의 상호작용 속에서 나타난다고 가정한다. 평가도구의 구인타당도에 관심을 가지며, 다양한 증거자료를 수집한다. 환경은 개인의 변화를 요구하는 압력이다. 검사결과는 예언, 분류, 자격 부여, 선발, 역할에 비추어서 학생들을 진단하는 데 활용된다.

나. 교육평가의 유형

교육평가의 유형은 여러 가지 기준에 따라 다양하게 분류할 수 있다. 교육평가의 유형은 평가내용, 평가목표의 수준, 평가 체제, 교수-학습 과정(평가 기능), 자료 수집방법, 평가 영역, 평가 결과 해석의 참조 근거 등에 따라서 다양하게 구분될 수 있다.

첫째, 교육평가의 유형은 평가내용에 따라 학생평가, 수업평가, 교육과정평가, 학교평가, 기관평가, 인사 및 행정가 평가 등으로 구분할 수 있다. 학생평가는 학생의 능력이나 특성의 가치를 판단하는 평가이며, 수업평가는 수업이 진행되는 중에 학생들의 성취도를 판단하는 평가이다. 교육과정평가에서는 교육과정의 효과를 판단하며, 학교평가에서는 학교의 제반 부분의 기능을 평가한다. 기관평가에서는 행정의 종합적 역량을 평가하며, 인사 및 행정가 평가에서는 교육 종사자를 평가한다.

둘째, 교육평가의 유형은 목표 수준에 따라서 최소필수 학력평가, 최대학력 성취평가로 구분할 수 있다. 최소필수 학력평가는 수업을 통해 최소필수 학습 목표가 달성되었는지를 평가하는 것을 의미한다. 최대학력 성취평가는 심화발달과목 목표를 최대한 어느 정도까지 달성했는지를 평가하는 것을 의미한다.

셋째, 교육평가의 유형은 평가 체제(system)에 따라서 투입평가, 과정평가, 산출평가로 구분할 수 있다. 투입평가는 학습에 투입되는 내용과 조건(학습 내용, 학습자 특성, 교사자질 등)의 적절성을 평가하는 것이다. 과정평가에서는 수업 과정의 적합성(수업 방법, 매체 등)을 평가한다. 산출평가에서는 교육 성과(학업 성취도, 학습 태도)를 평가한다.

넷째, 교육평가의 유형은 교수-학습 과정, 즉 평가의 기능에 따라서는 진단평가, 형성평가, 총괄평가로 구분할 수 있다. 진단평가(diagnostic evaluation)는 학생들의 출발점 행동을 파악하기 위하여 수업 전에 실시하며, 형성평가(formative evaluation)는 수업 시간에 다루는 학습 내용에 대한 이해도 확인 및 교사의 수업 개선을 위하여 수업 중에 실시하며, 총괄평가(summative evaluation)는 사전에 설정한 교육목표 도달도를 평가하기 위하여 교수-학습이 종료된 이후에 실시한다.

다섯째, 교육평가의 유형은 자료 수집방법에 따라서 양적 평가와 질적 평가로 구분할 수 있다. 양적 평가는 측정을 통해 평가 결과를 수치화하여 자료를 수집하는 평가방법이며, 질적 평가는 관찰이나 면담 등을 통하여 획득한 자료를 기록하여 서술화하여 자료를 수집하는 평가방법이다.

여섯째, 교육평가의 유형은 평가 영역에 따라서 인지적 영역, 정의적 영역, 심동적 영역의 평가로 구분할 수 있다. 인지적 영역의 평가에서는 학생의 학업성취도, 사고력 등과 같은 지적인 사고 능력을 평가하고, 정의적 영역의 평가에서는 학생들의 성격, 태도, 사회성, 도덕성 등과 같은 정의적인 특성을 평가하며, 심동적 영역의 평가에서는 학생의 신체 능력이나 운동 활동 등을 평가한다.

일곱째, 교육평가의 유형은 평가 결과 해석의 참조 근거에 따라서 규준참조평가, 준거참조평가, 능력참조평가, 성장참조평가로 구분할 수 있다. 규준참조평가는 한 개인이 속해 있거나 혹은 속해 있지 않더라도 비교가 되는 집단 속에서 다른 사람보다 얼마나 더 성취했느냐 하는 상대적인 비교를 통해서 평가 결과를 해석한다. 준거참조평가는 평가대상자가 사전에 결정된 어떤 성취 기준 또는 교육목표를 달성하였는지 혹은 달성하지 못하였는지에 초점을 두고 평가 결과를 해석한다. 능력참조평가란 학생들이 지닌 능력에 비추어 얼마나 최선을 다하였느냐에 초점을 두고 평가 결과를 해석한다. 성장참조평가는 교육 경험 이전에 비해 얼마나 성장하였느냐에 관심을 두는 평가방법으로서, 교육과정을 통하여 얼마나 성장하였느냐에 관심을 두고 평가 결과를 해석한다.

2 교육평가의 일반적 절차

교육평가는 일반적으로 평가목적의 설정, 평가 장면의 선정, 평가도구 제작 및 선정, 평가 실시 및 결과 처리, 평가 결과의 해석 및 활용 등의 단계로 이루어진다.

가. 평가 목적의 설정

평가에서는 먼저 '무엇'을 평가할 것인가를 분명히 해야 한다. 평가 목적은 교육목표에서 도출된다. 평가자는 평가목표를 분석하고 그 개념을 정확히 규정해야 한다. 이원분류표를 활용하여 교육목표를 구성하는 가장 핵심적인 요소인 내용 요소와 행동 요소의 차원을 포괄적이고 종합적으로 분석할 필요가 있다.

나. 평가 장면의 선정

평가 목적이 결정되면 이를 평가하는 데 적합한 자료나 증거를 어디서 구할 것인가를 결정해야 한다. 학습결과가 구체적으로 제시되고 행동의 증거로서 나타낼 수 있는 장면이나 조건 및 기회를 마련해야 한다. 평가 장면으로는 지필검사, 질문지, 행동관찰, 면접, 기록물 분석, 작품 분석, 현장실습 측정, 사례연구, 투사법 등이 있다.

평가 목적에 부합한 평가 장면을 선정하는 것이 중요하다. 평가 장면은 자연적인 장면과 인위적인 장면에서 이루어질 수 있다. 자연적 장면이란 일상생활의 장면에서 자연스럽게 학생을 평가하는 것을 의미하며, 인위적 장면이란 자연적인 장면에서 자료를 수집하기 어려울 때 간접적으로 평가하는 것을 의미한다. 평가 장면은 한 가지 방법으로만 평가하기보다는 종합적인 입장에서 고려하고 선정해야 한다.

다. 평가도구의 제작 및 선정

평가 장면이 선정되면, 이것을 측정할 수 있는 평가도구를 제작한다. 평가도구는 타당도, 신뢰도, 객관도, 실용도가 모두 양호해야 한다. 타당도(validity)는 평가도구가 무엇을 재고 있느냐를 나타내는 것으로, 평가목표와의 일치도를 나타낸다. 신뢰도(reliability)는 측정하려는 것을 얼마나 안정적으로 일관성 있게 측정하였느냐의 문제로, 평가도구가 얼마나 정확하게 오차 없이 측정하였느냐의 정도를 말한다. 객관도(objectivity)는 검사의 채점자가 주관에 이끌리지 않고 객관적인 입장에서 신뢰 있게 채점하느냐의 정도를 의미한다. 실용도(usability)는 경비, 시간 노력을 적게 들이고도 소기의 목적을 달성할 수 있는지의 정도를 나타낸다.

평가도구의 유형은 지필평가와 수행평가로 구분하여 살펴볼 수 있다. 지필평가는 선택형 문항과 서답형 문항이 있으며, 수행평가는 관찰법, 면접법, 토론법, 프로젝트법, 자기평가, 동료평가, 서술형 및 논술형 평가 등이 있다.

라. 평가 실시 및 결과 처리

평가 실시의 시기, 횟수, 방법, 대상 등을 고려하여 평가를 실시한다. 평가도구 자체에 대한 조건을 사전에 확인하는 것이 가장 중요하다. 평가 후에 수집된 자료의 결과를 채점하고 필요한 통계처리를 하여 분석하고 기록한다. 평가 결과에 대한 자료의 분석은 자료의 특성을 파악하여 그에 맞는 분석방법을 적절하게 선택하여 이용한다. 이 단계에서 특히 중요한 것은 채점과 문항의 양호도 검증, 검사 결과의 통계적 처리 및 성적 표시 방법 등이다.

마. 평가 결과의 해석 및 활용

학생들의 교육목표 달성도, 즉 학습결과를 개별 또는 집단으로 해석한다. 평가 결과는 교육목표 도달도 확인 및 교수학습 활동 개선의 자료로 활용한다.

3 성장과 발달을 지원하는 과정중심평가

가. 교육과정 재구성-수업-평가-기록의 일체화

교육과정, 수업, 평가의 연계 또는 일체화에 대한 논의는 중등교육의 혁신교육과 관련이 있다. 경기도교육청(2014)에서는 학생의 핵심역량 계발을 위해 교육과정을 학생중심의 수업과 피드백을 목적으로 학생의 성장을 돕는 과정중심평가를 제시하였다(김덕년, 2017: 1). 교육과정-수업-평가의 일체화'란 그동안 왜곡되고 파행적으로 이루어졌던 교육형태를 바로 잡기 위한 '기본적이고 원칙적인 교육시스템으로의 회귀'의 실천적인 개념으로 볼 수 있다(김덕년, 2017: 6).

최근에는 학교생활기록부(이하 학생부) 기록의 중요성 및 기록 방법에 대한 인식이 전환됨에 따라 교육과정-수업-평가-기록의 일체화라는 개념으로 확대되고 있다. 일체화에 기록이 포함된 이유는 학생부가 학생 성장의 기록 자료로 기능하고, 학생부 기록에 대한 대학의 인식 변화, 학생부종합전형의 확대, 교육과정, 수업, 평가의 결과를 진학으로 연계시키려는 것과 관련이 있다. 이에 따라 고등학교에서는 수업과 평가가 연계된 학생활동의 중요성을 인식하기 시작했고, 학생부종합전형에서 학생부가 기록되는 과정에서 학생들의 성장을 보고 싶어 하는 대학에서 이를 받아들이면서, 대학에서도 '교육과정-수업-평가-기록의 일체화'라는 용어가 확산되고 있다(김덕년, 2017: 5-6).

충청남도교육청(2018: 1)에서는 일체화를 "교사들이 협력하여 가르칠 내용을 새롭게 구성하는 교육과정 재구성, 학생들 스스로 배움의 욕구가 일어나 참여하고 협력하는 배움중심 수업, 수업 과정 중 학생들의 역량을 키우는 과정중심 평가, 학생들의 성장발달을 점검하고 지원하는 학교생활기록부 기록이 서로 유기적으로 작용하여 가르침과 배움이 일체화 되는 것"으로 정의하고 있다. 일체화의 핵심 요소는 교육과정 재구성, 배움중심의 수업, 과정중심평가, 학생부 기록의 네 가지로 볼 수 있다.

나. 과정중심평가의 개념 및 특징

현대 평가의 방향은 학업 성취의 서열화와 학습 결과 위주의 판단에서 벗어나 학습을 돕는 평가로 그 목적이 변화되고 있다. 이를 위해 수업과 평가의 통합에 대한 모색이 진행되고 있으며, 다양한 평가방법의 활용이 권장되고 있다. 또한 평가의 혜택이 미래의 학생들뿐만 아니라 현재의 학생들에게 많이 돌아갈 수 있도록 그 방법을 모색하고 있다(이경화 외, 2016).

이런 방향에 맞추어, 2015 개정 교육과정에서는 교육과정-수업-평가의 연계를 강조하고 있다. 이것은 교육과정, 수업, 평가의 일체화라고도 한다. 이것은 교육과정의 목표에 기초하여 수업을 전개하고, 수업의 과정 속에서 평가가 이루어져야 함을 의미한다. 이것을 달리 표현하면, 교육과정에 제시된 핵심역량과 교과역량을 달성할 수 있는 방향으로 교육과정을 재구성하고, 핵심 개념과 원리 중심의 학습자 참여형 수업이 진행되고, 이러한 수업의 과정 속에서 학생들의 역량 형성 여부가 지속적으로 평가되어야 함을 의미한다.

교육과정-수업-평가의 연계를 통한 창의·융합형 인재가 양성되기 위해서는 평가방법의 개선이 수반되어야 하는데, 이러한 것을 반영하여 등장한 용어가 과정중심평가라고 할 수 있다. 과정중심평가에 대한 정의가 다양하게 제시되고 있지만, 대체로 과정중심평가의 핵심 의미 요소로 학생들의 배움과 성장을 제시하고 있다. 교육부와 한국교육과정평가원(2017)에서는 과정중심평가를 교육과정의 성취 기준을 기반으로 한 평가계획에 따라 교수·학습 과정에서 학생의 변화와 성장에 대한 자료를 다각도로 수집하여 적절한 피드백을 제공하는 평가로 규정하고 있다.

과정중심평가의 특징은 다음과 같다(교육부·한국교육과정평가원, 2017; 박은미, 2018).

첫째, 과정중심평가는 평가 패러다임의 확장을 반영한 평가방식이라 할 수 있다. 즉 과정중심평가는 평가의 패러다임이 '학습 결과에 대한 평가'에서 '학습을 위한 평가, 학습으로서의 평가'로 확장됨에 따라 등장한 개념으로서 학생의 학습

과정과 수행 과정을 평가대상으로 포함시키는 동시에 평가 결과의 활용 범위를 확장하고 평가를 학습의 도구로써 사용하고자 하는 의도를 내포하고 있다.

둘째, 과정중심평가는 학생이 지식을 알고 있는지에 대한 여부를 평가하는 종래의 결과 중심적인 평가와 대비되는 개념으로서 학생들의 수행 과정에 주안점을 두고 있는 평가방식이라 할 수 있다. 그러므로 학생의 참여와 협력이 있는 수업 활동이 전제되어야 한다. 과정중심평가는 수업 방법의 변화를 전제로 하고 있으며 이러한 변화 속도를 촉진하는 평가라고 할 수 있다.

셋째, 과정중심평가는 교과서에 제시된 단편적인 지식 중심의 평가에서 벗어나 교육과정에 제시된 성취 기준을 기반으로 교수·학습 활동 및 평가계획을 세우고, 교수·학습 과정에서 다양한 평가방법으로 자료를 수집하고 학생들의 건전한 성장과 발달을 위한 적절한 피드백을 제공할 것을 강조하고 있다. 이처럼 과정중심평가는 교육과정-교수·학습-평가의 순환적 연계를 중시한다.

넷째, 과정중심평가는 교사의 피드백이 즉각적이고, 지속적으로 이루어진다. 학생의 성장과 발달을 위해서는 개별 학생의 학습 과정과 평가 결과에 대한 즉각적이고 지속적인 피드백이 제공되어야 한다. 피드백은 후속 학습을 위한 방향 제시, 학습 문제점 개선 및 진단, 학습 동기 제공, 자아 효능감 향상을 위하여 제공되어야 한다.

다섯째, 과정중심평가는 누가적 기록방식의 평가를 통해 일련의 변화를 확인할 수 있어야 한다. 학습은 지속적으로 이루어지는 과정이고, 매 수업마다 이루어지는 학생의 모든 활동이 평가의 대상이 될 수 있다는 점에서 어떤 부분이 어떻게 변화되고 있는지는 교사나 학생 모두에게 중요한 정보이다. 이를 확인하기 위해서는 교사 나름의 누가적인 기록방식을 통해 교사와 학생이 모두 현재의 학습 상태나 도달도를 확인할 수 있도록 해야 한다.

다. 과정중심평가의 절차 및 방법

과정중심평가는 [그림 11-1]의 절차에 따라서 이루어진다(교육부·한국교육과정평가원, 2017). 과정중심평가의 단계는 ① 성취 기준 분석, ② 평가계획 수립, ③ 수행평가 과제 개발, ④ 수행평가 채점 기준 개발, ⑤ 수행평가 실시 및 채점, ⑥ 수행평가 피드백, ⑦ 수행평가 결과 기록 및 통지 등의 절차로 이루어진다.

단계	내용
성취 기준 분석	· 교육과정-수업-평가의 일관성 확보를 위한 성취 기준 분석 · 학생들이 달성해야 하는 지식, 기능, 태도 확인
평가계획 수립	· 교육과정, 학업성적관리지침, 생활기록부 작성 및 관리지침 · 수행평가의 영역, 방법, 횟수, 기준, 반영 비율 결정 · 성적 처리 방법 및 결과 활용 방안
수행평가 과제 개발	· 실제적인 맥락, 통합적인 사고 능력, 가치 있는 경험, 비구조화된 문제 등을 평가할 수 있는 방향으로 수행평가 과제 개발 · 토의·토론 수업, 협동학습, 프로젝트 학습 등과 같이 학습자 참여형 수업을 통한 산출물의 형태 등을 고려하여 세부 수행과제 작성
수행평가 채점 기준 개발	· 수행평가 과제 수행의 판단 준거인 지식, 기능, 태도의 구체적인 평가 요소 설정 · 성취 기준의 준거를 평정하기 위한 평가 요소별 배점 · 평가 요소에 근거하여 학생의 수행 수준을 구별할 수 있는 세부적인 내용 진술
수행평가 실시 및 채점	· 수업의 흐름과 내용, 수행평가 과제, 채점 기준의 사전 안내 · 교수·학습과 연계한 수행평가 실시 · 수행과정에 대한 교사의 관찰평가, 학생의 자기평가 및 동료평가
수행평가 피드백	· 학생의 현재 수준과 학생이 도달해야 할 수행 수준 간의 차이 제시 (학생의 학습과 성장 지원 및 교사의 수업의 질 개선) · 수행 결과 및 과정, 인지적 측면과 정의적 측면에 대한 피드백
수행평가 결과 기록 및 통지	· 학생의 학습과 성장을 돕는 방향으로 평가 결과 제공 · 학습동기의 긍정적 신장

[그림 11-1] **과정중심평가의 절차**

[그림 11-1]에서 볼 수 있듯이, 과정중심평가는 수행평가에 의하여 주로 이루어진다. 과정중심평가에서 활용할 수 있는 수행평가는 다음과 같다.

① 서술형 및 논술형 평가는 학생들이 개인의 생각이나 주장을 창의적이고 논리적이면서도 설득력 있게 조직하는 평가방법이다. 문제해결 과정 및 생각과 주장의 독창성과 논리성 등을 평가한다.

② 구술평가는 학생으로 하여금 특정 내용이나 주제에 대해서 자신의 의견이나 생각을 발표하도록 함으로써 학생의 준비도, 주제에 대한 이해력, 의견이나 생각에 대한 표현력, 의사소통능력, 주어진 문제에 대한 판단력 등을 평가한다.

③ 토론법은 개인적으로 서로 다른 의견을 제시할 수 있는 주제를 가지고, 개인 또는 집단별로 찬반 토론을 한 다음, 찬성과 반대 의견을 토론하는 과정에서 준비성, 성실성, 논리성, 반대 의견에 대한 태도, 토론 진행방법 등을 평가한다.

④ 실기평가는 과학이나 예체능 분야에서 주로 사용하는 방법으로, 학생들의 지식이나 기능을 직접 행동으로 나타내도록 하는 평가이다. 학생 스스로 작품을 만들거나 스스로 행동을 나타내는 평가방법이다. 실기평가는 실제 상황에서의 수행능력을 평가한다.

⑤ 실험·실습법은 어떤 과제에 대해서 학생들로 하여금 직접 실험·실습을 하게 한 다음 그 결과 보고서를 제출하게 하는 것이다. 실험실습 과정과 보고서 작성 등을 평가한다.

⑥ 면접법이란 평가자와 학생이 서로 대화를 통해서 얻고자 하는 정보나 자료를 수집하여 평가한다. 즉 평가자가 학생과 직접 대면하여 질문하고 대답하는 과정을 통해 지필평가나 보고서만으로 알 수 없는 사항들을 알아보고 그것을 평가한다. 이것은 교사와 학생의 대화를 통하여 평가한다.

⑦ 관찰법은 학생을 이해하고 평가하는 가장 보편적인 방법으로서 개별 학생 단위 또는 집단 단위로 관찰하여 평가한다. 어느 특정한 장면이나 상황에서

발생하는 행동체계를 가능한 한 상세하게 탐구한다. 학생들의 작품이나 행동을 평가하는 데 사용되며, 일화기록법, 체크리스트법, 평정 척도법 등이 사용된다.

⑧ 자기평가 보고서법이란 특정 주제나 교수·학습 영역에 대해서 자기 스스로 학습 과정이나 학습결과에 대한 자세한 평가 보고서를 작성 및 제출하도록 하여 평가하는 것이다. 자기평가 보고서는 특정 주제나 영역에 대한 학습자 자신의 준비도, 학습동기, 성실성, 만족도 등을 작성하고 제출하여 평가한다.

⑨ 동료 평가 보고서법은 동료학생들이 상대편을 서로 평가하도록 하여 그 결과를 보고 평가한다.

⑩ 연구 보고서법은 여러 가지 연구 주제 중에서 학생의 능력이나 흥미에 적합한 주제를 선택하여 학생 나름대로 자료를 수집하고 분석, 종합하여 연구보고서를 작성하고 제출하는 방법이다. 연구 주제나 범위에 따라 개인 또는 단체로 할 수 있다. 연구 주제에 대한 자료의 종합 및 분석 능력, 보고서 작성 능력을 평가한다.

⑪ 프로젝트법은 학생들에게 특정한 연구 과제나 개발 과정 등을 수행하도록 하고, 그 과정과 결과물을 이용하여 평가한다. 결과물과 함께 계획서 작성 단계에서부터 결과물 완성 단계에 이르는 전 과정이 함께 중시된다.

⑫ 포트폴리오란 자신이 만든 작품을 지속적으로 모아 둔 작품집을 이용한 평가방법이다. 자기 자신의 변화와 발전 과정을 스스로 파악할 수 있다. 학생의 작품으로는 그림, 글짓기, 시, 독서기록, 과제기록물, 연구보고서, 실험실습 결과 보고서 등이 포함되며, 학생들의 학습활동을 기록한 오디오나 비디오 등도 포함된다. 포트폴리오는 지속적, 체계적으로 수집된 개별 작품집 평가를 의미한다.

라. 과정중심평가의 통지방법

과정중심평가에서는 학생의 수행과정에 대한 상시 관찰 및 누가기록을 바탕으로 학생의 성취수준의 특성 및 학습활동 참여도 등 특기할 만한 사항을 학교생활기록부 교과학습발달상황의 과목별 세부능력 및 특기사항란에 기록한다. 기록할 때는 활동만 나열하기보다는 활동을 통해 아이가 어떻게 성장했는가를 기록한다. 이에 대한 예시는 다음과 같다.

- 한국지리: 드림아카데미의 일환인 '학생명예교사제'의 지리과목 교사로서 '교수학습 과정안'을 작성하고 수업을 진행함. '농촌체험마을의 발전방향, 슬로시티(Slow City) 운동과 우리나라의 슬로시티'를 주제로 의미 있는 동영상 자료와 사진 등 시청각자료를 효과적으로 사용하여 학생들의 관심을 이끌어 냈음. 우리나라의 농촌과 관광산업을 동시에 살리고, 사람들의 삶의 질 향상을 꾀할 수 있는 농촌체험마을과 새로운 삶의 방식인 슬로시티 운동에 대해 고민한 결과를 재미있고 깔끔한 수업으로 잘 전달하였음. 특히 가장 한국적인 것이 무엇인가에 대한 고민이 엿보이는 깊이 있는 수업을 진행하였음. 순발력과 센스가 돋보이는 학생으로 첫 번째 수업 후 부족한 부분을 빠르게 보완하여 2시간 후 이어진 두 번째 수업에서 놀라울 정도로 훌륭한 수업을 보여 줌. 퀴즈를 준비하여 끝까지 학생들의 주의를 집중시키고 효과적으로 수업을 진행하였으며, 시종일관 세련되고 정중한 태도로 호감도 높은 수업을 진행함(김덕년, 2017: 15).

평가 결과는 학생 입장에서는 자기 이해와 성장 동기의 역할을 하고 교사에게는 교수 활동의 오류를 진단한 성찰과 반성의 자료가 되며 학부모에게는 학생의 성취도를 확인하여 자녀의 진로 및 가정학습에 대한 자료로 활용될 수 있다. 평가 결과를 안내하는 통지표는 학생의 성취수준을 안내해 주는 메신저 역할을 한다. 평가통지표의 가장 중요한 역할은 정보제공이자 소통이다.

평가 결과를 통지하거나 학교생활기록부에 기재할 때에는 영역별 성취수준을 참고하여 기술할 수 있다. 영역별 성취수준은 각 단원 또는 영역에 해당하는 교수·학습이 끝났을 때 학생이 성취하기를 기대하는 지식, 기능, 태도에 도달한 정도를 수준별로 '종합적'이고 '포괄적'으로 기술한 것이다. 이 성취수준은 단원/영역별 교수·학습의 계획 수립을 비롯하여 학생의 성취 정도 평가, 학생 및 학부모와의 의사소통 등에 도움이 될 수 있다. 미술과 3~4학년군 체험 영역의 3단계 성취수준의 예시는 〈표 11-1〉과 같다.

〈표 11-1〉 **미술과 3~4학년군 체험 영역의 3단계 성취수준(한국교육과정평가원, 2016)**

성취수준	일반적 특성
A	몸의 다양한 감각을 활용하여 자연물과 인공물 등 주변 대상의 여러 가지 특징을 적극적으로 탐색하고, 이에 대한 자신의 느낌과 생각을 글, 이미지, 소리, 영상, 사진, 행위 등의 다양한 방법으로 나타낼 수 있다. 또한 주변의 생활용품, 생활공간, 영상물 등에서 활용되고 있는 미술의 여러 가지 예를 찾을 수 있으며, 미술을 자신의 생활과 관련지어 구체적으로 설명할 수 있다.
B	몸의 다양한 감각을 활용하여 자연물과 인공물 등 주변 대상의 특징을 탐색하고, 이에 대한 자신의 느낌과 생각을 글, 이미지, 소리, 영상, 사진, 행위 등의 다양한 방법으로 나타낼 수 있다. 또한 주변의 생활용품, 생활공간, 영상물 등에서 활용되고 있는 미술의 예를 찾을 수 있으며, 미술을 자신의 생활과 관련지어 설명할 수 있다.
C	몸의 감각을 활용하여 자연물과 인공물 등 주변 대상의 특징을 탐색하고, 이에 대한 자신의 느낌과 생각을 나타내는 데 관심을 갖는다. 또한 주변의 생활용품, 생활공간, 영상물 등에서 미술이 활용됨을 알고 있으며, 미술을 자신의 생활과 관련짓는 데 관심을 갖는다.

4 교육과정평가

교육과정평가는 교육과정이 진행되는 각 단계, 즉 교육과정의 계획, 실천, 성과와 관련된 의사결정을 하기 위하여 자료를 수집하여, 이들의 가치와 질을 판단하는 행위이다(박일수, 2009). 교육과정평가는 교육과정의 질 관리를 위해서 이루어진다. 교육과정평가는 계획한 교육과정이 실행되고 달성되고 있는지를 확인 및 점검하고, 교육과정의 효율성을 향상시키기 위해 실시된다. 교육과정평가는 평가의 관점 및 목적에 따라서 각기 다른 관점과 대상(내용) 및 초점을 가지고 다양하게 접근할 수 있다. 교육과정평가는 다양한 평가모형이나 평가 전략과 방법을 적용할 수 있으므로 매우 복잡하고 역동적인 활동이다. 그러므로 교육과정평가는 목적과 관점에 따라서 다양한 프로그램 평가 접근방법이 활용될 수 있다.

피츠패트릭과 샌더와 워덴(Fitzpatrick, Sander & Worthen, 2004)은 프로그램 평가 접근방법을 목표중심, 운영중심, 소비자중심, 전문가중심, 자연주의와 참여자 중심의 다섯 가지로 유형화하였다. 이들에 대하여 살펴보면 다음과 같다.

가. 목표중심 평가 접근방법

목표중심 평가 접근방법은 구체적인 목적과 목표에 초점을 두고, 그것의 달성 여부를 결정하는 데 관심을 둔다. 이러한 평가접근을 개념화하고 대중화시킨 대표적인 학자는 타일러(Tyler)이다. 따라서, 이러한 평가접근방법을 타일러식 평가(Tylerian evaluation) 방법이라고 한다. 목표중심 평가접근으로 분류될 수 있는 평가 모형으로는 타일러의 평가모형, 멧페슬(Metfessel)과 미셀(Michael)의 평가모형, 프로버스(Provus)의 불일치 평가 모형, 해먼드(Hammond)의 평가모형, 논리 모형 등이 있다.

목표중심 평가접근은 평가를 검사나 측정으로 분리함으로써, 하나의 독립된 학문영역으로 발전시켰다는 특징이 있다. 또한, 목표 측정을 위한 평가절차와 도구 개발 연구를 촉진하여 이에 대한 방법 및 기술을 발전시킴으로써, 경험적, 실증적 연구를 촉진하는 데 공헌하였다. 이들 모형의 장점은 다음과 같다. 첫째, 논리적이고 합리적이며 명확한 절차를 제시함으로써 어떤 상황에도 쉽게 적용할 수 있다. 둘째, 교육목표를 구체적으로 제시하고 설정하기 때문에, 명확한 평가기준에 의해 평가를 할 수 있다. 셋째, 계열성 있는 절차를 제시함으로써 교육과정과 평가 간의 논리적 일관성을 유지할 수 있다. 넷째, 목표의 중요성을 강조함으로써, 프로그램 개발자나 교사에게 자신의 교육활동에 대한 책무성을 자극하였다.

목표중심 평가접근들은 다음과 같은 점에서 비판을 받는다. 첫째, 목표를 사전에 설정할 것을 강조함으로써, 수업 중에 발생할 수 있는 부수적, 확산적 목표의 중요성을 간과하여, 목표로 설정되지 않은 부수적 결과를 평가하기가 어렵다. 둘째, 가시적인 행동만을 강조함으로써 행동 용어로 진술하기 어려운 교육목표에 대한 평가가 어려워서, 학생들의 내면적 인지구조의 변화, 가치와 태도 및 감정의 변화를 파악하는 데 한계가 있다. 셋째, 목표에 근거한 평가를 강조함으로써 수업이 평가에 종속되는 경향이 있다. 넷째, 결과에 대한 평가만을 강조하기 때문에 가르치고 배우는 과정 자체에 대한 평가를 간과할 수 있다. 다섯째, 기술적 합리성만을 강조함으로써 교육 실제의 복합적이고 복잡한 측면을 평가하기가 어렵다.

나. 의사결정중심 평가 접근방법

의사결정중심 평가 접근방법에서는 의사결정자의 정보에 대한 요구를 확인하고 이러한 요구에 만족하는 것을 강조한다. 이 평가접근에서는 투입, 과정, 산출이라는 체제적 접근 관점에서 의사결정자의 관심, 정보에 대한 요구 및 효율성을 평가 준거로 설정한다. 의사결정중심 접근방법으로 분류될 수 있는 평가 모형으로는 스터플빔(Stufflebeam)의 CIPP 평가모형, 엘킨(Alkin)의 UCLA 평가모형 등이다.

의사결정중심 접근방법은 프로그램 개선에 초점을 두고, 의사결정을 도와주는 평가의 기능을 강조한다는 특징이 있다. 의사결정중심 접근방법의 장점은 다음과 같다. 첫째, 지속적인 평가를 통해 피드백을 제공하고, 의사결정에 유용한 정보를 제공함으로써 프로그램 개선에 직접적으로 기여할 수 있다. 둘째, 평가자에게 평가의 각 단계에서 다루어져야 할 중요한 질문들을 생성할 수 있도록 도움을 주어 평가의 초점을 명료화할 수 있다. 셋째, 프로그램 진행 과정의 어느 단계에서도 필요에 따라 평가를 실행할 수 있다.

그러나, 의사결정중심 평가접근들은 다음과 같은 점에서 비판을 받는다. 첫째, 평가자와 의사결정자의 역할이 구분됨으로써 평가자는 의사결정자의 관심과 요구에 적합한 정보만을 제공하게 되고 의사결정자는 평가자가 제공하는 정보의 수준과 범위 내에서 판단하게 되는 상호 구속적인 관계를 갖게 된다. 따라서 평가의 중요한 항목임에도 불구하고, 의사결정자의 관심이 아닌 경우 평가대상에서 제외될 수 있다. 둘째, 의사결정자에게 가치 판단을 위임함으로써 평가자의 역할이 경시될 수 있다. 평가자의 정보 제공을 위한 기능만을 강조하므로 평가자라기보다는 방법론자의 역할만을 제한적으로 수행할 가능성이 있다. 셋째, 완벽하게 실천하기에는 경비가 많이 들고 너무 복잡하다.

다. 소비자중심 평가 접근방법

소비자중심 평가 접근방법은 산출에 관한 평가적인 정보를 만들기 위한 것으로, 산출, 서비스, 선호 등을 선택할 때 소비자의 활용과 책무성을 강조하는 평가방법이다. 이 접근방법은 프로그램의 필요성, 시장성, 유용성, 효과성 등을 분석하는 과정에서 스크리븐(Scriven, 1967)에 의해서 제안되었다. 이 접근방법은 교육을 위하여 사용되는 모든 것들을 교육상품으로 보며, 교육행위도 서비스로 간주하여 교육프로그램의 대상인 소비자가 무엇을 원하고 필요로 하는가에 관심을 두는 평가접근방법이다. 소비자중심 접근방법으로 분류될 수 있는 평가모형으로는 스크리븐의 탈목표모형, 스크리븐의 핵심 평가 검목표(Key Evaluation Checklist)와 모리셋과 스티븐스(Morrisett & Stevens)의 교육과정 자료 분석 체제(Curriculum Materials Analysis System; CMAS) 점검표 등이 해당된다.

소비자중심 평가접근은 분석체제 및 체크리스트 등을 개발하여, 이들 도구가 교육프로그램의 평가에 유용하게 사용하는 데 도움을 제공한다는 특징이 있다. 소비자중심 평가접근의 장점은 다음과 같다. 첫째, 정보나 시간이 부족한 교육자들로 하여금 교육 프로그램을 포함한 관련 상품에 대한 평가 결과를 구체적이고 신속하게 제공해 줄 수 있다. 둘째, 교육 프로그램 설정에 있어서 중요시해야 할 준거가 무엇인지에 대한 구체적인 지침을 제공한다. 셋째, 점검표들이 프로그램에 대한 간편하고 유용한 평가도구로 활용될 수 있다.

그러나 소비자중심 평가접근은 다음과 같은 점에서 비판을 받는다. 첫째, 교육프로그램의 사전 심의 및 평가를 위해 소요된 시간과 비용이 교육상품의 가격을 높이게 되어 결국에는 소비자의 부담을 증가시키는 결과를 초래할 수 있다. 둘째, 엄격한 평가 준거를 강조하게 되면 프로그램 개발 및 실행에 있어서 창의성을 저하할 수 있다. 셋째, 표준화된 준거는 학교나 지역 고유의 독창성을 제대로 반영하지 못한다. 넷째, 소비자의 입장만을 고려한 나머지 교사나 교육과정 개발자들의 의욕이 저하될 수 있다.

라. 전문가중심 평가 접근방법

전문가중심 평가 접근방법은 평가대상의 질을 평가하는 데 있어서 전문가의 직접적인 응용을 강조한다. 이 접근방법에서는 전문가의 판단에 의해서 교육제도, 프로그램, 교육상품, 교육활동 등을 평가한다. 전문가중심 접근방법으로 분류될 수 있는 평가모형으로는 공식적 전문 심의 체제(formal professional review system), 비공식적 전문 심의체제(informal professional review system), 특별전담 위원회 심의(ad hoc panel review), 특별전담 개인 심의(ad hoc individual review), 교육적 감식과 교육비평 등이 해당된다.

전문가중심 평가접근은 평가과정에서 전문가의 판단과 인간 지혜의 중요성을 강조한다는 특징이 있다. 전문가중심 평가접근 중에서 아이즈너(Eisner, 1979)의 교육적 감식과 교육비평의 장점을 살펴보면 다음과 같다. 첫째, 평가에 대한 교육적 감식과 비평은 교육적 관찰에 대한 질적 해석을 접목하였다. 둘째, 선행 훈련, 경험, 정련된 지각 능력을 강조함으로써 다양한 교육 실제에 대한 교사의 이해력을 높이고 평가자료의 해석을 깊이 있게 할 수 있다. 셋째, 평가자의 전문적 판단 능력에 대한 강조는 교사의 평가자로서의 전문성 확보 측면에 많은 시사점을 제공한다.

그러나 교육적 감식과 비평은 다음과 같은 점에서 비판을 받는다. 첫째, 평가자의 전문성에 대한 지나친 의존은 자칫 평가의 주관성 문제를 초래할 수 있으므로 공평함과 정확함이 요구되는 공적 프로그램에는 적합하지 않다는 것이다. 둘째, 교육적 감식과 비평의 능력을 소유하고 있는 평가자가 거의 없다는 점이다. 셋째, 같은 방법론으로 광범위한 대상을 평가하는 데 제약이 있다는 것이다.

마. 참여자중심 평가 접근방법

참여자중심 평가 접근방법은 평가의 기준, 요구, 자료, 결론을 결정할 때 참여자의 결정을 강조한다. 이 접근방법은 복잡한 맥락 속에서 인본적인 쟁점에 대한 총체적인 접근을 시도하며, 가치 다원주의를 가정하고 있다. 참여자중심 접근방법으로 분류될 수 있는 평가 모형으로는 스테이크(Stake)의 종합실상모형, 스테이크의 반응적 평가모형, 자연주의 평가모형, 참여자 평가, 공리주의 평가, 역량평가 등이 있다.

참여자중심 평가접근은 과학적, 실증주의적 패러다임의 대안으로 현상학적, 해석학적, 구성주의적 패러다임을 배경으로 하는 새로운 평가방법을 제안하여 평가의 영역을 확대했다는 점에서 의의가 있다. 이 평가접근은 다음과 같은 장점이 있다. 첫째, 정보 수집을 위해 질적 방법을 도입하였다. 둘째, 평가과정에서의 가치관 개입, 사회정치적 영향을 숨김없이 드러냄으로써 평가 활동의 본질을 정확하게 이해하는 데 도움이 된다. 셋째, 평가관련자들의 반응을 중시함으로써, 유연한 평가를 할 수 있다. 넷째, 평가로 인해 불이익을 당할 수 있는 평가관련자들을 고르게 배려함으로써 평가 활동의 공정성과 민주성을 중시하는 계기를 마련하였다. 다섯째, 평가 자체가 교육적이고 생산적인 활동이 되어야 함을 강조함으로써 평가 활동 자체의 내재적 가치를 고양하는 데 기여하였다.

그러나 참여자중심 평가접근은 다음과 같은 점에서 비판을 받는다. 첫째, 평가에 개입하는 주관이나 선입견을 배제할 수 없다. 둘째, 평가에서 개인적인 기준을 강조하기 때문에 전문적인 평가자가 아니고서는 평가 활동의 수행이 어렵다.

셋째, 과도한 시간과 비용뿐만 아니라 집중적인 노동력이 요구되며, 이럴 때 연구대상의 제한을 가져올 가능성이 있다.

피츠패트릭과 센더와 워텐(Fitzpatrick, Sander & Worthen, 2004)은 지금까지 살펴본 다섯 가지 평가 접근방법들을 〈표 11-2〉와 같이 비교하여 제시하였다.

〈표 11-2〉 **프로그램 평가 접근방법에 관한 비교 분석**

요소	목표중심 평가접근	의사결정중심 평가접근	소비자중심 평가접근	전문가중심 평가접근	참여자중심 평가접근
대표 학자	Tyler Provus Metfessel & Michael Hammond Popham Taba Bloom Talmage	Stufflebeam Alkin Provus Wholey	Scriven Komoski	Esiner Accrediatioin Group	Stake Patton McDonald Guba & Lincol Rippey Parlett & Ham-ilton Cousins & Earl
평가 목적	목표 달성도 확인	의사결정자에게 유용한 정보 제공	구입 또는 채택과 같은 의사결정을 위한 결과에 대한 정보 제공	질에 관한 전문가의 판단 제공	정보에 관한 청중의 요구에 대한 반응, 프로그램 활동에 대한 복잡성 묘사 및 이해
특징	측정 가능한 목표 상세화, 자료 수집을 위한 객관적인 도구 활용, 목표와 수행의 간극 관찰	합리적 의사결정 제공, 프로그램 개발의 모든 단계 평가	결과 분석을 위한 점검표 활용, 산출물 검증, 소비자에게 정보 제공	개인적 지식과 전문성에 기초한 판단, 합의된 기준 활용, 팀/장소 방문	다양한 실재 반영, 귀납적 추론과 발견 활용, 장소에 관한 직접 경험, 의도된 사용자의 참여, 의도된 사용자 훈련
활용도	프로그램 개발, 참여자 결과 관리, 요구 분석	프로그램 개발, 기관 운영 체제, 프로그램계획, 책무성	소비자 보고서, 산출 개발, 보급(dissemination)을 위한 결과물 선정	자아연구, 최상(blue-ribbon)의 패널, 위원회 관찰, 비평	혁신 또는 잘 알려지지 않은 변화 조사, 운영 프로그램의 문화인류학적 기술

요소	목표중심 평가접근	의사결정중심 평가접근	소비자중심 평가접근	전문가중심 평가접근	참여자중심 평가접근
기여도	수행의 사전-사후 측정, 목표의 명료화, 객관적인 도구 활용	요구와 객관성 확인과 평가, 다양한 프로그램 설계와 평가 고려, 프로그램 실행 관찰, 결과의 문제점 관찰 및 설명, 요구가 감소하거나 제거되는 요소 관찰, 메타평가, 기관평가 지침 제공	교육성과 활동 평가 리스트, 완전한 점검을 위한 기록보관서 참고, 형성-총괄 평가의 기능, 편의 통제	주관적 비평의 제도화(legitimation), 외부 확인이 있는 자아 연구, 기준들	응급(emergent) 평가 설계, 귀납적 추론 활용, 다양한 실재 재인식, 연구 상황의 중요성, 자연주의 탐구에 관한 엄밀성 판단 준거
판단 준거	객관성 있는 측정 가능성, 측정도구의 신뢰도와 타당도	활용도, 편리성(feasibility), 적절성, 기술적 견고성	편의(bais)로부터의 자유, 기술적 견고성, 결론 도출과 조언에 활용할 수 있는 준거, 요구와 효율성에 대한 증거 요구	인식하고 있는 기준 활용, 전문가의 자격 증명서	신뢰성, 적합성, 감사능력(auditability), 승인능력(confirmability)
장점	사용 용이, 단순, 결과 강조, 인증능력, 객관성 강조	종합성, 지도자 위치에서 정보 요구에 대한 민감성, 평가에 있어서 체제적 접근, 프로그램 개발 과정을 통한 평가 활용, 실행의 세부지침이 잘 조직화되어 있음, 다양한 정보 활용	소비자 정보 강조, 산출 개발자 영향, 비용 효과와 활용 관심, 점검표의 이용 가능성	다양한 범위, 효율성(실행 용이, 시간), 인간 판단의 이용	기술과 판단 강조, 상황 고려, 평가계획 노출에 대한 개방성, 다원주의, 귀납적 추론 활용, 다양한 정보 활용, 이해 강조

요소	목표중심 평가접근	의사결정중심 평가접근	소비자중심 평가접근	전문가중심 평가접근	참여자중심 평가접근
단점	평가에 대한 과소평가, 결과중심 평가, 환원주의, 직선, 결과 강조	조직의 효율성 강조와 산출 모형 강조, 의사결정에 대한 위계성과 예측 가능성 가정, 유지와 관리의 고비용, 지도자의 관심을 덜 강조함	비용과 후원자 부족, 창의성 또는 혁신 저해, 논쟁 또는 평가에 대한 개방성 없음	대체 가능성, 개인차 편의에 약점, 결론을 지지하는 문서화 지원 부족, 흥미 있는 논쟁에 대한 개방성, 상황에 대한 피상성, 직관 남용, '전문가'질에 대한 신뢰성	비지시적, 색다르고 독특한 것에 대하여 빠져드는 경향성, 일의 긴장성과 비용이 많이 듦, 가설 생성, 결론 도출에 실패할 가능성

참고문헌

경기도교육청(2014). 경기도교육과정 총론. 수원: 경기도교육청.

교육부·한국교육과정평가원(2017). 과정을 중시하는 수행평가 어떻게 할까요? - 초등. 연구자료 ORM 2017-19-1.

김덕년(2017). '교육과정-수업-평가-기록의 일체화'에 대한 고찰(이슈페이퍼 CP 2017-02-01). 서울: 한국교육개발원.

박도순(2012). 교육평가: 이해와 적용. 서울: 교육과학사.

박일수(2009). 교육과정 평가와 프로그램 평가 접근방법과의 관계. 초등교육연구, 22(1), 223-248.

백은미(2018). 국어과 과정 중심 평가의 양상과 현장 적용의 개선 방안. 부산대학교대학원 석사학위논문.

성태제(2014). 현대교육평가(4판). 서울: 학지사.

이경화·강현영·고은성·이동환·신보미·이환철·김선희(2016). 과정 중심 평가의 실행을 위한 방향 탐색. 수학교육학연구, 26(4), 819-834.

전경희(2016). 과정중심 수행평가의 방향과 과제. 이슈페이퍼 CP 2016-02-4. 한국교육개발원.

충청남도교육청(2018). 2017 교육과정-수업-평가-기록 고등학교 일체화 우수사례집. 충남: 충청남도교육청.

한국교육과정평가원(2016). 2015 개정 교육과정에 따른 초·중학교 미술과 평가기준 개발 연구. 한국교육과정평가원 연구보고 CRC 2016-2-11.

Fitzpatrick, J., Sanders, J., & Worthen, B.(2004). *Program Evaluation: Alternative Approaches and Practical Guidelines*(3rd ed.), Boston: Allyn & Bacon.

저자소개

김승호

서울대학교 국어교육학과 (학사)
서울대학교 교육학과 (석 · 박사)
현 공주교육대학교 교수

〈저서〉
스콜라주의 교육목적론
초등학교교육의 이해
통합교과의 이론과 실제
여가란 무엇인가: 여가와 교육

김은정

연세대학교 국어국문학과 (학사)
연세대학교 교육학과 (석 · 박사)
대통령 자문 21세기 위원회 연구원
현 공주교육대학교 교수

〈저서 및 논문〉
특별활동과 재량활동의 탐구 (공저)
교육과정이론 (역서)
교육과정, 학습양식, 한·미 학교교육, 학교적응 관련 논문 다수

박일수

경인교육대학교 초등교육학과 (학사)
한국교원대학교 교육학과 (석 · 박사)
현 공주교육대학교 교수

〈저서〉
현장 교사를 위한 토의수업의 이론과 실제 (공저)
통합교과의 이론과 실제 (공저)

교육과정과 수업

초판 1쇄 발행 2019년 3월 2일
초판 2쇄 발행 2022년 7월 13일

지 은 이 | 김승호 · 김은정 · 박일수
펴 낸 이 | 김기섭
편 집 인 | 이초롱
펴 낸 곳 | 창지사 www.changjisa.com
08589 서울시 금천구 가산디지털 1로 83 파트너스타워 1차 9층
전화 (02)719-2211~3
팩스 (02)701-9386
등 록 | 1977년 4월 28일 · 제1-421호

ISBN 978-89-426-1178-2 (93370)

값 19,000원